CURSO URGENTE DE POLÍTICA PARA GENTE DECENTE

CONTRACORRENTE

JUAN CARLOS MONEDERO

CURSO URGENTE DE POLÍTICA PARA GENTE DECENTE

São Paulo

2019

CONTRACORRENTE

Copyright © JUAN CARLOS MONEDERO, 2013
© Editorial Planeta, S.A., 2013, 2014
© Seix Barral, un sello editorial de Editorial Planeta, S.A

EDITORA CONTRACORRENTE
Rua Dr. Cândido Espinheira, 560 | 3º andar
São Paulo – SP – Brasil | CEP 05004 000
www.editoracontracorrente.com.br
contato@editoracontracorrente.com.br

Editores
Camila Almeida Janela Valim
Gustavo Marinho de Carvalho
Rafael Valim

Conselho Editorial

Alysson Leandro Mascaro
(*Universidade de São Paulo – SP*)

Augusto Neves Dal Pozzo
(*Pontifícia Universidade Católica de São Paulo – PUC/SP*)

Daniel Wunder Hachem
(*Universidade Federal do Paraná – UFPR*)

Emerson Gabardo
(*Universidade Federal do Paraná – UFPR*)

Gilberto Bercovici
(*Universidade de São Paulo – USP*)

Heleno Taveira Torres
(*Universidade de São Paulo – USP*)

Jaime Rodríguez-Arana Muñoz
(*Universidade de La Coruña – Espanha*)

Pablo Ángel Gutiérrez Colantuono
(*Universidade Nacional de Comahue – Argentina*)

Pedro Serrano
(*Pontifícia Universidade Católica de São Paulo – PUC/SP*)

Silvio Luís Ferreira da Rocha
(*Pontifícia Universidade Católica de São Paulo – PUC/SP*)

Equipe editorial
Carolina Ressurreição (revisão)
Denise Dearo (design gráfico)
Mariela Santos Valim (capa)
Luiz Carlos da Rocha (Coordenador da tradução)

Dados Internacionais de Catalogação na Publicação (CIP)
(Ficha Catalográfica elaborada pela Editora Contracorrente)

M742   MONEDERO, Juan Carlos.
       Curso urgente de política para gente decente| Juan Carlos Monedero; tradução de Luiz Carlos da Rocha - São Paulo: Editora Contracorrente, 2019.

       Título original: Curso urgente de política para gente decente.

       ISBN: 978-85-69220-52-7

       1. Política. 2. Democracia. 3. Democracia direta. 4. Movimento sociais. 5. Podemos Espanha. I. Título.

                                                               CDU: 320

Impresso no Brasil
Printed in Brazil

Amou daquela vez como se fosse o último
Beijou sua mulher como se fosse a única
E cada filho como se fosse o pródigo
E atravessou a rua com seu passo bêbado
Subiu a construção como se fosse sólido
Ergueu no patamar quatro paredes mágicas
Tijolo com tijolo num desenho lógico
Seus olhos embotados de cimento e tráfego
Sentou pra descansar como se fosse um príncipe
Comeu feijão com arroz como se fosse o máximo
Bebeu e soluçou como se fosse máquina
Dançou e gargalhou como se fosse o próximo
E tropeçou no céu como se ouvisse música
E flutuou no ar como se fosse sábado
E se acabou no chão feito um pacote tímido
Agonizou no meio do passeio náufrago
Morreu na contramão atrapalhando o público

Chico Buarque,
Construção

SUMÁRIO

O LIVRO QUE QUERIA SER UMA SUBVERSIVA CAIXA DE FERRAMENTAS 11

NOTÍCIAS DESESPERANÇOSAS DE P.
Desculpem o incômodo, mas a cidade veio abaixo 15

1

PANFLETO A PARTIR DO PAÍS DOS PERPLEXOS.
Razões para não entender nada ou para entender tudo 23

TAREFA PARA PENSAR A DEMOCRACIA EM CASA I.
Se você é tão decente, por que dá mais importância ao futebol que à justiça? 49

2

NÃO ERA VERDADE QUE FÔSSEMOS TÃO EGOÍSTAS 53

TAREFA PARA PENSAR A DEMOCRACIA EM CASA II.
Mais além da utopia e da memória: os gênios que moldam o nosso comportamento 69

3

AS PALAVRAS TÊM DONO OU DOS ÍNDIOS QUE BATIZARAM UM PORCO 75

TAREFA PARA PENSAR A DEMOCRACIA EM CASA III.
Analfabetos nas mãos de Batman, James Bond, do Rei Leão e de algum morto-vivo... 89

4

O QUE É A POLÍTICA? O QUE É A DEMOCRACIA?.................... 97

TAREFA PARA PENSAR A DEMOCRACIA EM CASA IV.
Choni, be good ou de fazer falar essa maioria silenciosa que sustenta aos governos.. 135

5

A CARTELIZAÇÃO DOS PARTIDOS POLÍTICOS E A PROFISSIONALIZAÇÃO DOS MOVIMENTOS SOCIAIS 141

TAREFA PARA PENSAR A DEMOCRACIA EM CASA V.
O macaco dissidente que se negou contundentemente a abraçar o capitalismo e bateu a porta ao abandonar sua jaula........................... 153

6

O ESTADO PODE TUDO: ANTES LHE MATAVA, AGORA NÃO DEIXA VIVER 157

TAREFA PARA PENSAR A DEMOCRACIA EM CASA VI.
Matemática da raiva. Ponha-se na frente do espelho e recite em voz alta: "e um dia desses vamos fazer as contas...".............................. 169

7

VIVER EM SOCIEDADE: ROBINSON CRUSOÉ E A CIDADE QUE LEVAMOS POR DENTRO 171

TAREFA PARA PENSAR A DEMOCRACIA EM CASA VII.
Uma proposta indecente ou porque o medo tem que mudar de lado. 181

8

DEMOCRACIAS DE TÃO BAIXA INTENSIDADE 187

TAREFA PARA PENSAR A DEMOCRACIA EM CASA VIII.
O tempo se acaba: água e terra para quando não possamos comer dinheiro.. 197

9

NÃO SABEMOS O QUE QUEREMOS, MAS SABEMOS O QUE NÃO QUEREMOS: O MOSAICO DA NOSSA DEMOCRACIA 201

TAREFA PARA PENSAR A DEMOCRACIA EM CASA IX (A ULTIMA)
Um copo de vinho ou de cerveja, os estatutos da mulher e do homem, fazer do que é comum algo de todos 223

NOTÍCIAS ESPERANÇOSAS DE P. GENTE DECENTE QUE SE COLOCOU EM MOVIMENTO 231

AGRADECIMENTOS, ALGUMAS FONTES E UM ESPELHO 233

O LIVRO QUE QUERIA SER UMA SUBVERSIVA CAIXA DE FERRAMENTAS

Se queremos que as ideias se tornem uma cidade, precisamos reinventar as palavras da política, reconstruir as entradas do centro histórico, comunicar entre si as grandes avenidas. Converter as palavras, com urgência, em baldes de água fria que caiam sobre nossas cabeças mornas; depois trocá-las por munição verbal para uma luta nada teórica. Não é igual escutar "democracia" e pensar "eu sou o povo, sou eu quem manda" do que interiorizar: "Vota e, daqui a quatro anos, falamos". Há que agitar o discurso como quem lança um enxame de vespas dentro de um confessionário. Usando o modesto instrumental da ciência política, uma inquietante suspeita passa através das costuras do pensamento: já não é possível universalizar o sistema capitalista e, ao mesmo, viabilizar o funcionamento do Estado Social e Democrático de Direito. A democracia e o bem-estar de uns vão se converter na ditadura e a miséria de outros. Conseguimos imaginar a quem caberá ser feliz ou miserável, em um lado ou no outro? Já sabemos, então, onde está a gente decente. Um antídoto contra a tentação da inocência. Doses precisas de veneno contra a "soberba obstinação" dos resignados.

A economia de mercado está em toda parte, não precisa estar acompanhada de democracia. Não somente por culpa da China, que colhe sucessos econômicos ao lado de fracassos democráticos, mas também pelo comportamento de uma Europa que muda presidentes e Constituições, que descumpre promessas eleitorais ou o contrato social fundado na igualdade, se assim o sugere a inquestionável Verdade que expressam os mercados. Democracias em cacos, como se o edifício vigente durante o último meio século finalmente tivesse explodido em mil pedaços. O modelo neoliberal, nesse período, não é igual em todos os lugares também porque as respostas dos povos não têm sido iguais entre si.

Esse desmembramento se dispersa por essas páginas: se não existir um cânone, se a política é movimento constante, chega-se ao sentido das coisas por aproximação. É preciso a ambiguidade de um poema e a contundência de uma citação, a mudança de ritmo entre um argumento e uma cena de cinema, pondo uma piada ao lado de um dado para que atuem como um "machado que quebra o mar gelado dentro de nós". Um livro que possa se abrir em qualquer página e comunicar, com esse fragmento, o fragmento reconstruído e subversivo do mundo.

A sub-versão é bandeira própria dos tempos de mudança. Uma versão diferente da oficial que buscou o ponto de vista dos que estão abaixo. Um olhar rente ao chão capaz de dar uma volta ao que existe. Ver as coisas de outra maneira para converter-nos em subversivos. Este livro quer ser uma caixa de ferramentas que deixa os raquíticos quartos da academia e desce à rua onde a gente decente avança com sua vida. Que quer ajudar a sair do marasmo em que nos meteram e também naquele que entramos. Que entregue alguma luz para que todas e todos aqueles que suspeitam saibam que seu receio tem muito fundamento. Para trocar os golpes no peito por trincheiras de dignidade invencíveis; para aprender que a solução não está em nenhum livro que não caminha também pelas ruas, nem nas ruas que não reflexionem sobre o que fazer. Que lembre a cegueira da prática sem teoria e a inutilidade da teoria sem prática. Para que a imagem da democracia não seja um busto falante tagarelando em uma tela de plasma para consumidores de política barata. Para que não envelheça, escondido em um porão, o retrato autêntico da nossa democracia enquanto vivemos a miragem de uma eterna juventude nascida no manancial imortal da imaculada Transição.

Emancipar-se é livrar-se da tutela de quem faz as regras. De quem tira sua liberdade. Deixar de ser posse nas mãos de alguém. Então você passa a ser responsável pelo seu próprio destino. O medo da liberdade é uma das ameaças favoritas da razão humana. Se depois de você ter comprado uma roupa da coleção desta estação, de terminar um livro sobre as aflições de uma costureira ou as maquinações de misteriosas seitas, se depois de ter visto o último jogo do século ou de ter escutado que a culpa é dos que fuçam na memória, você segue tendo a suspeita, ainda que seja remota, de que nada importante se moveu, pode ser que aqui você encontre outros caminhos. Em um curso, o mais importante são os ouvintes. Se assim não for, desculpe-me pelo tempo dedicado a esses parágrafos. Os tempos deixaram de ser amáveis. Queremos nos perguntar se não estamos perdendo coisas pelas quais muita gente deu tudo a perder. É um caminho que exige muita prudência e alguma cumplicidade.

Essas reflexões querem ter diante de si o espelho da gente decente. O que encontrou Orwell entre a gente humilde em Wigan Pier, em seu primeiro trabalho como jornalista. A gente que lhe surpreendeu com sua honestidade e o levaria a lutar mais tarde junto às Brigadas Internacionais na Guerra Civil Espanhola. Gente que o levou a enfrentar qualquer totalitarismo. A gente decente que está farta, mas que não quer ter vantagens sobre seus vizinhos, que não quer nem viver na derrota e nem triunfar à custa dos demais. A que se enche de coragem e diz "não" quando o mais fácil seria dizer "sim" ou abraçar alguma explicação tranquilizadora. A que aprende a não ter medo nem receio à política porque entende que a política somos, sobretudo, nós mesmos. A que se reflete no espelho do que nos emociona por essa generosidade que renasce cada vez que há uma desgraça. Gente que se desespera porque se sente cansada, aquela que não entende o que fizemos para merecer isso, mas não desiste, muito menos antes de ter iniciado a viagem. Gente decente que quer viver uma vida decente. E nesses tempos, outra vez sombrios, não a deixam.

NOTÍCIAS DESESPERANÇOSAS DE P.
Desculpem o incômodo, mas a cidade veio abaixo

Nós e os nossos, todos irmãos nascidos de uma só mãe, não acreditamos que somos escravos ou donos uns dos outros, pelo contrário, a igualdade de nascimento, de acordo com a natureza, força-nos a procurar uma igualdade política perante a lei e a não ceder, entre nós, diante de nenhuma outra coisa que não seja a opinião da virtude e da sensatez.

ASPASIA (século V a.C.),
professora de Péricles

Claro que entendo. Até uma criança de quatro anos pode entendê-lo. Tragam uma criança de quatro anos!

GROUCHO MARX

O FRÍVOLO E O ETERNO: QUESTÕES DE VALENTIA

Vivemos uma época em que as pessoas decentes andam perplexas e os canalhas encorajados. Ainda que pareça mentira, houve um tempo, não muito longínquo, em que as pessoas não aceitavam tratar os outros como mercadoria. Os tempos mudam, a indecência tornou-se norma e a decência transformou-se num valor escondido. A regra matou a exceção. A última vez que, no nosso mundo cristão, alguém se atirou da janela foi em 1929. Desde então, como se tivessem desenvolvido um gene perspicaz, os ricos, os jogadores, os exploradores do outro, os defraudadores, os assassinos, os traficantes, os mafiosos, os governantes e os juízes e promotores coniventes – todos eles assistidos por luxuosos escritórios de advogados – deixaram de se atirar pela janela. Por isso, as pessoas decentes começaram a saltar pela janela. Há uma relação diretamente proporcional entre a adaptação dos canalhas e a desadaptação dos humildes.

Vivemos uma encruzilhada da história. Com os pés assentes em pedaços de gelo flutuantes que se separam, não sabemos em qual ficar. Podemos sonhar, mas não existe nenhum indício que nos diga que tudo não passará de uma grande mentira. Escuto um companheiro, queixoso, dizer que deveria ter nascido na Grécia Antiga. É fácil sonhar com um passado idealizado. Com certeza, o meu amigo seria escravo. Também podemos sonhar com o futuro: rapidamente tudo se resolverá. E se não se resolve? A dúvida, o choque, o rio revoltoso que serve aos pescadores sem escrúpulos. O século XX foi marcado pela política e ameaçado pela economia. Quando os trabalhadores começaram a associar-se, tudo mudou. Desse movimento de associação resultaria a União Soviética, o Estado social, a Guerra Fria, o Direito do Trabalho, a pílula anticoncepcional, que permitiu que as mulheres se incorporassem ao trabalho na fábrica. Caiu posteriormente a União Soviética, perdida a corrida tecnológica, o dinheiro decidiu que já não precisava ter medo. Inauguramos o século da economia, quase não ameaçado pela política.

Regressou a economia, e a política exilou-se, reduzida a meras questões técnicas para transformar os votos em governos. Alguns disseram que o Estado tinha morrido. Mas não era verdade – apenas mudara de mãos. O chefe de Estado cumprimenta o país na noite de Natal e o governo da Espanha dedica uma das propagandas mais caras na noite de fim de ano para pedir aos cidadãos que joguem na loteria.

Alguém levará o dinheiro de todos. Pensar em termos individuais é a forma mais suicida de pensar a política. Numa visão puramente

NOTÍCIAS DESESPERANÇOSAS DE P.

estatística, as maiorias seriam o combustível dos fogões das minorias. Sem política somos uma ave que migra sozinha, sem a referência das demais. A política é autoajuda coletiva. Os outros do nosso eu. A linguagem que permite que falemos com nós mesmos, mas que nasceu para ser diálogo. O que foi, no início, um gesto, um olhar, uma mão agitando-se ("ajude-me!") e que logo se tornou uma palavra que resumiu o gesto, o olhar que implorava, a mão agitada que reclamava ("ajude-me!"). A diferença entre a autoajuda individual e a coletiva é que a primeira presume uma desistência covarde perante a vida. A valentia é um grande abridor de caminhos.

Quando menos esperamos, tomamos decisões que nos mudam a vida. "Não sabia o que vestir e decidiu vestir-se de felicidade". Feliz por fora. Onde estavam os outros? Uma mão sobre outra mão, sobre outra mão. Aquilo que parecia impossível de repente se torna luminoso e simples. O caule de uma margarida e a energia que organiza o mundo; uma criança que mal sabe andar, rindo, e um ancião que pega em armas porque a dignidade está em perigo; um pedaço de gelo esvaindo-se entre os dedos e mil horas de estudo dedicadas a entender um assunto complicado; os olhos que refletem todas as raças e todas as raças refletidas nos olhos; uns sapatos com buracos, mas alegres, e a vontade de todo um povo de decidir por si próprio.

A democracia – dizia Harry Emerson Fosdick – baseia-se na convicção de que, nas pessoas comuns, há possibilidades fora do comum. As pessoas comuns que fazem funcionar os ônibus, o metrô, os esgotos, a Disneylândia, que abrem as bancas dos mercados, os armazéns, os teatros e os bares, responsáveis pelo milagre da água que sai da torneira, que permitem receber uma entrega da loja e que ensinam às crianças onde estão os rios Ebro e Orinoco. Pessoas que leem o mundo com óculos de pedestres e concluem "até aqui chegamos". A Política, com letras maiúsculas, é esse lugar onde os cidadãos marcam esse "até aqui". A política, com minúsculas, é a gestão quotidiana desses grandes momentos.

Na ordem normal das nossas prioridades, "o frívolo e o eterno" deveriam passar, como uma obrigação de decência, à frente da política. A "decência comum" contra a vitrine mentirosa da vida pública. A honestidade partilhada, intuitiva, de quem já se sentiu humilhado, de quem sabe que existe uma corrente de solidariedade entre os humildes, esse diálogo com as coisas que são maiores do que nós próprios e que estão acima das decisões arbitrárias dos poderosos. Por isso, sobretudo por isso, precisamos da política. Esse lugar onde vamos decidir quanta desigualdade estamos dispostos a suportar. Quanta dor estamos dispostos a ver e quanta dor estamos dispostos a sentir. Porque, mais cedo ou mais tarde, acabamos por colocar limites às desigualdades. Os poderosos sabem disso. E isso deixa-os aterrorizados. Assim, com idas e vindas, vamos avançando. Tornando-nos conscientes dos nossos limites e das nossas possibilidades. É esse otimismo que, como pano de fundo, alimenta as razões para seguir remando.

Política, também, para garantir o importante, para que ninguém altere a hierarquia dos nossos desejos e necessidades, para não sermos fantoches desbotados e com os fios puídos. A política é a garantia que vai permitir que nos dediquemos com a segurança de quem, por fim, compreendeu o frívolo e o eterno. Que possamos viver e entender-nos. Viver, porque somos seres vivos. Entender-nos, porque, em algum momento da nossa evolução, começamos a saber que estamos aqui com prazo de validade (que susto devem ter sentido os primeiros antepassados que viam a morte continuamente à espreita. Quanto desse medo se parecerá ao nosso medo?). Viver e explicar-nos. Ou por acaso haverá tarefa mais importante do que se cansar simultaneamente contra as exigências insubornáveis da caverna, do fogo, do alimento, da água... e também construir significados com as letras, com as imagens e com os sons? Porque somos frágeis, porque não sabemos de onde viemos nem para onde vamos.

O instinto para viver e a cultura para não morrermos. A política como bálsamo de palavras e de fatos. Entregamos a política ao Estado e as nossas trocas ao mercado, e rompemos os laços que nos uniam. Acreditamos que cabia à administração gerir os nossos assuntos comuns e ficamos, somente, com os vínculos nus dos "pagamentos à vista". Recuperar a política é dizer ao Estado e ao mercado que nos devolvam o controle sobre os nossos vínculos e sobre as nossas decisões. O mais decente da vida é sempre quando estamos com os outros. Recuperar a vida como uma associação de gente que tem sonhos parecidos. Recuperar

NOTÍCIAS DESESPERANÇOSAS DE P.

a vida como uma associação livre de gente que foi jogada ao mundo e assume todas as consequências, sabendo que a vida também é um desafio.

Recuperar a política contra os que organizam o silêncio e os que conspiram a favor da indiferença. Rogo para não sermos um desses fantoches desordenados, que caíram com descuido sobre seu próprio corpo desconjuntado e a quem cortaram os fios do frívolo e do eterno. Os fios da política. A política como decência do quotidiano, onde nada tem sentido sem os outros, sem a possibilidade de cruzarmos as mãos e as entrelaçarmos. Essa assembleia que nos habita o peito e que deveria nos falar com voz de mãe quando estamos tristes. Uma assembleia materna e fraterna. Uma *fratia* e uma *matria*, talvez mais convenientes do que uma pátria. Porque pátrias sem justiça parece que já há muitas.

CRIANÇAS POBRES COM OS JOELHOS LIMPOS (P INTERROMPENDO O SÁBADO)

P saltou pela janela. Não teve dúvidas. A distância, tão relativa, cruzada como se fosse luz desde a porta do corredor. O impulso suficiente, uma coordenação perfeita, um passo de *ballet* para o vazio, uma delicadeza partida que se ri do tempo. Dedos cravando-se na esquina de cimento com a vontade de garras. Depois, um pé flexionado para superar o desnível até a janela. Fome de altura. Talvez uma cadeira, improvisada naquele instante, foi escolhida como uma última escada. Uma mão no batente, outra na prateleira, o corpo de lado, um olhar fugaz por cima do ombro. O quarto, a porta, o corredor. Não havia ninguém? Em segundos, a perplexidade fica no passado. Apenas uns metros, medidos na vertical, farão a diferença entre o medo e a certeza. O mais difícil, às vezes, é não saltar. Agora vai na direção de um futuro seguro, que vai escrevendo à medida que conta os tijolos de cada andar. Você percebe os negros cabos de telefone, serpenteando na fachada. Umas cortinas que movem assustando a rua. Uma placa velha que você não tem tempo de ler.

Lá embaixo, cedo ou tarde, você sabia que a cidade viria a te receber. A cidade que não estava lá em cima, no quarto, segurando você, sujeitando-lhe, falando-lhe ou convocando-lhe. A cidade que aparece e desaparece, que às vezes floresce porque há eleições que podem significar algo ou porque todo um povo está na rua, falando com um cansaço ameaçador, quando se intui uma perspectiva de mudança, novas lideranças e maior consciência, a sua opinião e a dos demais reivindicada. A cidade que lhe deu as palavras, a música, a transcendência. Um lugar no mundo ou a suspeita de que você não tem um lugar no mundo.

A cidade estava lá embaixo. Vivemos em sociedade para burlar a morte. Tudo o que fazemos são passos conscientes ou inconscientes para enganá-la. Essa, que sabemos que nos ronda. Comer, cumprir as leis, ter filhos e cuidá-los, confiar nos políticos, emocionar-nos com um verso ("virá a morte e terá os seus olhos") ou com um compasso, sentirmo-nos parte do grupo, pagar impostos, fraudar a Fazenda, amarmos e desejar que alguém nos ame. Tudo para não morrermos. Somos os únicos animais que enterram os seus mortos. Começamos a fazê-lo quando começamos a dizer a palavra "deus" com medo e reverência. Também para não morrermos, falamos do tempo ou temos pavor às aldeias poderosas e, como tolos, às aldeias perto da nossa. Formas de enganar a morte. Às vezes parece que nos esquecemos dela e, quando se aproxima, voltamos a recorrer aos bálsamos tradicionais. Se não fosse a morte, a política não faria falta. Quando convocamos a morte é porque a política fracassou. Somos tão frágeis que precisamos de um escudo protetor de um destino comum.

P pulou pela janela. A cidade, a pólis, falhou-lhe. Talvez um curso urgente de política servisse como caixa de ferramentas para a vida. Os seus erros são os nossos erros. Porcas e parafusos para saber que somos decentes e não dar de presente coisas que nem num campo de concentração nos seriam roubadas. Coisas que temos agora mesmo dentro de nós. A cidade que nos habita. Onde as decisões são nossas. Para não saltarmos, pouco a pouco, para os ansiolíticos, as drogas, a roupa e as engenhocas inúteis, com seitas, ódios, televisões ou com um futebol que conseguiu tornar-se tão quotidiano como o toque do sino nos campanários das aldeias medievais. Com nada que nos engane, nos fazendo acreditar que somos melhores do que somos, nos oferecendo, como solução, deixar de pensar, logo, deixar de atuar, logo, deixar de nos emocionar. No fim, deixar de nos lembrar que temos de nos lembrar.

NOTÍCIAS DESESPERANÇOSAS DE P.

O burocrata Eichmann afirmou, com a sua cara anódina, justificando a sua participação no Holocausto: "Não fazíamos perguntas, obedecíamos a ordens".

A política nasceu para evitar a guerra interna, triunfar na externa e garantir a partilha das vantagens da vida em comum. "O justo é igual em todas as partes: a conveniência do mais forte", clama o jovem Trasímaco, censurando a debilidade do sábio Sócrates, na *República* de Platão. Mas não é certa essa luta de todos contra todos. Por que entramos num edifício em chamas para ajudar os que estão lá dentro? Por que somos capazes de fazer tudo o que está ao nosso alcance quando alguém pode perder a vida? Uma catástrofe nos faz estremecer e queremos ajudar. Levamos dentro de nós a certeza de que nada do que é humano nos é alheio e convertemos essa certeza na regra de ouro do nosso comportamento. Por acaso a política não procura recompor os fragmentos partidos da pólis? Será que não entendemos que, se nos dispersarmos, nos confrontarmos e nos dividirmos, iremos perecer?

Em *Quando tudo começa* (1999), o filme de Tavernier sobre os professores na França, onde ninguém parece querer aprender nada, uma docente, prestes a se aposentar, não entende um jovem casal, pais de uma criança que chega atrasada à escola, que não faz os trabalhos de casa, que aparece com a roupa suja e o descuido espelhado nos olhos. Os pais, como numa eterna adolescência, desculpam-se: "É que às vezes nem temos vontade de sair da cama". "Antigamente – lembra-se a professora – as pessoas também eram pobres, mas as crianças vinham para a escola com a roupa passada a ferro e os joelhos limpos". Como se a desordem do mundo tivesse se empenhado em nos roubar também a decência, o cuidado, a honestidade e o respeito que devemos a nós próprios. Os joelhos limpos, esse gesto mínimo e grandioso que não podiam ter roubado das pessoas comuns.

Por que você pulou, P? A política é um remédio amargo que se descobre tarde. Um curso urgente de política. Para gente decente. Ou que tenta sê-lo.

1
PANFLETO A PARTIR DO PAÍS DOS PERPLEXOS
Razões para não entender nada ou para entender tudo

> *Não. Não há verdades absolutas, nem lutas finais, mas ainda é possível nos nortearmos por meio de verdades possíveis contra as não-verdades evidentes, e lutar contra elas. É possível ver parte da verdade e não a reconhecer. Mas é impossível contemplar o mal e não o reconhecer. O Bem não existe, mas o Mal temo que sim.*
>
> MANUEL VÁZQUEZ MONTALBÁN,
> Manifesto do Planeta dos Macacos.

O mundo grego clássico, onde sempre olhamos quando pensamos em política ou em democracia, sentia como uma ameaça a fragmentação da cidade. Dividir-se podia levar a sua derrota e a sua desaparição como uma como aventura compartilhada. A garantia da união era construir laços comuns entre todos. Mas fazer os pobres participarem da sorte da cidade nunca agradou aos ricos. A história da Grécia clássica é a tensão entre os trabalhadores pobres que iam ao teatro escutar Sófocles e os ricos que iam ao teatro escutar a Sófocles (às vezes os intelectuais têm essa rara capacidade de falar para a sua época, ao invés de falar para o seu pequeno grupo de seguidores). Pobres e ricos no mesmo lugar. Uma luta para ocupar a cidade. Os ricos sempre tentaram dar o mínimo possível de cidadania aos pobres – o suficiente para que estivessem contentes – e os pobres sempre tentaram conseguir algo a mais na escala da cidadania – em geral de cunho material. O material, se formos levar em consideração a história, era, quando os afetava, o que mais incomodava aos ricos. Ter era uma virtude. Deixar de ter, um vício. Podemos reconstruir uma boa parte da história vendo o ir e vir dos pobres para ocupar as cidades. Até que se alargaram as avenidas e já não era mais tão fácil fazer barricadas.

Os escravos, as mulheres, os estrangeiros, os jovens sempre estiveram fora dessa discussão. A democracia começou na Grécia, mas precisaria mais alguns séculos para que essa palavra significasse o que hoje entendemos como tal. Há uma regra fundamental para entender de política: não veja as palavras do passado acreditando que ontem significavam o mesmo que significam hoje. As palavras permanecem, os conceitos mudam.

Queixando-se do terremoto que assolou Caracas em 1812, Simón Bolívar afirmaria: "se a natureza se opõe a nós, lutaremos contra ela e faremos que ela nos obedeça". A frase está na parede da Praça do Libertador, na capital venezuelana. Hoje, com metade do planeta Terra devastado, a frase de Bolívar, utilizada por uma multinacional da mineração, teria outro significado. Sequer a morte medimos sempre igual. Jack, o Estripador teria assassinado, quando muito, onze mulheres. As cifras mais otimistas da Guerra do Iraque falam de 600 mil mortos. George Bush tem bibliotecas com o seu nome. Jack pertence à história da infâmia. Lemos *Romeu e Julieta*, *A Celestina* ou *Tristão e Isolda*, usando os olhos com que hoje vemos o amor. Sobretudo para sonhar o amor atualmente. Qualquer semelhança com a realidade é pura coincidência. Não perdemos muito tempo a imaginar como teria sido a primeira briga de casal da união de Capuletos e Montecchios, vemos mais heroísmo do que realmente existia na castidade de Tristão, e Calisto parece que, no fundo, não vai direto ao assunto. Lemos os dados e as palavras do passado com muitas armadilhas: população, estatísticas, Estado, democracia, povo,

1 - PANFLETO A PARTIR DO PAÍS DOS PERPLEXOS

liberdade, família, direitos. Daí a pretensão – exagerada – de fazer da história ou da política uma ciência: para que Romeu não pareça tão tolo com o passar dos séculos, para que Melibeia leve ao famoso pomar para namorar a quem quiser sem a mais mínima culpa, e para que Madame Bovary deixe de se entediar e, com uma possibilidade de esperança, se livre da tirania burguesa de sua época.

Vivemos um tempo opaco. O povo hoje é apenas uma definição administrativa que decide muito pouco. Vivemos em um mundo onde todos nos compramos e nos vendemos. Onde o sonho neoliberal – que cada um se veja como "empresa" de si mesmo – azedou. Onde, além disso, não nos vemos como reféns de nenhuma desigualdade, a não ser aquelas evidentes da corrupção ou do roubo. Como indivíduos, somos puros fragmentos. Se assumimos identidades, definimos nós mesmos até onde chegamos; e, como clientes em um mundo mercantilizado, nos dirigimos para as pessoas e para as coisas como para as seções dos supermercados. As peças do quebra-cabeça se juntam somente nas eleições, mas é um funil de formas arrogantes: em um extremo, toda a sociedade; e na parte estreita, os eleitos. Mas fizemos do funil toda uma metafísica política chamada democracia. Há que se mudar o alvo. É o que significa *catástrofe*: que o chão se mova abaixo dos seus pés e veja as coisas desde outro ponto de vista. Imaginemos a parte larga do funil composta por muitas partes estreitas. Não é um funil. É outra coisa. Inquietante, alargado o cone inútil para concentrar líquidos. Não serve de funil, mas serve para outras coisas? O mesmo ocorre quando, em uma praça, se juntam grupos sociais que em geral estão divididos. Você é a mesma pessoa quando está farto e quando está satisfeito? Você faz o mesmo quando descobre as causas da sua dor e quando renuncia lutar contra o que lhe atormenta? Não é por acaso outra pessoa quando decide que esse será o último insulto? Não é por acaso certo que às vezes uma palavra é suficiente para ficar indignado ou para ficar apaixonado? O mesmo ocorre com a democracia. Deus existe quando você o nomeia; a democracia, quando você a convoca.

Hoje, a democracia se esvaziou de conteúdo, apesar de parecer umiversal. Ficou reduzida ao voto e a política parece um jogo de atores contratados para fazer mal um papel e que o critiquemos. Achamos que jogamos a democracia nas leis eleitorais, em quem poderá e quem não poderá exercer o voto, no conteúdo das Constituições, no desenvolvimento de um regulamento. Mas não é verdade. De nada vale a melhor lei eleitoral, a melhor Constituição, a inclusão política absoluta de todos os seres humanos que vivem num território, se não há a vontade de dividir de maneira igualitária os direitos e obrigações da vida compartilhada. Não serve para nada a melhor das leis se os cidadãos aceitam se governarem a si próprios pelos princípios da eficiência e da concorrência. Confundimos a democracia com o espetáculo da democracia. O real, de fato, é o espetáculo. Por isso, quem não está no programa não existe. Para existir na democracia você precisa representar um papel e dizer alguma frase. E aparecer na televisão. É o único que vale. Se não fosse assim, se realmente as eleições fossem "a festa da democracia", se realmente expressassem "a vontade do povo soberano", queimaríamos na fogueira quem descumprisse os programas eleitorais ou guilhotinaríamos quem fizesse o contrário do prometido enquanto ocorria o teatro eleitoral. Especialmente os atores principais. Somos ao mesmo tempo os espectadores que dão sentido ao teatro e os maltratados mecenas de um roteiro que nos reserva o lugar de comparsas.

Luís Napoleão Bonaparte disse, em 1848, aos demais dirigentes europeus: "não tenham medo do sufrágio universal. Bem manipulados, os pobres votam em nós e, além disso, estarão mais satisfeitos. E se alguém não compreende, o fuzilamos". Completou a ideia Louise Michel, uma das heroínas da Comuna de Paris de 1871: "uma árvore que mata aqueles que dormem embaixo da sua sombra: assim é o sufrágio universal". Resumiríamos, mais tarde, de uma maneira mais cínica: "Vota e não se meta na política". A democracia como uma mercadoria barata vendida na "loja de tudo por R$1,99" da política, fornecida por empregados que assistem à sua própria televisão e falam o próprio idioma, comprada por cidadãos alienados que sabem que estão adquirindo coisas que se estragam com facilidade.

MAIS VALE A DEMOCRACIA RUIM CONHECIDA DO QUE A BOA POR CONHECER

Tudo o que fracassa na prática, dizia Guy Debord, tem uma segunda chance como espetáculo. Se você fracassa na vida, é possível

1 - PANFLETO A PARTIR DO PAÍS DOS PERPLEXOS

converter seu fracasso em um filme sem fim. Olhando os filmes em cartaz de várias capitais espanholas encontramos os seguintes títulos: *Meu Malvado Favorito 2, Velozes e Furiosos 6, Homem de Ferro 3, Amanhecer 2, Se beber, não case 3!, Todo mundo em pânico 5, Viagem 2: A Ilha Misteriosa, O Último Exorcismo 2, 12 Rounds 2, Duro de matar: um bom dia para morrer, Anjos da Noite: o despertar, Motoqueiro Fantasma: espírito de Vingança...* Junto a essas falsas surpresas, são anunciadas reedições em 3D de filmes antigos, assim como de novos *remakes* e, evidentemente, é relembrado que estão à disposição do grande público sagas sem fim que se renovam industrialmente com fórmulas repetidas: *Star Trek, O Grande Gatsby, Super-Homem,* a última de zumbis e vampiros adolescentes... Cada novo filme renuncia aos números romanos. Supomos que para evitar confundir o exigente espectador.

A pergunta que não quer calar: que mecanismo faz com que haja interesse em ver um mesmo filme manipulado mil vezes em vez de a algo novo? Existe uma infantilização dos espectadores, de modo que, como as crianças, precisam que seja contada sempre a mesma história – e da mesma maneira – para não sucumbir à ansiedade? Por que é mais fácil encarar um filme de terror, evidentemente previsível, do que outras histórias que claramente tem mais a ver conosco? Por acaso dá mais medo a realidade do que os lobisomens, os predadores, os mortos-vivos, os fantasmas? Por que essa fuga constante para longe da sala de máquinas do mundo?

As revoluções só são possíveis quando, previamente, operam-se mudanças nas mentalidades. Por isso, quando torna a mudar a forma de pensar, os direitos são transformados. Em meados do século XIX, começaram os protestos em favor da jornada de trabalho de dez horas. A jornada diária nos Estados Unidos era de dezoito horas. Os argumentos dos empresários e economistas, que já andavam juntos, foi quase sem exceção, afirmar que essas regulações aumentariam o custo da mão de obra e gerariam desemprego encoberto (as pessoas trabalhariam mais horas mesmo que não o dissessem). A reclamação política dos empresários foi mais contundente: regulamentar o horário de trabalho era condenar a indústria à ruína. Um argumento que continua sendo repetido há duzentos anos. Invariavelmente. E que sempre foi falso. Depois veio a jornada de oito horas: oito horas para trabalhar, oito horas para dormir, oito horas para viver. Duzentos anos ouvindo as mesmas exigências dos trabalhadores e as mesmas resistências dos empresários.

Marx, que testemunhou esses movimentos enquanto aconteciam, compreendeu que existia uma contradição entre os interesses de uns e de outros. Quando esse confronto tomou forma o chamou de "luta de classes". E como sempre existiram na história os que trabalhavam e os que se beneficiavam do trabalho dos outros, e como entre os dois sempre existiu, mais cedo ou mais tarde, atritos sem solução, disse que a luta de classes era o motor da história. Já falecido Marx, resumiria seu testamenteiro Engels em carta para Bloch em 1890: "conforme a concepção materialista da história, o fator que em última instância determina a história é a produção e a reprodução da vida real. Marx e eu jamais afirmamos em qualquer momento nada mais do que isso. Se alguém distorce dizendo que o fator econômico é o único determinante, transformará aquela tese em uma frase vazia, abstrata, absurda". Marx pode ver muitas coisas que estavam acontecendo naquele momento. É impossível compreender o momento atual da política sem dialogar com Marx. Livres das vulgatas soviéticas e dos maximalismos das seitas. Ludovico Silva afirmou que "se os papagaios fossem marxistas, seriam marxistas ortodoxos". Por sorte, podemos escolher não ser papagaios. Nem Marx, nem menos.

Quando os Estados Unidos invadiram o Iraque, ainda que não houvesse arma de destruição em massa – nem havia necessidade que houvesse para o que se pretendia –, estava funcionando outro motor tradicional daquilo que outrora se chamava de luta de classes. Porque quando se trata de se apropriar do esforço dos outros, as fronteiras são um empecilho. O mesmo aconteceu quando, tendo a crise como motivo, os trabalhadores passaram, no mundo ocidental, a trabalhar mais horas e a ganhar menos. Os governantes europeus parecem marxistas enfurecidos. No entanto, uma pergunta fica em aberto: como se explica que existam menos manifestantes que desempregados, menos estudantes enfurecidos do que alunos expulsos pelo aumento das taxas e a diminuição das bolsas de estudo? Por que manifestações imensas como as do 15-M, as da primavera árabe, ou as do *Occupy Wall Street* acabarm por regressar

1 - PANFLETO A PARTIR DO PAÍS DOS PERPLEXOS

ao lugar de onde haviam partido? Por que pulamos pela janela ao invés de entrar pela porta?

No seu *Manifesto do planeta dos macacos*, Vázquez Montalbán reclamava de que se havia dissolvido o *skyline* das certezas da sua geração. A cultura progressista via como as suas respostas tinham se desmanchado: a democracia, a finalidade da história a caminho da emancipação, os sujeitos portadores das mudanças – uma burguesia que acrescentava a liberdade, uma classe operária que acrescentava igualdade –, a Europa como um caminho intermediário entre a União Soviética e o capitalismo selvagem, a existência da direita e da esquerda e sua luta para mudar tudo ou manter tudo. "Os espelhos se quebraram, os imaginários sumiram e as razões que geraram as ideias sobrevivem". No entanto, o pior ainda está por vir. Como na impiedosa frase de Stanislaw Lec: "não espere muito do fim do mundo". O problema não estava em que as respostas mudassem, tampouco que as perguntas mudassem quando já se tinham as respostas. O pior era nos convencer de que já não valia mais a pena continuar a se fazer perguntas.

A PERDA DOS MARCADORES DE CERTEZA (E DE PRECARIADOS QUE SONHAM COM UM FÓSFORO E UM GALÃO DE GASOLINA)

Os momentos de crise, na útil frase de Gramsci, são aqueles em que o velho não termina de ir-se e o novo ainda não chegou. Um momento muito apropriado, continuava o pensador comunista italiano condenado por Mussolini a vinte anos de cadeia com o único fim – disse o promotor – de evitar que pensasse, para que surjam situações mórbidas, monstros nas mãos daqueles que se aferram às coisas que já não possuem mais a mesma validade ou ao que virá, mas ainda não chegou. Muito evidente entre aqueles que se aferram ao velho, e mais sútil naqueles que dão por chegado o novo – por exemplo, aqueles que acreditam que o *click-ativismo* nas redes sociais é o triunfo da nova *ágora* democrática.

O principal prejudicado foi o *primeiro motor imóvel e eterno*. A anunciada morte de Deus por Nietzsche não se refere a um decesso físico, mas a perda de vigência do apelo divino para organizar a sociedade. Deus é hoje, como alguém disse, apenas um mero clandestino da ética. Se a monarquia parece a todas luzes um anacronismo histórico é porque já não há mais espaço para um rei de origem divina, ficando a legitimidade dinástica em claro confronto com o princípio democrático da igualdade de todos os cidadãos. Quando alguém observa os milagres que hoje se conhecem aos candidatos a santos mais recentes (por exemplo, curar uma radiodermite crônica, uma úlcera gástrica, uma agranulocitose ou reanimar alguém que se afogou), não parecem tão surpreendentes, especialmente quando se sabe dos "milagres científicos" do doutor House. A "morte de Deus" pôs em cena a frase de Dostoievski: "se Deus morreu, tudo está permitido". A filosofia do Direito reconheceu que as leis não têm a carga normativa que possuíam quando tinham a religião como suporte. As leis se cumprem para evitar as sanções e não porque se acolhe a sua moralidade; pensamos em estacionar em fila dupla, fraudar a Fazenda ou a previdência social, se aproveitar de alguém, roubar ou se beneficiar de algum modo se sabemos que não nos vigiam. As religiões civis, como as baseadas em uma Constituição democrática e nas virtudes cívicas, exigem que sejam ensinadas na escola. Ainda que continue sendo mais fácil que se ensine diretamente a religião. Com Deus tomando as decisões por nós, ruim. Sem Deus moralizando a vida coletiva, ruim. Confusão da época.

Outro marcador de certeza é o mundo do trabalho. Os milhões de desempregados na Espanha, na Europa e no mundo sabem o drama que significa não ter emprego. Como um vírus letal e invisível que vai carcomendo o músculo e chega até o osso. O trabalho tem sido nossa forma de nos relacionarmos com os demais. O espelho, que nos devolviam os outros, iluminado pela posição profissional que tivemos. É a partir dos anos 60 do século XX que começamos a viver de maneira geral em cidades (na Espanha ainda é tradição voltar para as festas de alguma padroeira nas cidades do interior, quase sempre no verão, época de colheita). Antes, os ritmos sociais eram mais lentos e as perspectivas de mudanças mais tranquilas (como bem sabia a infortunada senhora Bovary). O trabalho foi, durante décadas, o espaço de reconhecimento familiar. As amizades, o lugar civil na comunidade, o horizonte sentimental, os planos

1 - PANFLETO A PARTIR DO PAÍS DOS PERPLEXOS

de vida, a capacidade de poupar, os planos para os filhos, eram frutos do fato de ter um trabalho concreto. Tudo isso mudou radicalmente.

O cineasta inglês Peter Cattaneo resumiu isso no seu filme *Ou tudo ou nada,* de 1997. Umas pessoas desempregadas há muito tempo decidem fazer um *strip-tease* masculino com o fim de arrecadar dinheiro. Por acaso não é a mesma coisa estar nu e não ter emprego? Em uma cena, os protagonistas estão assistindo videoclipes de um canal de música para encontrar ideias. De repente, um dos desempregados começa a gritar para a tela: "Mentira! Não se pega assim um torno! Essa tia não pegou um torno de verdade em suas mãos em sua puta vida!" Algo evidente, mas que precisava exteriorizar, pois sua dignidade estava em saber manusear esse torno. Essa sabedoria do trabalho fica reduzida a nada quando qualquer um pode fazê-lo com pouca roupa e rebolando enquanto acompanha a música.

Como lembrava Richard Sennett na sua obra sobre a corrosão do caráter nas nossas sociedades (as sociedades que outro sociólogo, Bauman, chamou de sociedades líquidas), os trabalhos já não duram. Sem estabilidade laboral, não existe estabilidade cidadã. Os vizinhos já não constroem a sua biografia e a atividade laboral deixa de ser o filtro por meio do qual você vê o mundo e o mundo te observa. Poderia ser uma benção, mas na falta de uma renda básica universal, carecer de trabalho significa também, cedo ou tarde, carecer de direitos de cidadania. Em um mundo onde não existe a possibilidade de trabalhar não sendo assalariado (poucos são os que podem se autoempregar), não ter serviço está um grau abaixo de ter um trabalho ruim. Como esses trabalhadores africanos sem trabalho, sem documentos, sem dinheiro. De lado algum: subsaarianos, que seria como dizer transpirenaicos, postoceânicos, de lá por nenhum lado, sem bandeira, sem ninguém que se responsabilize. Terra de ninguém onde, por não ser mais produtor, nem consumidor, você pode morrer como um cachorro.

O trabalho orientava a opção política, a vida sindical, a leitura do país e dos outros países. A total mobilidade laboral é o sonho dos empregadores, ainda que as sociedades fiquem debilitadas. Uma maior mobilidade diminui os salários (há mais pessoas dispostas para realizar o mesmo trabalho). Se você trabalha seis meses em uma cidade, seis meses em outra e, talvez, um ano na próxima, surge outro tipo de problema. Ou você tem as facilidades de um diplomata ou resulta difícil conciliar qualquer vida familiar ou social. Na evolução dos testes de aptidão profissional, deixou de ser relevante a capacidade de comandar equipes para se valorizar mais a capacidade de se livrar delas. O desenvolvimento tecnológico, à diferença de outros momentos da história, já não cria emprego ao mesmo ritmo que os destrói. Máquinas construindo máquinas. Quem vai trabalhar? Quem vai consumir? Tampouco é estranho que o capitalismo produza pura depredação. Se ninguém compra, o que resta é especular ou espoliar as riquezas de quem as têm e se deixam espoliar.

A precarização do trabalho faz com que o mundo ocidental entre em uma nova fase da história. Se os assalariados foram introduzidos na cidadania por meio de um trabalho com direitos, a desaparição das garantias trabalhistas permite afirmar que a crise na Europa é uma crise de seus fundamentos. O "precariado" se transformou na promessa laboral universal do neoliberalismo e, portanto, na bomba relógio que explodirá o Estado Social e Democrático de Direito.

Essa nova forma de trabalho – soma de "precário" e "proletário", como lembra Guy Standing em *O precariado* – tem como característica central a quebra de seu *status* (que é o que o diferencia do trabalhador característico dos anos sessenta do século XX). O *status* é o espaço de reconhecimento social vinculado ao trabalho assalariado. Enquanto um trabalhador com uma renda baixa podia construir uma carreira (ainda que limitada), ao precariado é negada essa possibilidade. O precariado carece de segurança para se empregar, para manter o emprego, para fazer carreira, não possui garantias nem segurança no posto de trabalho e também para reproduzir as suas habilidades e ir melhorando-as. Sua renda é tão diminuta que perde a segurança para conseguir uma casa, saúde, educação. As perspectivas de aposentadoria, evidentemente, são terríveis. E, ao não poder exercer pressão na esfera produtiva, por conta de sua própria precariedade, também não pode representar coletivamente seus interesses.

O precariado carece da identidade baseada no trabalho, não tem memória social nem a sensação de pertencer a uma "comunidade

1 - PANFLETO A PARTIR DO PAÍS DOS PERPLEXOS

ocupacional baseada em práticas estáveis, códigos éticos e normas de comportamento, reciprocidade e fraternidade". Curiosamente, no mundo da conexão e da informação, o precariado está ilhado e fragmentado. A solidariedade entre os precariados é fraca, pois não existe um lugar permanente de encontro, como era a fábrica ou o escritório (ainda que quando aparece, como na *Puerta del Sol de Madrid*, nascem novas solidariedades). A sensação do precariado é de estar sendo constantemente maltratado. Essa desigualdade – outra peça-chave da nossa época – gera raiva diante de como as coisas vão para uns e como vão para outros, ainda que tenham as mesmas lições de casa. Bolsistas permanentes que veem impossibilitada qualquer perspectiva de ascender por mais que façam o impossível: aprender mandarim à noite pela Internet, fazer outra pós-graduação, levar mais trabalho para casa, atender a qualquer requerimento da empresa fruto das exigências da concorrência, modelar o corpo para ser mais atraente, incluir o sorriso e a aparência como um *plus* para a "empregabilidade"; converter-se, no fim das contas, em um radical empresário de si mesmo e mesmo assim perceber que não existem muitas oportunidades para um trabalho decente.

Essa quebra das formas de trabalho guiadas pela segurança gera um novo sujeito em busca de uma nova subjetividade na qual possa entender-se a si mesmo. O sujeito em luta contra a aversão (certa inveja ou ressentimento que leva ao desenraizamento daquele que não está disposto a mais esforços ou que não está disposto ao excesso de exploração que caracteriza essa perspectiva laboral sempre ameaçada). Com um pé constantemente na anomia, essa passividade que nasce de quem espera sem esperança. Submetidos à ansiedade de saber que estão sempre a beira do abismo (bastará um erro ou um golpe de má sorte para cair no lado escuro). Com a permanente frustração de saber que tem muito pouco e que, além disso, é muito fácil perder o pouco que tem. A perspectiva laboral que oferece esta fase do capitalismo privatizador e concorrencial conduz necessariamente à alienação: profissionais frustrados que têm profundas dificuldades de desenvolver confiança e, ao mesmo tempo, escutam que tem que ser positivos e sorrir.

O precariado está largado no mundo, à mercê de forças – os mercados – contra as quais não pode fazer nada, apenas se ressentir cada vez mais. A política poderia ajudar, mas por conta de não controlarem seu destino, de viverem sob formas de democracia representativa, de serem sujeitos de mensagens que dizem não haver alternativa, os precariados acabaram depreciando a política, perdendo o único instrumento que poderia realmente ajudá-los.

A precarização quebra as perspectivas sociais, frustra a consecução de *status* de pessoas que acreditaram que estudar, se formar, fazer uma jornada de trabalho completa era uma garantia para viver com comodidade, dinamita, com formas sutis de terrorismo, todo o "sentido do comum", do saber compartilhado, da ajuda mútua, do trabalho cooperativo, que deixam de ser uma alternativa para serem vistos, inclusive por parte daqueles que se beneficiariam pelo seu desenvolvimento, como algo afastado do senso comum da época, competitivo e imperdoável com os perdedores. Não é estranho que a história de uma mulher – porque a maior parte dos precariados são mulheres – com um fósforo e um galão de gasolina seja um espelho para tantas pessoas.

A família, outro dos marcadores de certeza, também se viu desafiada. Nos anos 1960 era suficiente um salário para sustentar uma família. Hoje são necessários dois, e nem sempre são suficientes. A incorporação da mulher ao mundo laboral remunerado operou profundas mudanças. Por um lado, liberaram-se do domínio masculino em casa (o marido, o pai, o confessor), ainda que uma parte voltou a estar sob o domínio do chefe. Se a mulher trabalha e o homem não participa nas obrigações familiares, o cuidado ou se converte em tarefa dupla, somada a toda a carga reprodutiva, ou é necessário contratá-lo. "Produzimos menos cuidado familiar, mas o consumimos mais" diz a feminista Arlie Russell Hochschild. Mães que deixam seus filhos para ganhar dinheiro que utilizarão para pagar alguém que cuide de seus filhos. Os homens, observando. Embora essa reflexão peque por notar coisas que sempre ocorreram, agora nos parece ser evidente porque vêm imigrantes fazer essa tarefa de cuidado. Mas essa delegação de obrigações sempre aconteceu. Agora vêm das Filipinas ou do Equador. Antes vinham do interior.

Com a urbanização de nossos países nos anos 60 e 70, há um tipo de trabalhador que só pode vir de fora. Já não buscamos escravos para

1 - PANFLETO A PARTIR DO PAÍS DOS PERPLEXOS

que trabalhem nas plantações ou no serviço doméstico. Vêm por seus próprios meios. Eles mal conseguem pagar os produtos do Norte e nós pagamos cada vez menos pelos produtos do Sul. Uma vez que estão aqui, os moldamos. Produz-se uma estranha mistura em que essas pessoas, que se encarregam de atender aquelas que nós não temos tempo nem vontade de cuidar, experimentam uma mudança. Tratam melhor aos filhos dos seus empregadores do que trataram aos seus próprios filhos, igualmente acontece com os idosos. Lá, sua descendência recebia o trato secular e deveria caminhar com seus próprios pés. Aqui, essas mães de aluguel têm mais tempo e recebem o dinheiro que precisam para exercer esse cuidado, sua solidão se vê diminuída ao querer a esses meninos e a esses idosos, sentem saudade da sua própria família, transportando esse carinho à família de seus patrões. No entanto, ainda há quem insulte os imigrantes. Um "transplante global de coração" que parece natural.

Trabalhar realmente nos ajuda em nosso desenvolvimento como pessoa? Dependerá muito de que tipo de trabalho façamos. "Gosto do trabalho – escrevia Mark Twain -, gosto e me intriga... Poderia passar o dia todo vendo o trabalho dos outros". Em castelhano, não temos duas palavras como o inglês ou o alemão para falar sobre o trabalho. Com um conceito se referem a produzir para os outros em troca de salário. Com outro, apontam a condição transformadora do ser humano capaz de conseguir que brotem flores ou alfaces, tocar um violino, navegar no mar um catamarã, narrar uma história ou aprender a nobre arte da esgrima ou da astronomia. Ser assalariado pelo que precisam de nós não parece o mesmo que amar voluntariamente, realizar artesanatos, se dedicar aos estudos ou a cultivar uma horta por prazer. Ficamos realizados trabalhando tanto? Se não trabalhamos, ruim. Se trabalhamos, também. Mais confusão.

Livrar-nos dos cárceres familiares, patriarcais, morais é um avanço da liberdade individual. Declinarmos de qualquer responsabilidade, trocando por cinismo o que deveria ser o pedágio para a vida social, acaba voltando-se contra nós mesmos. Mais confusão para época. Tem lógica a frase de Woody Allen: "Deus morreu, Marx morreu, a História morreu e eu me encontro realmente mal".

JUAN CARLOS MONEDERO

AS REVOLUÇÕES COMO FREIOS DE EMERGÊNCIA

As revoluções, dizia Walter Benjamin, não são momentos em que a história se acelera para trazer um futuro melhor, muito pelo contrário, devem ser convertidos esses momentos naqueles em que se ativam os "freios de emergência" da história. Se olharmos a deterioração do meio ambiente parece evidente esse mandamento. É então progressista ser conservador?

Benjamin nos deu as chaves para converter a perplexidade em uma ferramenta política. Em Berlim, em frente à Universidade Humboldt, ao lado da Ópera, tem uma janela no chão. Se alguém se debruça, pode ver abaixo um quarto com estantes vazias em todas as suas paredes. Uma placa lembra que esse é o espaço onde caberiam os livros queimados pelos nazistas em 1933. Em 1935 foram aprovadas as leis de Nuremberg, as quais determinavam os requisitos genealógicos para ser alemão e proibiam os casamentos entre arianos e judeus (sua justificativa internacional foi de autoria de Carl Schmitt). Em 1934, tinham passado "a faca" nos membros das SA, uma facção com certa autonomia em relação à Hitler e que representava a ala de esquerda do nacional-socialismo. Em 1937, teve lugar a mostra de "arte degenerada" de Munique, na qual Paul Klee, Max Ernst ou o jazz foram considerados uma ofensa ao ideal de beleza nacional-socialista. Em 1938, ocorreu a anexação da Áustria. Em 1939 começou a guerra. "O que houve que não vimos os nazistas chegando?", perguntou-se Walter Benjamin antes de tirar a própria vida. Respondeu-se com resignação: não temos ferramentas conceituais para processar esse horror. Mais simples: nossa perplexidade tem a ver com falhas no nosso pensamento. Há uma ligação direta – dirá meio século depois Bauman – que vai do pensamento moderno aos fornos crematórios de Auschwitz. Um pensamento militarizado, endurecido, atento aos meios e despreocupado com os fins, depredador, eficiente, intolerante, rigoroso, inimigo da sensibilidade. Um pensamento muito executivo e pouco deliberativo.

Pensar mal... E não estará ocorrendo, atualmente, algo semelhante? E se o que nos está acontecendo tem a ver com problemas na hora de organizar a realidade na nossa mente? E se fossem iluminados outros

1 - PANFLETO A PARTIR DO PAÍS DOS PERPLEXOS

ângulos, e, de repente, com essa nova perspectiva, o que parecia impossível se torna uma possibilidade? Em todas as culturas existe o conto da Cinderela. Um golpe de sorte que lhe tira da miséria. Mas há outras possibilidades. Há um golpe de sorte coletivo no qual homens e mulheres são igualmente necessários, que move montanhas, lhe cura, divide o trabalho e consegue com a especialização melhores resultados, lhe dá esperança, canaliza rios e ergue cidades onde, ao lado de novos desafios, multiplicam-se as oportunidades ao se compartilhar o conhecimento e se tornar comum. Em uma população pequena não há a possibilidade de que exista uma orquestra. Também não há essa possibilidade em uma cidade grande em que não há esforços para se encontrar. Essa intenção coletiva dissuade os egoístas e encoraja os que cooperam. Chama-se a isso, política. Uma mão sobre a outra mão, sobre outra mão... Então é quando se escuta a orquestra. Uma orquestra que escolhe sua partitura, que sabe que das notas da lógica capitalista só pode sair um ruído ensurdecedor da luta de todos contra todos, que não espera um milagre amável de fundamentos corrompidos. Uma orquestra que puxa o freio de emergência, volta a afinar os instrumentos e começa uma nova melodia.

A FÓRMULA DAS REVOLUÇÕES: SE NÃO TE DÓI, COMO ACHA QUE VAI MELHORAR?

Maquiavel, atingido sempre pelas intrigas da corte, dizia a seu amigo Francisco Vettori:

> Ao cair a noite, retorno para casa e entro no meu escritório; na porta, dispo a roupa quotidiana, cheia de barro e lodo, visto roupas dignas de rei e da corte e, vestido assim condignamente, penetro nas antigas cortes dos homens do passado onde, por eles recebido amavelmente, nutro-me daquele alimento que é unicamente meu, para o qual eu nasci; não me envergonho ao falar com eles e perguntar-lhes das razões de suas ações. Eles, com toda humanidade, me respondem e eu não sinto durante quatro horas qualquer tédio, esqueço todas as aflições, não temo a pobreza, não me amedronta a morte: tal é a forma que me integro inteiramente a eles.

Não é o mesmo sentar-se na frente da televisão. Ter critérios exige alguma incomodidade. Há livros que são como um chute na alma. A televisão anestesia. Quanto menos dor aguentamos, menos dor queremos, então menos dor aguentamos... *Shrek 15, Apertem os cintos... O piloto sumiu 27, Os Smurfs 2*, outro *reality show*, a vida das princesas e dos duques... De tão dolentes nos convertemos em seres indolentes.

Há uma fórmula da transformação que, quando se coloca em funcionamento, reelabora a dor. As alternativas bebem do descontentamento. Por que o bombeiro de *Fahrenheit 451* – a novela futurista de Ray Bradbury – acorda da sua letargia de burocrata obediente e começa a se perguntar sobre a bondade da sua tarefa de queimar livros? Foi necessário que uma idosa, cuja biblioteca proibida é descoberta e entregam às chamas, decida queimar-se junto com o seu *Quixote* e seu *Guerra e Paz*, com seu *Ilha do Tesouro* e seu *Ilíada*. Teria ido o capitão Ahab atrás de Moby Dick, a baleia branca, se não a visse como uma referência do mal? Teria Casanova escrito suas memórias ao não ter vivido os freios do amor como um desnecessário castigo herdado do obscurantismo religioso? Teria Virginia Woolf podido escrever *Um quarto que seja seu* se não tivesse sido atingida pelos obstáculos por sua condição de mulher, à semelhança do que aconteceu com a personagem do seu livro, a talentosa e inventada irmã de *Shakespeare*?

A história de Espártaco narrada por Howard Fast traz à tona o momento histórico em que a válvula da dor se abriu e protagonizou o primeiro levante de escravos contra a poderosa Roma. No gosto decadente pelas lutas de gladiadores, a economia venceu o direito e permitiu que rebeldes encadeados nas galeras tivessem a oportunidade de ir morrer nas lutas. Crasso, um escravo galês condenado a remar a vida toda, chega à escola de gladiadores de Lêntulo. Lá está Espártaco, tirado de uma mina para compartilhar uma sorte semelhante. Um dia, depois de ver a capacidade natural de liderança do escravo da Trácia, Crasso se aproxima e sussurra a Espártaco: "Eu um dia fui livre". Espártaco, neto e filho de escravos, que não havia conhecido outra amizade, senão o estalo do couro nas costelas, perguntou: "livre?" E Crasso falou deles serem os donos do chicote e das lanças, de serem eles os vencedores sobre as legiões romanas, de serem eles que organizassem

1 - PANFLETO A PARTIR DO PAÍS DOS PERPLEXOS

a sua própria vida de maneira comunitária, de serem eles os que finalmente rompessem todas as chibatas, todas as lanças e todas as espadas. Espártaco saiu da letargia e o ardor do chicote teve um sabor diferente. Então, elaborou a sua dor e a transformou em consciência, e a consciência mobilizou a sua vontade para pôr fim às causas da sua dor. Reuniu os demais gladiadores em um momento de descanso e disse a eles: "olhem ao seu redor e digam uma só coisa que não tenha sido criada por vocês. Olhem novamente ao redor e me digam uma só coisa que seja de vocês. Então – Fast faz com que Espártaco diga, lembrando o *Manifesto Comunista* –, na luta não temos nada a perder além de nossas correntes. A vontade se transforma em poder e o poder, finalmente, em emancipação". Diante de um império. Doer, saber, querer, poder e fazer. Derrotado, Espártaco triunfou.

Se você não interroga a sua dor, é uma dor improdutiva, inútil, como se você a reelaborasse como uma necessidade. Trata-se, muito pelo contrário, de elaborar a dor desde uma perspectiva de justiça, de exigência da igualdade, da ordem de entender que, por nascimento, todos os seres humanos são iguais em dignidade. A política é um reflexo das dores de cada época, da forma como se entendem e da maneira que se remediam. Também de como se entende a justiça. No entanto, há um fio vermelho que transpassa toda a história. Desde que pensamos a política, há pessoas que acreditam que "para todos tudo" e os outros que constroem o privilégio.

Quando você entende como é a corrente profunda da história, você sabe qual é o seu lugar no mundo. Em *Cambio político y movimento obrero bajo el franquismo*, o historiador Xavier Domènech cita Manoel Navas, um trabalhador da empresa ASE/CES com as ideias claras: "Parávamos a empresa constantemente. (...) Uma vez, entre tantas outras, o gerente, que era sueco, me disse: 'mas pera aí, Navas, o que você quer?'. Naquela época passava uma série de televisão sobre Marco, que era um menino italiano que ia para a América procurar a sua mãe, e eu disse a ele: "o que eu quero é que o Marco encontre a sua mãe". O cara desmanchou-se a rir: "faça o que você quiser". Se você souber onde está Ítaca, você já caminhou uma boa parte do caminho.

JUAN CARLOS MONEDERO

MUDANÇA DE ÉPOCA: TRÊS AUTOESTRADAS CHEIAS DE BURACOS

A política é um antídoto contra a dor da vida. Sempre, e quando, se identifique essa dor. Em 1948, George Orwell escreveu a distopia mais famosa: 1984. Nessa utopia negativa identificou a perda de dignidade, o mal absoluto, a difamação do ser humano, com a vigilância constante dos seres humanos por parte do Grande Irmão (ou *Big Brother*). Tinha em mente a barbárie nazista, o totalitarismo estalinista e a crescente indolência das sociedades ocidentais diante dos perigos que espreitavam a democracia dentro das próprias democracias. Orwell era um socialista que havia lutado com as brigadas internacionais na Guerra Civil Espanhola. Sempre se preocupou com a decência que conheceu nas pessoas humildes desde seus primeiros trabalhos jornalísticos nas zonas operárias depauperadas. Sempre lhe preocupou que o poder – qualquer poder – roubasse a decência da gente comum. Que nos vigiassem constantemente parecia a ele um escárnio com a dignidade dos seres humanos. "O Grande Irmão te vigia". O sinal da iniquidade converteu-se em um *reality show* para as massas. Por acaso não sabem os telespectadores que, ao serem observadores da indignidade, também lhes é roubada a dignidade? Do mesmo modo que as estrelas sem nome não existem para nós, a dor apenas pode ser convocada quando vista. E quando os instrumentos de medição se esgotam, quando os óculos para ver de perto quebram, quando nos convertemos em consumidores da vida, não é fácil ver o que acontece. Há um certo consenso de que estamos em uma mudança de época que afeta o diagnóstico da democracia e a sua terapia. Um mundo vai embora, ainda que não termine de se despedir, e outro se aproxima, mesmo que as suas velas ainda estejam longe da costa. Não são tempos, pois, de uma prudente audácia?

A reflexão sobre a política e, portanto, sobre a democracia, move-se em um ziguezague cambaleante. A reflexão social não pode recriar em um laboratório o experimento da vida em comum. Há um pecado da arrogância em pretender entender tudo o que acontece. Para pensar com menos complexidade, criamos pequenos modelos que atuam como lastros da realidade.

1 - PANFLETO A PARTIR DO PAÍS DOS PERPLEXOS

Assim podemos entender que há três grandes autoestradas que nos trouxeram até a atualidade: o Estado moderno, o sistema capitalista e o pensamento moderno. As três estão sofrendo grandes mutações que as questionam, ao mesmo tempo em que não há no horizonte alternativas à altura das suas capacidades demonstradas. Sabe-se o que não funciona, mas ainda não é o momento de saber com clareza quais são as suas alternativas. Pode ser tão negativo mantê-las e não corrigi-las como jogar a criança, a água suja e a bacia no aterro de uma só vez.

No entanto, podemos afirmar que há uma grande irresponsabilidade em pretender retornar a um passado que já não existe e que só por meio da perda se idealiza (que "qualquer tempo passado foi melhor", como cantava Jorge Manrique em *Coplas pela morte de seu pai*). O Estado moderno está transbordando de problemas frente aos quais se mostra muito pequeno – a mudança climática, a migração, a globalização – ou se mostra incapaz diante dos problemas para os quais é muito grande – a gestão de um hospital ou de uma escola, as tarefas administrativas municipais, cuidar de uma floresta. As respostas que oferece, baseadas na concorrência entre Estados e não na cooperação, aprofunda a crise que o põe em xeque.

O sistema capitalista vive atualmente uma das suas recorrentes crises, e mesmo sendo difícil saber se se trata de uma crise "do" capitalismo ou uma crise "no" capitalismo, parece evidente que seu leque de respostas é cada vez mais reduzido e suas soluções mais dramáticas.

Por último, o pensamento moderno está confrontado pelo lastro da sua linearidade, que deixa fora da vista aquilo que ignora a sua visão simplista do progresso; por seu eurocentrismo e ocidentalismo, que o faz esquecer, por exemplo, que houve democracias na América Latina antes de existirem na Europa ou que a primeira universidade do mundo surgiu em Tombuctu; por sua produtividade, que faz da terra um recurso presumivelmente interminável e que já conseguiu fazer de metade do planeta Terra um deserto irrecuperável, e por seu machismo, que não permitiu que o olhar feminino completasse em igualdade de condições o olhar masculino, empenhado em tutelá-la e condená-la a "infantilidade" daquele que "não soa", daquele que não tem voz.

A incapacidade destas três grandes autoestradas para organizar nossas sociedades e a falta de uma alternativa está no coração da paralisia que afeta o pensamento e a prática crítica. Com problemas para olhar para o passado, para olhar para o futuro, para olhar para além do mercado, para olhar para além da nossa sala de estar, da nossa televisão, de nossos partidos e instituições. Religiosos levaram facões para um povo originário da Amazônia. No ano seguinte retornaram e perguntaram felizes por terem sido úteis: "vocês coletaram o dobro, não é?". E os índios responderam: "não, trabalhamos a metade". Se não olhamos além do que os binóculos fora de foco dessas três autoestradas permitem, estamos condenados a ser como a mosca que angustiosamente se bate contra o vidro. Suas leis não levam a nenhuma emancipação, mas à catástrofe. Não basta só criticar seus excessos, pretender complacentemente que se podem humanizar, buscar bodes expiatórios em seus rostos descarnados. Se continuamos sendo reféns da lógica do mercado, se a modernidade dá aprovação a um saber parcial e privatizado e o Estado o legitima, repetiremos erros. O comunismo realmente existente no século XX na Europa não foi senão a continuação do capitalismo por outros meios, com outro regime de propriedade e conduzido por outros sujeitos. Mas a lógica era muito parecida. Em 1992, alguém escreveu em uma parede de Varsóvia: "o comunismo é o caminho mais longo e mais doloroso para o capitalismo". No final, todos repetiam um modelo de sociedade conduzido pelo lucro, a concorrência e a desconfiança ante a autogestão das pessoas. A concorrência não constrói um programa amável de vida. Concorrência entre nações, etnias, gêneros, empresas, famílias, máfias, facções, times... "Olho por olho – disse Ghandi – e o mundo acabará cego".

GOYA E OS FUZILAMENTOS DE 3 DE MAIO: A PEÇA CHAVE ERA O FAROL

Goya se adiantou ao seu tempo. Não é estranho que tenha terminado louco na *Quinta del Sordo* desenhando pinturas negras, presságio de um mundo sobre o qual caíam as sombras, depois de ter acreditado, em excesso, no Iluminismo. Em *Três de Maio de 1808 em Madrid*, Goya mostrava um manual de interpretação para os tempos

1 - PANFLETO A PARTIR DO PAÍS DOS PERPLEXOS

conturbados. Os monstros da modernidade se sofisticaram muito. À direita, o exército napoleônico organizado, representado geometricamente com linhas paralelas que simbolizam a coroação da Razão, o século das luzes, a modernidade, a Declaração Universal dos Direitos do Homem e do Cidadão, a Enciclopédia e a expulsão dos jesuítas. Como disse Hegel, olhando por sua janela em Jena, para o General passando em revista a sua tropa, Napoleão era o espírito da história montado a cavalo. Goya, como afrancesado que era, pinta aí a sua admiração por Napoleão e aquilo que representava como inimigo do Antigo Regime. Aquele que ia acabar com o sofrimento[1] (*sub Pontio Pilato,* que até na linguagem está marcada de Deus) de um povo compelido à ignorância por culpa de um clero tão ignorante quanto interessado e de uma monarquia absolutista inimiga acirrada da fraternidade do momento revolucionário francês.

Mas Goya não conseguiu ignorar os desastres da guerra. Diante dos soldados que levavam em suas mochilas a Declaração Universal dos Direitos do Homem e do Cidadão, estava humilhada e vencida a sua gente massacrada pelo invasor. Diante da organização dos soldados, a desorganização da população. Diante dos rostos ocultos dos açougueiros (uma máquina de matar sem a compaixão de um olhar), os rostos implorantes das vítimas. Como mostra máxima do horror, um rosto desfigurado por uma bala ocupa o primeiro plano do lado esquerdo do quadro. Ocupando a cena, Goya pinta um novo Cristo crucificado (o personagem central tem as marcas dos pregos da cruz nas palmas das suas mãos), com a camisa branca que logo se ensopará de sangue. Um padre ajoelhado aceita com resignação a morte, um homem do povo não quer ver e cobre os olhos; outro não quer ouvir e tapa seus ouvidos; outro não quer falar e tapa a sua boca. Da igreja ao fundo sobe uma procissão ao matadouro. A Espanha atrasada, supersticiosa, refém dos mercadores do além, que tanto desprezou o pintor aragonês. Cristo crucificado pela modernidade. Um farol no centro do quadro mostra o lado que toma Goya, adiantando um século e meio a pedagogia do oprimido de Paulo Freire. Apostar nas vítimas ou esse "escovar a história a

---

[1] N.T. No original em espanhol, *soponcio.*

contrapelo" de Benjamin para que, como em um tapete, pulem todos aqueles escondidos da história, ocultos entre as fibras do tecido. A luz se projeta sobre o pelotão de fuzilamento. Joga sua claridade entre os fuzilados. O exército do Iluminismo na penumbra. Os sacrificados, unidos pela compaixão e a tomada de posição.

Esse olhar está espalhado por todas as esquinas do planeta. À direita, os globalizadores, os modernizadores, os pacificadores, os lutadores da liberdade infinita, os flexibilizadores, os privatizadores, os desregulamentadores, os comerciantes de água, os vendedores de armas, os turistas sexuais, as empresas transnacionais, os chantagistas da dívida. Na parte esquerda do quadro os globalizados, os que exigem sua identidade, os massacrados, os famintos reduzidos a piratas ou terroristas, os trabalhadores precários, as mulheres pobres, as crianças sem futuro, aqueles que têm sede, os refugiados, os despejados, os desempregados, os afetados pelo deterioramento do meio ambiente. A gente decente. Na ciência política, objetividade, total. Neutralidade, nenhuma. Quem não for objetivo trai a ciência política. Quem disser que é neutro, mente. A realidade está no quadro todo. O compromisso, em um dos dois lados. Reconstruir o lado esquerdo do quadro é fazer a história das vítimas. Reconstruir o espaço da direita é fazer transparecer as prisões que há nos porões dos palácios, mostrar os farrapos da humanidade sob os reluzentes uniformes, as engomadas batinas ou as caras roupas do poder. A realidade exige novos nomes. Não há política sem *pólis*. Deve-se reconstruir a *pólis*. Reinventar a política. E expulsar os monstros para fora da cidade. Lembrando que as vítimas o foram por algum motivo. Porque arriscaram. De nada serve a mera empatia emocional com os assassinados, que termina por neutralizar a reflexão crítica. A melhor homenagem é saber o motivo pelo qual eles foram mortos. O contrário seria honrar as injustiças.

ANTIMANUAL DE POLÍTICA OU A HISTÓRIA DE ABRAÃO CONTADA POR UM PADRE GUERRILHEIRO

"Em um mundo realmente invertido – dizia Debord em *A sociedade do Espetáculo* –, o verdadeiro é um momento do falso". São os traços de verdade que penetram na vitrine da mentira. Nos tempos conturbados

1 - PANFLETO A PARTIR DO PAÍS DOS PERPLEXOS

que vivemos, os autores mais audazes lembram que antes de aprender é necessário desaprender. Agora que a crise econômica bate com seu seletivo chicote, escuta-se que a solução é crescer, quando a única saída, com um mínimo de futuro, é decrescer. Temos que progredir... Ou que se deve desenvolver, como se ainda se pudesse medir o progresso pelo PIB. Tempo de promessas a concretizar nesse futuro em que a ciência nos levará de férias para Marte. A mesma ciência que hoje, nesse instante – não no futuro –, desertifica tudo o que toca. Ou não é uma forte intuição que nos faz entender que se a ciência entrasse na Amazônia seria o fim da variedade de vidas nesse pulmão do mundo? Desaprender para entender que o comportamento dos índios não deve ser algo tão ruim quando só onde estão os indígenas no controle ainda resta biodiversidade, água, natureza. Se o mundo está de cabeça para baixo, somente virando de cabeça para baixo a caixa-preta será possível entender alguma coisa. Os selvagens são os civilizados e os civilizados, donos dos maiores arsenais do mundo, uns selvagens rudes.

Quando se é decente, um manual é um lugar conveniente para aprender; um antimanual, a forma conveniente para desaprender. Desaprender que não podem ser os bancos os que financiam ou empregam os políticos se queremos que depois esses controlem aqueles. Desaprender que a liberdade não se consegue desregulando o poder, mas, muito pelo contrário, regulando-o. Desaprender que os direitos e liberdades não pertencem às empresas que os fornecem mercantilmente, senão aos cidadãos que os exigem e os converteram em tais direitos e liberdades (direito à informação, à saúde, à cultura, liberdade expressão, de participar nos assuntos públicos, a uma moradia digna, a um trabalho digno). Desaprender que se pode patentear a vida e que as grandes empresas farmacêuticas têm algum tipo de privilégio para declarar como propriedade privada o conhecimento científico. Desaprender que os juízes são seres especiais e tirar da nossa cabeça que realmente são independentes do poder político e econômico. Desaprender que o meio ambiente – o Ártico, as calotas polares, a água, os mares, os campos, o ar – melhor salvaguardadas pelo mercado, e desaprender que cientistas foram melhores gestores da natureza que os cidadãos. Desaprender o que é o natural, para entender que é tão natural uma cesariana quanto a pesquisa com células-tronco, tão natural quanto cortar o cabelo e as unhas, cozinhar alimentos, aprender idiomas, tocar violino, quanto o amor homossexual. Desaprender que seja verdade que haja razões biológicas que possam ser mais fortes que as questões culturais e desaprender que somos diferentes pela cor da nossa pele ou pelo dinheiro que tenhamos. Desaprender, em suma, que tudo o que alguém nos diga como "palavra de Deus" – ou da ciência, ou do direito, ou da história, ou de economia – não pode ser questionado.

Na Colômbia, dividida em dois desde o assassinato do líder popular Gaitán, em meados do século passado, compartilhava um *tinto* – um café preto – com um padre da teologia da libertação que havia estado na guerrilha. Divertido, contava-me que isso da palavra de Deus tinha que ser submetido ao crivo tenaz de argumentos e arcabouços ideológicos. Como era isso de que Deus havia mandado uma mensagem especial ao povo escolhido? Eram tempos de João Paulo II e o Papa Francisco ainda não havia chegado para recuperar os princípios irreverentes do Concílio Vaticano II disseminados por João XXIII. "Quando veio Moisés com as tábuas da lei – me contava o padre – e disse que aquilo era a palavra de Deus, deixou claro que o Altíssimo era quem lhe havia entregado esses mandamentos escritos por sua própria mão. Assim, quem iria questionar aquilo que Moisés dissera? Mas um desobediente replicou: "Escuta, Moisés, essa é a sua letra!" Não é Deus – continuava – quem fala, senão seus intérpretes, cheios de interesses, de surdez seletiva, de dicionários castrados. São eles que nos comunicam as notícias. E que garantias temos de que escutaram bem, de que memorizaram corretamente as palavras, de que estavam realmente atentos?". E então me contou de novo a história de Abraão:

> Presta atenção. Essa é a verdadeira história de Abraão. Noite adentro na cidade de Ur, na Caldeia. Na casa de Abraão se escuta uma voz profunda, de contrabaixo, grave, que diz: "Abraão quero que me ofereça o seu filho Isaque como sacrifício". Abraão, acostumando aos pactos com Deus, aceita sem pestanejar e ordena à sua mulher Sara que obrdeça. Sara, chorando, obedece. "O que acontece, mãe?". "Filho, vá com seu pai para a montanha fazer sacrifício para Deus". O menino se veste e no caminho pergunta

1 - PANFLETO A PARTIR DO PAÍS DOS PERPLEXOS

para Abraão pelo animal que vai ser sacrificado. "Deus proverá", responde o patriarca. Chegando ao altar, Abraão põe o filho sobre uma pira e quando está a ponto de descarregar o punhal sobre o seu peito, escuta-se uma voz profunda, de contrabaixo, grave, que diz: "Pare, Abraão! Você já demonstrou seu amor por Deus Todo-poderoso e seu compromisso com o Senhor. Volta para o seu lar e seja feliz com os seus". Abraão guarda o punhal e se põe a caminho de casa. Neste momento, o jovem Isaque se levanta e diz: "Se não tivesse aprendido a ser ventríloquo, esse maluco teria me matado".

José Saramago escreveu que a única coisa sensata que Abraão deveria ter feito, depois de receber tamanha requisição de Deus, era tê-lo mandado pastar. Algo similar ocorre com a política atual. Deve-se mandar uma boa parte dela pastar. Ainda que acreditem que falam pela boca de Deus, da Constituição e das leis, do consenso ou dos mercados, de Bruxelas ou como uma sequência escondida nas partículas aceleradas do *bóson de Higgs*. Porque não são partículas as que se lançam contra as paredes dos cemitérios com as maneiras mais elegantes do desemprego, da ignorância, das doenças ou de um despejo. São seres humanos.

TAREFA PARA PENSAR A DEMOCRACIA EM CASA I
Se você é tão decente, por que dá mais importância ao futebol que à justiça?

Condenado a trinta e cinco anos de cadeia por vazar para o Wikileaks documentos secretos entre eles, o vídeo onde se vê como o exército norte-americano assassinava no Iraque um grupo de civis, incluindo dois jornalistas da agência Reuters, o soldado Bradley Manning não pensou, de nenhum modo, dizer que não sabia o que fazia. Não faltam, pelo contrário, quem pretende fazer da perplexidade da época um refúgio para seu benefício.

A "posição original", uma proposta do filósofo John Rawls, não o torna tão simples. Podemos alcançar uma ideia comum de justiça? Podem as leis nos ajudar a melhorar a nossa convivência? Somos melhores, piores ou iguais que as leis? As leis nascem como diálogos. O ditador não precisa delas: basta mandar. Nas fábulas, o leão que aceita uma Constituição o faz porque os demais animais da selva o obrigaram. Por essa lógica é que as leis se quebram: quando todos queremos ser leões. Uma sociedade onde muita gente quer loucuras é uma sociedade enlouquecida. Quando participamos das leis – elaborando-as, votando-as, discutindo-as –, estamos dialogando. Quando violamos as leis, trata-se de um monólogo.

Qualquer pessoa sensata, que não queira abolir o tráfego de veículos, tem que estar de acordo com as vantagens de que existam normas de circulação assumidas e respeitadas por todos motoristas. Essa mesma gente sensata, quando pode, quebra as normas e as põe a serviço de seu interesse particular.

É justo que um jogador de futebol de sucesso ganhe mais do que o resto dos membros do seu time? É justo que um jogador de futebol ganhe mais do que um professor ou alguém que pesquisa o câncer? É justa uma sociedade onde os estímulos geram desigualdades?

Imaginemos uma situação na qual não soubéssemos qual seria a nossa identidade, nossa riqueza, nossas qualidades pessoais, nossos interesses como grupo, é dizer, uma situação na qual há um "véu de ignorância" que nos impediria de saber nossa própria sorte futura. Não escolheríamos, por acaso, como justo um mundo no qual nenhuma dessas características fosse relevante para o desempenho da vida? Se não soubéssemos se vamos cair na casinha da riqueza ou da pobreza, não entenderíamos como justa uma sociedade na qual nascer entre algodões ou no chão não atuasse como mérito ou demérito? Se não soubéssemos da cor da nossa pele ou da condição do nosso sexo, não entenderíamos que não devessem ser raça, nem gênero elementos de vantagens ou desvantagens? Se escolhêssemos, sob o véu da ignorância, os princípios reitores da nossa sociedade, parece sensato entender que recusaríamos qualquer privilégio e nos guiaríamos pela equidade, pois ninguém quer um prejuízo para si mesmo. Chegaríamos, assim, a um lugar próximo do que deve ser a justiça e, de lá, às instituições que deveríamos criar em conformidade com as ideias de justiça.

Há por trás dos princípios de justiça, diz Rawls, que estão, ao menos como promessa, presentes nas sociedades: primeiro, cada pessoa tem direito a um conjunto de liberdades básicas compatíveis com liberdades semelhantes para todos. Em segundo lugar, se existem desigualdades, devem satisfazer duas condições: que essa igualdade fique ao alcance de qualquer um (qualquer um deve poder entrar de mensageiro na empresa e sair como diretor geral da mesma), e que as desigualdades beneficiem, de alguma maneira, os menos favorecidos da sociedade (não

TAREFA PARA PENSAR A DEMOCRACIA EM CASA I

teria problema pagar um salário mais alto aos diretores se dessa maneira a empresa prosperar).

É justo oferecer incentivos econômicos para que as pessoas sejam mais diligentes ou produtivas? Isso não gera desigualdade e desconfiança na vida social? Não há problema, diria-nos Rawls – e concordariam a diretora ou o diretor do Fundo Monetário Internacional –, porque o resultado final beneficia o conjunto da sociedade. A gente decente, no entanto, coça a cabeça. Parece evidente que, nesse caso desaparece a vontade espontânea de fazer bem as coisas, ainda que essa vontade também beneficie a sociedade no seu conjunto. Estamos aceitando subornos para fazer o que devemos? Sem recompensa não há comportamento decente?

Transfiramos isso para a educação dos mais jovens. Entregando-lhes incentivos ou ensinando-lhes que é justo? Se devemos esperar que um menino ou um adolescente faça o que está certo porque vai receber um prêmio ou um castigo, um extra ou uma sanção, estamos mantendo a moral social sobre fundamentos pouco sólidos. Os da mercantilização da vida. Aqueles fundamentos do ignorante que, como dizia Machado, confundia "valor e preço". Nem todos os jogadores de futebol ganham o mesmo em um time. E também não se cumpre o primeiro requisito. É verdade que todos os jogadores de futebol têm os "bens primários" garantidos? Não é o caso. Há muitos times, muitos campeonatos e muitos salários diferentes. Se assim ocorre no mundo do futebol, imaginemos no resto. Parece que o primeiro elemento de justiça exigiria uma renda básica universal para qualquer membro da sociedade.

Os "figurões" ganham cifras astronômicas, dizem alguns, porque o clube ganha com eles tanto, ou mais, do que lhes paga. Uma desigualdade, dizem, que beneficia o conjunto. Na economia de mercado, a liberdade do jogador mais bem pago é compatível com a liberdade dos jogadores mais mal pagos? Todos os que se destacam o fazem por que são realmente melhores ou por que algum tipo de sorte os permitiu desenvolver essas habilidades? E se foi sorte, uma loteria genética familiar ou fruto de uma situação social mantida por todos os membros daquela? Parece evidente que quando um país investe mais dinheiro no esporte, acabe ganhando mais medalhas nas competições internacionais. Não é uma

51

questão de brilho pessoal: é apoio social. Não há estrelas, em qualquer caso, que brilhem sem um conjunto. E isso é válido tanto dentro do próprio time – o maior artilheiro não pode fazer todos os gols sozinho –, como em qualquer campeonato de futebol – são necessários mais times, diferentes campeonatos, jogadores da base, campos nos bairros.

Todos são necessários para que exista o futebol, mas só alguns poucos têm a glória. Esse esquema se transporta para a sociedade. Só o sucesso tem reconhecimento. Só pertencer à casta dos escolhidos tem recompensa. Não basta fazer bem as coisas. O importante não é sequer guiar-se por princípios essenciais de decência, entender a importância dos demais, dar o melhor de nós por respeito ao grupo. O contrário que na nossa esfera mais íntima. No fim, o importante nem sequer é sua destreza desportiva ou artística, senão a riqueza e a fama que acompanha essa posição. É conhecido o caso de Joshua Bell, um dos melhores violinistas do mundo. Fez o experimento de tocar no metrô de Washington com seu Stradivarius de 1715 avaliado em 3,5 milhões de dólares. Arrecadou em toda a manhã 37 dólares e 17 centavos. Dois dias antes, as entradas no Boston Symphony Hall custavam 100 dólares.

Por que o importante na vida particular não costuma fazer parte da defesa dos princípios da vida coletiva? Se sabemos no que consiste a justiça, por que nos esquecemos dela em assuntos tão cotidianos como o futebol? Por que o que vale a pena para você, ou os seus, não vale também para esses figurões do esporte? Teriam os astros do futebol esses salários se a torcida entendesse que são intoleráveis?

Se você é a favor da igualdade, tem algum sentido que você seja muito rico? Se você está a favor da justiça, o que você faz apoiando e tolerando um esporte transformado em um manipulado espelhismo mercantilizado? Quem pode o mais também deveria poder o menos.

2
NÃO ERA VERDADE QUE FOSSÊMOS TÃO EGOÍSTAS

Darwin embarcou no Beagle sendo um crente e voltou transformado em um pensador.

EUDALD CARBONELL,
A evolução sem sentido

A POLÍTICA, A MEMÓRIA, AS EMOÇÕES

A crise que afeta o mundo é completa: financeira, trabalhista, alimentar, ecológica, energética. Afeta o modo de nos organizar (os Estados nacionais), à forma de pensar (a modernidade), e a forma de organizar a economia (o capitalismo). Para tanta coisa estragada não há alternativa testada e pensada. Em que pese a dureza da crise e seu caráter civilizatório – se estão minando as bases de nossa civilização –, não há revolução no horizonte. O medo de descer na escala social, a promessa ainda viva de desfrutar amanhã do banquete prometido pelo sistema, a falta de credibilidade nos substitutos e suas propostas, a ausência de um desenho completo, a falta de um relato coerente e simples que faça evidente o seu sentido, a ausência de emoção na política alternativa, são todos elementos que conspiram para atrasar a chegada dessa alternativa. Um difuso e duradouro mal-estar.

Há grandes diferenças entre os povos que querem ganhar algo e os que temem perder algo. A América Latina, em momento histórico favorável, está emocionada com o futuro e lê o passado com raiva política. Europa, com seu flanco sul convertido em um terceiro mundo desenvolvido, vê declinar sua posição internacional. No âmbito interno, depois de dois séculos de lutas trabalhistas vitoriosas, olha candidamente o passado como um espaço nostálgico sem força política, enquanto que o futuro é contemplado com um lugar apocalíptico, do qual só cabe esperar o maior castigo. Uns têm esperança. Outros, medo.

Se é certo que a felicidade é a ausência do medo, os povos em atitude de buscar são mais felizes que os povos que encontraram algo e estão preocupados em não perdê-lo. A felicidade está mais em buscar do que em encontrar (um mecanismo para nos por sempre em movimento) e mais em encontrar do que preservar (onde se perde o músculo). "A felicidade – disse Eduardo Punset – está na antessala da felicidade". Martin Seligman vincula, em *Felicidade Autêntica*, a possibilidade de algum controle sobre a própria vida com a felicidade. Os povos que podem romper a inércia social para melhorar essa situação têm a sensação de controlar mais a situação do que aqueles que estão na defensiva tentando conservar seu *status*.

A posição emancipatória frente à crise da civilização não pode ser meramente racional. Também exige um conteúdo emocional. A política institucional não entende que há demandas que só podem ser satisfeitas de outra maneira. É possível convencer com a razão a quem pede com o coração? Está aí o sucesso de uma direita irracional que conta cada vez com mais audiência? Explica-se assim a impotência de uma esquerda tão cheia de sensatez, mas carente de apoio? Durante a crise argentina de 2001, um manifestante levava uma faixa cheia de malícia: "Menos realidades e mais promessas". Sem promessas, a vida se converte em um puro presente mantido somente por clarões de mais presente: consumismo, doses crescentes de droga, orgasmos ansiosos, velocidade, alienação

2 - NÃO ERA VERDADE QUE FOSSÊMOS TÃO EGOÍSTAS

televisiva. Não se sai de uma civilização e se entra em outra só com equações. Defende o biólogo Antônio Damásio que se deve olhar mais além – na verdade, mais atrás – de qualquer resposta que pareça ditada pela razão: "O filósofo Baruch Espinoza soube expressar sua ideia correta do que ocorre: uma emoção que leva a consequências negativas só pode ser neutralizada por outra emoção ainda mais forte".

Só quando há memória os mentirosos têm menos chances. Há quem argumente que a "memória histórica" é um oximoro. Dois conceitos que se negam mutuamente. Porque a memória é subjetiva e a história é objetiva. Mas não é certo que história é escrita pelos vencedores? Parece que caberia procurar algum tipo de acordo entre aquilo do que se lembram os povos e aquilo que escrevem os historiadores. Não parece uma má ideia um diálogo entre ambos. O que não emociona não mobiliza.

Ter memória é ser fiel aos acontecimentos; o contrário é ter ilusões. É, portanto, ser fiel à verdade. Que os historiadores verifiquem que a memória se lembra bem. Mas se a memória é roubada, o engano é permanente e os enganadores se erguem como reis. A memória hoje está oculta sob uma montanha de relatos de desmemória, em moldes que a apresentam como desnecessária ou prejudicial, presa em cadeias onde ficam longe da vista os que se consideram bugigangas inúteis. Deixa de ser memória social porque se mostra incapaz de somar os fragmentos. Uma memória mal alinhavada, confusa, desorientada. Compete a uma memória viva traçar o caminho que junta as estrelas – a luz que recebemos delas – para formar uma constelação com um significado. Trata-se de converter a memória em emoção. Olhar para trás em busca dos que anteciparam nosso mal-estar.

"O SER HUMANO NÃO É CORRUPTO, MAS É CORRUPTÍVEL": MISÉRIA E GRANDEZA DA NATUREZA HUMANA

"O ser humano – dizia Robespierre – não é corrupto, mas é corruptível". Teria outro comportamento o líder da Revolução Francesa se tivesse diferente concepção da natureza humana?

Ninguém cogitaria que um arquiteto poderia projetar um edifício desconhecendo a capacidade de resistência dos materiais, da função dos pilares e das traves, sem saber do centro de gravidade dos corpos e do efeito da força sobre as vigas, arcos e batentes. No entanto, é bastante comum fazer grandes afirmações sobre a vida política sem dizer uma palavra sobre a natureza humana. Ou, mais claramente: tendo uma ideia da natureza humana – que é sempre pessimista –, mas ignorando que esse olhar implica tantos preconceitos que contagiam qualquer análise. Falar em prosa e não o saber. Pensar mal desde o início e ter por certo que você acertará.

É evidente que nosso olhar não seria igual se o humano, em vez de ser finito em seu tempo, fosse imortal. Por outro lado, parece que queremos desconhecer que nosso próprio olhar é igualmente diferente conforme consideramos o ser humano bom ou mau por natureza. É dizer, se se trata de uma natureza inclinada à solidariedade, ao altruísmo, à empatia ou, muito pelo contrário, ao egoísmo, à desconfiança, à indiferença. Essa simplificação não é ingênua. Deixamos de considerar a pergunta sobre a natureza humana só no momento em que se fez hegemônica a ideia de que o ser humano, como popularizou Hobbes, seguindo Platão, é um lobo para o próprio homem. Chegamos ao ponto que queriam chegar, parece que já não havia mais muito interesse em continuar insistindo.

Hoje sabemos que uma parte significativa dos macacos antropoides tem fibra moral. Um chimpanzé que recebe uma banana cada vez que aciona uma alavanca, deixa de fazê-lo em outro experimento na terceira vez porque ao mesmo tempo outro chimpanzé, em uma jaula ao lado, recebe um choque cada vez que a alavanca é acionada. Um chimpanzé que recebe maior quantidade de fruta e leite exige ao cuidador que aumente também a ração para os demais macacos, porque sabe que pagará essa desigualdade com uma surra. Um macaco eufórico porque recebeu uma rodela de pepino muda a sua atitude quando vê que no experimento um macaco da jaula ao lado recebe, a partir da segunda vez, uma uva. Entre a quinta e sexta sessão fica irritado, grita, chora e joga a rodela de pepino (a qual come, sem qualquer culpa, o macaco privilegiado). O chimpanzé "castigado" não tolera que o tratem de maneira desigual.

2 - NÃO ERA VERDADE QUE FOSSÊMOS TÃO EGOÍSTAS

Este princípio aparece nas crianças pequenas que, de modo inato, ajudam um adulto que precisa da sua colaboração. É próprio do animal social que somos – de onde viemos. O mecanismo biológico que faz que isso funcione é a reciprocidade. De fato, a reciprocidade é um seguro biológico: tudo o que nos acontece tem que acontecer mutuamente. Por isso as paixões, que se guiam pela reciprocidade, estão no nosso cérebro primitivo. E por isso, ainda que saibamos que está errado ser refém delas – nos diz o nosso cérebro mais recente – puxa-nos com a força dos séculos. Tanto os grandes símios quanto nós só podemos assegurar a nossa existência de maneira social. Qualquer quebra desse princípio levaria à desaparição da espécie. Quando estamos integrados, a cooperação é o comportamento natural. Ao contrário, a exclusão, a quebra dos laços comunitários, a separação dos meios de produção nos lançam a um âmbito no qual o horizonte se marca pela sobrevivência. Mas, inclusive nessa situação de guerra, nascem as flores da cooperação (basta olhar para as vilas de miséria, as favelas, os morros pobres das capitais da América Latina ou da África, onde a exclusão alimenta a violência e a integração cria bases comunitárias que preparam essa vida condenada a condições tão duras). Não se trata de um olhar idílico – a exclusão é, talvez, o pior castigo que pode receber na sua humanidade uma pessoa –, senão de rejeitar a constatação de que a sociedade é uma luta de todos contra todos.

Podemos identificar três camadas em cada pessoa (analiticamente, pois é impossível separá-las na realidade). Como explicam os paleoantropólogos de Atapuerca, Carbonell e Robert Sala em *Planeta Humano*, contamos com uma camada biológica que não parece ter mudado durante 150 mil anos. Uma camada etológica determina nosso comportamento como espécie e mostra variações em relação com o entorno social e natural; por exemplo, maior tolerância à malária em zonas de cultivo de arroz. E uma camada cultural, que varia profundamente e que determina, principalmente, as diferenças visíveis entre os povos. Só na camada cultural e um pouco na etológica podemos nos diferenciar como seres humanos. Mas seguiremos compartilhando o 999 por mil do nosso genoma. O milésimo de nossas diferenças genéticas.

A influência do Iluminismo legou a ideia de que o ser humano, além de ser "bom", é "perfectível". Não somente não existiria nenhuma tendência natural à guerra, senão que, muito pelo contrário, o progresso se encarregava de ir tornando mais decente convivência. Mais adiante, e com maior sucesso, funcionou outra simplificação: o homem, "anjo caído", é "um lobo para o homem" dirigido necessariamente para o mal (ao egoísmo, ao abuso, à sobrevivência a todo custo). O certo é que a dualidade está no nosso desenvolvimento evolutivo. O *anjo* (desejado por Rousseau) e o *demônio* (conjurado por Hobbes) estão na nossa natureza. Contudo, a maior razão pela qual o *Homo sapiens sapiens* povoe hoje todo o planeta não é resultado do sobrevivente, senão do cooperante. A empatia, a reciprocidade e a solidariedade são peças-chaves da vida deste animal peculiar que somos e que se empenha em pensar sobre si mesmo. Estão na nossa natureza. Cabe às instituições convertê-las nos espelhos do comportamento.

Desenvolvemos, mais além do que qualquer outro animal, o neocórtex cerebral, até o ponto de sermos capazes de dar um salto que situa as estratégias adaptativas no longo prazo e em uma perspectiva inconcebível em qualquer outra espécie. Uma espiral, uma volta que demos a partir de nós mesmos, que não nega os princípios da seleção natural, mas que é capaz de situá-la em um lugar tão elaborado que implica, ao mesmo tempo, um salto evolutivo. É a alegria ante a rima de versos ou as cores de um quadro, a emoção ante as notas de uma partitura ou a estrutura de um romance, a capacidade de sacrifício por pessoas que não conhecemos e nossa mania de perguntarmos por coisas que não se veem. Também a capacidade de suspeitar, pelo contrário, das coisas que se veem e o esforço por fazer rir e a invenção de mundos mais igualitários depois de que a cólera ante a injustiça se apaziguar.

Somos, como diz Hofstadter, "pequenos prodígios de autorreferência (...) imprevisíveis poemas que se escrevem a si mesmos; imprecisos, metafóricos, ambíguos e, em ocasiões, insuportavelmente belos". Definitivamente, e sem dúvidas, "uma estranha espiral".

Para explicar o fato de que alguns indivíduos em colônias de pássaros e de abelhas se sacrificavam pela coletividade, Darwin postulou a necessidade de algo como uma seleção de grupo. Durante certo tempo, essa ideia foi descartada, desbancada por uma mais intuitiva, a de que

2 - NÃO ERA VERDADE QUE FOSSÊMOS TÃO EGOÍSTAS

aquele que sobrevive individualmente é o vencedor. A ideia do gene egoísta (Dawkins) era fundacional para a construção neoliberal da vida social, entendida como uma luta de todos contra todos, ancorada principalmente na ideia de que a seleção natural permite reproduzir os genes dos sobreviventes. Foi William Hamilton quem sugeriu o atrativo princípio da seleção familiar nos anos 60 do século XX. Segundo esse princípio, observado em alguns insetos e mamíferos, a aptidão familiar também colabora no sucesso reprodutivo. As capacidades dos familiares se vinculam a elas próprias, de maneira que o sacrifício é menor se o beneficiado é um familiar próximo. Como expressou sarcasticamente o geneticista (e marxista) inglês John Burdon-Sanderson Haldane: "Daria minha vida por dois irmãos ou oito primos". Algo sensato, sob essa perspectiva, pois os descendentes dos irmãos garantem 50% da própria carga genética (a outra metade virá da sua companheira). É relevante notar que os grupos vão funcionar como unidades adaptativas desde que existam sacrifícios mútuos (os semáforos deixam de funcionar como limites habilitantes, isto é, deixam de habilitar a convivência social se não são respeitados por todos os motoristas). A reciprocidade, mais uma vez, converte-se na pedra de toque de funcionamento do modelo.

A ideia de uma seleção de grupo, e também uma seleção multinível, requer uma maior capacidade de construção de cenários e, portanto, maiores capacidades de reflexão. Sua referência é mais a longo prazo e é capaz, igualmente, de avaliar cenários mais complexos; é, por assim dizer, mais inteligente. Olha mais longe. De nada serve que o mais apto tenha descendência se o grupo não tem garantia de sobrevivência. O mais apto terá tido êxito individual, mas perecerá, ele ou a sua descendência, quando pereça a sua colônia por falta de coesão. Os grupos internamente altruístas têm maior probabilidade de sobrevivência do que os grupos egoístas, por mais que nesses últimos existam indivíduos supostamente aptos com fibra de vencedores. Todos esses aspectos insistem, igualmente, no fato de que o cérebro humano é na realidade um cérebro social articulado para dar resposta à complexidade crescente dos grupos humanos que encontraram nessa sociedade maior eficiência material e maior segurança frente aos predadores. É esse inquietante monólito que aparece em *2001: Uma Odisseia no Espaço*, o filme de

Kubrick. Uma inteligência que faz de um osso uma ferramenta da morte (é usada por um macaco para matar um consanguíneo) e que, quando a arremessa para o céu, cai e se converte em uma sofisticada nave espacial que vai em busca de Deus.

O CÉREBRO SOCIAL OU OS MEUS VERDADEIROS AMIGOS DO FACEBOOK

A evolução havida nos milhões de anos que carrega o nosso cérebro o fizeram responder a três grandes estratégias adaptativas: a seleção não natural de grupo, com o intuito de conseguir evidentes melhoras em aspectos como a caça ou a defesa; uma seleção sexual, que levou os seres humanos a garantir seu investimento em paternidade e maternidade (os homens, acompanhando no cuidado feminino da sua descendência; as mulheres, com maior empenho na seleção do pai e garantindo o desenvolvimento das crias); e os efeitos de associação que geraram a necessidade de maiores proteínas para um cérebro com um metabolismo dispendioso. Cozinhar os alimentos permitiu liberar tempo ao facilitar um menor uso de energia no consumo e na digestão dos alimentos. É evidente que a vida social outorgou as vantagens de uma maior eficiência. Como vem insistindo Lynn Margulis, o neodarwinismo que enfatiza excessivamente a competição entre indivíduos egoístas é uma "caricatura vitoriana". Resulta evidente que os micróbios que acabam com todas as suas vítimas perecem como o resultado de sua própria agressão. Parece mais sensata alguma forma de simbiose.

No entanto, implicou algo paradoxal: os que nos ajudam na obtenção de alimentos ou na defesa do grupo são também os principais competidores no acesso aos recursos (o que ocorre igualmente com os membros da mesma espécie pertencentes a outros grupos). A chamada hipótese do cérebro social defende que o desenvolvimento do nosso cérebro se vincula diretamente com o processamento das habilidades sociais. O tamanho do grupo foi se vinculando ao desenvolvimento do neocórtex cerebral, algo que, em termos físicos, não avançamos muito (ainda que tenhamos feito em termos tecnológicos. O que seria de nós sem nossos sapatos, sem nossos óculos, sem aspirina, sem arados, sem

2 - NÃO ERA VERDADE QUE FOSSÊMOS TÃO EGOÍSTAS

eletricidade, sem violões nem livros e sem Internet?). O tamanho do cérebro veio marcado, em um processo evolutivo, por quatro grandes requisitos: a quantidade de indivíduos que podiam tirar os piolhos um do outro como forma de manter a coesão social (no caso dos humanos, daqueles com que podemos manter uma conversação intranscendente); as estratégias de acasalamento (nas quais se sugere que a capacidade verbal masculina também foi uma garantia de êxito sexual); a possibilidade de manipulação dos demais sem violência (enganos e coalizões como estratégia para evitar conflitos e conseguir objetivos); e o cumprimento das regras do jogo social. Entre 150 e 200 pessoas são as que podem conviver em uma organização sem hierarquia. É o âmbito das lealdades, das pessoas às quais você faria um favor, das pessoas as quais você pode acompanhar. Isso é válido para uma unidade militar, uma organização política ou as redes sociais (quantos *amigos* alguém pode ter realmente no Facebook?). É certo que o desenvolvimento tecnológico abre novas vias que rompem o âmbito físico onde isso tinha lugar, mas não por isso deixamos de ter as capacidades físicas ligadas ao desenvolvimento do nosso cérebro.

Para o biólogo evolucionista Marc Hauser, os seres humanos nascem com regras morais abstratas (está plenamente comprovado a aversão inata ao incesto como forma de prevenir os problemas de saúde que ele mesmo causaria), assim como a capacidade de incorporar outras em virtude do âmbito cultural em que nos desenvolvemos. Hauser afirma que essas regras morais estão vinculadas a defesa do território, a formação de coalizões com o fim de garantir comida, território e sexo e, de maneira específica, a reciprocidade, garantia biológica de manutenção da coesão do grupo. O primatólogo Frans De Waal, em uma linha similar, mas buscando a resposta alguns milhões de anos antes, considera os chimpanzés shakespearianos pela sua inclinação a radicalizar as emoções. Mais uma vez, essas estratégias estão vinculadas a capacidades que são exclusivamente humanas: a capacidade de diferir no tempo as recompensas (a capacidade de inibir uma ação com o fim de obter uma recompensa maior posteriormente) e, algo essencial, detectar e castigar os trapaceiros, tarefa que Darwin já situou nas religiões como forma de coesão ligada a algo que se compartilha e que, além disso, tem a função de institucionalizar o inferno para os trapaceiros antes que as hierarquias eclesiásticas se acostumassem a se sentar à sua mesa.

MONÓLOGO DO HOMEM FRAGMENTADO

O âmbito da biologia tem contribuído para aumentar nosso conhecimento do comportamento humano. Não se trata de "biologizar" nossa conduta – em uma queixa repetida da filosofia, que parece ter medo de perder um âmbito que lhe era próprio -, senão de utilizar as ferramentas que disponibiliza o conhecimento biológico para esquadrinhar com maior certeza as bases de nosso comportamento. E sem esquecer que é praticamente a totalidade dos biólogos que insistem na primazia dos elementos culturais na hora de explicar os comportamentos humanos. Nessa confluência, desde do campo da ética é possível se distinguir três grandes ramos: a "ética da autonomia", vinculada ao bem-estar individual e muito ligada à ética do cuidado e à ideia de reciprocidade; a "ética da comunidade", proteção da família, da comunidade e do grupo, que pode se entender como próprio, e que se liga ao pertencimento, à lealdade e ao respeito à autoridade; e a "ética da divindade", relacionada com o eu espiritual e a pureza física e mental, vinculada, por sua vez, ao autocontrole e à resistência aos prazeres carnais.

Esse esquema nos pode servir para analisar também as principais posições políticas, em virtude do tipo de valores morais que assumem. Os conservadores priorizam a pureza e a santidade junto ao respeito à autoridade, e um sentido extremo de pertencimento ao grupo. Ao contrário, os progressistas dariam ênfase à reciprocidade, à justiça e ao bem-estar. Acrescentamos que essas duas grandes posições podem também nos levar a duas referências humanas com relação ao pensamento assinalado de burlar a morte: o medo (de morrer agora) e esperança (de burlar a morte simbolicamente a partir da certeza de que chegará o momento definitivo). O medo, ativado pela amígdala, dá respostas imediatas, reativas, físicas, de autodefesa (é a encarregada de responder a qualquer transgressão do território pessoal). A morte surge como uma ameaça iminente que suspende o entendimento e exige respostas extremas. Perder um segundo para pensar no futuro pode fazer com que você perca a sua pele. É puro presente.

2 - NÃO ERA VERDADE QUE FOSSÊMOS TÃO EGOÍSTAS

Ao contrário, a esperança é uma construção que requer linguagem e capacidade de abstração para imaginar o futuro. É um diálogo que precisa dos outros e se realiza necessariamente em algum momento do amanhã. É um processo. A esperança burla a morte, simbolicamente, ao assumir os elementos de permanência que acompanham a ideia de verdade, de beleza e de bondade, as quais irão se desvelando eem direção ao porvir (as coisas que são necessariamente maiores que nós mesmos e que nos engrandecem quando podemos compartilhá-las, quando podemos ser parte delas). O conservadorismo se vincula de maneira mais clara com o medo. O progressismo, com a esperança. Se as emoções são uma racionalidade herdada da evolução, se as emoções são mediadoras entre nossas intuições e nossa conduta, parece sensato debater essas emoções compartilhadas a caminho do processo de humanização, precisamente esse tipo de comportamento ao longo prazo que, longe das respostas imediatas, faça sua a própria capacidade e alce voo. Quando a reciprocidade se converte em compaixão aparece a humanidade; um passo evolutivo dos hominídeos.

Parece evidente que instituições desenhadas para ajudar os indivíduos nessa direção se tornem imprescindíveis. Se, à tensão entre a busca imediata de gratificação individual e o respeito a médio e longo prazo da coesão do grupo, se adicionar o reforço da lealdade por meio dos pesos e contrapesos de uma institucionalidade que garanta a justiça, temos que esse entorno institucional virtuoso brinda maiores possibilidades de comportamento igualmente virtuoso. Em outras palavras, a oferta pública de comportamentos cívicos gera respostas cívicas. Tem razão o politólogo Jon Elster quando afirma que a "falácia moral se fundamenta em tratar um interlocutor como se os mecanismos biológicos o governassem, em vez de considerar que está aberto à razão e a argumentação". E continua, "nós seres humanos queremos ser racionais, não nos agrada ser meros brinquedos de forças psíquicas que atuam pelas nossas costas. Não nos orgulham nossas recaídas na irracionalidade. Queremos ter razões para o que fazemos. A maioria das pessoas não quer se ver como se apenas se movesse pelo seu interesse pessoal. Os seres humanos têm duas grandes motivações para atuar: a ganância material e não serem vistos como unicamente movidos pela ganância material.

Ninguém quer admitir na frente dos outros que a única coisa que lhe interessa é sua ganância pessoal. Às vezes não querem admiti-lo nem sequer para si mesmos".

O ser humano é dual. Temos dentro o sobrevivente da luta pela vida e o cooperante que leva escrito geneticamente sua condição de animal social. Chegamos até aqui, como espécie, cooperando, mas levamos quarenta anos – os que coincidem com o modelo neoliberal – negando essa cooperação, tão relevante que decidimos escrevê-la na Declaração Universal dos Direitos Humanos de 1948. Um chimpanzé sacrifica seu bem-estar para não prejudicar outro congênere. O capitalismo condena dois terços da humanidade à exclusão, à marginalidade e à violência. O capitalismo está moralmente, pois, abaixo dos chimpanzés. Por isso, ameaça a vida no planeta e, com ela, a vida humana. A lógica do benefício, a mera troca comercial, a concorrência como norma de vida joga pela janela séculos de cultura e nos condenam, com o seu *curtoprazismo*, a pôr em risco nossa existência.

Quando compramos algo, em que pese acreditar que pagamos seu preço justo, não esquecemos de agradecer, reminiscência dos tempos em que sabíamos que as trocas eram uma necessidade que precisávamos manter viva, e que não se esgotava pelo mero fato de trocar bens e dinheiro. O fragmento no qual nos convertemos impede que nos reconheçamos como fios de um mesmo tapete e nos leva a queimar as tramas nas quais vai a própria vida. A *pólis* é diálogo, sabia Platão. Esse monólogo nos leva, como Hamlet, à loucura. Quixotes ou Sanchos, busquemos com quem falar. O monólogo é um avanço do medo. Dialogar, um brinde à esperança.

Esse reflexo quebrado que agora somos, junto com algumas características próprias do nosso desenvolvimento evolutivo, dificulta-nos profundamente sair desse impasse. Por um lado, vivemos em entornos desconectados das bases físicas e biológicas que permitem nossa sobrevivência. Os elementos básicos para reproduzir nossa vida encontramos em "bolhas culturais" que, como diz Jorge Riechmann, conseguem "a ilusão de que nos independentizamos da natureza (no sentido dos ecossistemas e a biosfera)". A primeira dessas bolhas culturais é a cidade, âmbito urbano

2 - NÃO ERA VERDADE QUE FOSSÊMOS TÃO EGOÍSTAS

cercado de um território suficientemente amplo para prover recursos e cobrir os resíduos. A cidade opera uma enorme desconexão ao permitir ignorar a origem do sustento natural de nossa existência. Uma segunda bolha provém da capacidade universal de troca que tem o dinheiro, que unifica todas as mercadorias e as expressa em unidades de valor. O dinheiro nos permite chegar a bens radicalmente diferentes que ficam homologados por estarem expressos no seu valor de troca monetária. Isso nos desconecta da diferença que existe entre o acesso à água e à comida ou ao telefone, à moradia e à luz ou a uma viagem, à educação e ao ócio ou à ajuda humanitária. Uma terceira bolha é construída pelo desenvolvimento tecnológico. O ser humano, que chegou o século XXI por sua condição de animal social, encontra, graças à técnica, possibilidades crescentes de autonomia, inclusive em condições de instantaneidade incríveis em apenas 100 anos, uma fração de tempo na longa viagem evolutiva. Assim é com os transportes, a comunicação, os bens de todo tipo, as ferramentas. Ao mesmo tempo, o individualismo e a mercantilização social fazem com que praticamente qualquer pessoa, bem ou serviço possam ser consumidos sem freio e sem responsabilidade, incluído a companhia, o sexo, a amizade, a defesa. Por último, está a mais recente bolha cultural informática, que constrói mundos virtuais que substituem os reais e fazem desnecessária a colaboração real das pessoas (na comunicação, no entretenimento, na aprendizagem, na música). Alienadas do restante dos seres humanos e da dependência de nosso entorno, nossa condição fragmentada se choca contra o ânimo cooperativo e parece encontrar mais funcionalidade na alma egoísta, estupidamente alheia à ecodependência e à interdependência.

O mesmo Riechmann incorporou, da mão do sociólogo inglês Giddens, o que os economistas chamam "desconto hiperbólico", um traço claramente evolutivo prévio ao que antes chamamos de "salto improvável". Entre ter que escolher entre cinquenta euros hoje ou cem amanhã, esperaremos vinte e quatro horas para dobrar o prêmio. Mas se são cinquenta agora ou cem daqui um ano, descontamos o benefício futuro e aceitamos o dinheiro nesse momento. Esse desconto hiperbólico é o que dificultaria, na forma de "miopia intertemporal" e apesar da consciência do problema ecológico, buscar soluções imediatas. Esse "vocês me fazem fiado por um tempo tão longo" explica igualmente o fato conhecido de sociedades que desapareceram por não terem mudado seus costumes – é o caso da Ilha de Páscoa estudada por Jared Diamond em sua obra *Colapso*. Seria necessária uma catástrofe para reagirmos? No entanto, inclusive as catástrofes estão na reflexão neoliberal. É a *doutrina do choque* (Naomi Klein) utilizada para alcançar, enquanto dura a comoção, o que era impossível pensar em outras circunstâncias: privatizar o litoral depois de um tsunami, arrasar os serviços sociais em uma crise, roubar os bens dos perdedores após uma guerra civil, privatizar a educação e a saúde e proibir os sindicatos e partidos de esquerda depois do golpe de estado de Pinochet no Chile em 1973.

Regressa de novo a política. Conscientes dessa escassa vontade para sacrificar um benefício imediato em prol da sustentabilidade ou a estabilidade futura, dotamos-nos de instituições encarregadas de buscar um equilíbrio entre a tensão de cobrar tudo agora ou deixar algo para amanhã. O conservador conto da Cigarra e a Formiga. Nisso, inclui-se o preço da gasolina ou a da água, o casamento – ou os compromissos de casal –, a poupança social, o cuidado com o meio ambiente, plantar uma oliveira, ainda que nunca a vejamos crescida, ou criar formas de governo estáveis que tenham a possibilidade de algum tipo de responsabilidade ante a cidadania. O "eu quero tudo, para mim e agora" que promete a privatização da democracia ou a construção compartilhada e dialogada da vida boa. "Se te quero é porque tu és, meu amor, meu cúmplice e tudo, e na rua lado a lado, somos muito mais que dois". Mario Benedetti sabia do caminho reto entre o salto improvável e a política.

Porém, toda a complexidade que estamos discutindo pende como uma espada de Dâmocles, bem afiada, sobre nossas cabeças descobertas. Poderíamos chamá-lo de conspurcação do desconto hiperbólico. Já dissemos que não há espaço para olhares ingênuos sobre a natureza humana. Temos a tendência à cooperação – daí que nos sintamos bem ajudando –, mas há esferas sociais que fomentam o predador que também nos habita; o modelo neoliberal, sem ir mais longe, que converte a sociedade em um campo de batalha de todos contra todos. Ainda que também pudéssemos citar a normalização da guerra, a legalidade do comércio de pessoas, a autorização do roubo da sabedoria dos povos

2 - NÃO ERA VERDADE QUE FOSSÊMOS TÃO EGOÍSTAS

originários, a tolerância com a escravidão... Existe, além disso, indivíduos que decidem levar no seu comportamento o pior de nossa ambígua evolução. Negar que existam sem-vergonhas – frequentemente de colarinho branco – é não entender que existe gente que faz da mentira uma estratégia adaptativa. Essa espada se expressa de maneira clara como estratégia própria do modelo neoliberal: oferecer agora baixar impostos, privatizações ou renúncia da oferta pública de bens privados que diminuem o encargo do Estado e geram a sensação de bem-estar imediato na cidadania e que, no entanto, suporiam no futuro um encarecimento desses bens essenciais, como aconteceu na América Latina com a alta do preço da água, a elitização da educação, a construção de modelos duais de saúde etc. Aceitar agora os cinquenta euros nos impede de pensar que, em um ano, deveremos cem.

Por um lado, instituições para uma vida guiada pela austeridade, uma palavra que sempre pertenceu ao vocabulário da gente decente e que hoje se converteu em "austericídio". Por outro lado, a realização imediata do lucro, requisito essencial da economia de mercado. Como se não se tivesse demonstrado a falsidade do princípio "vícios privados, virtudes públicas". Dizia o economista Galbraith que a memória social de cada golpe dura uns quinze anos. O tempo de uma geração, que amadurece o suficiente para voltar a deixar-se enganar. Voltas de parafuso na fábrica do colapso.

TAREFA PARA PENSAR A DEMOCRACIA EM CASA II

Mais além da utopia e da memória: os gênios que moldam o nosso comportamento

Parece um paradoxo, mas o acontecido é tão variável quanto o futuro. O presente, inclusive, pode ser um lugar de maior consenso do que a história. Indivíduos e grupos se maquiam e se tornam feios antecipando no passado o interesse atual. Ou por acaso não é verdade que reconstruímos nossa biografia esquecendo aqueles desencontros com os quais não nos sentimos especialmente orgulhosos? Preferimos nos lembrar antes com generosos que como egoístas. Tornamos decente nosso semblante, reforçando, precisamente, o anjo bom de nossas façanhas e as vantagens de nossa determinação. Como aquela foto maravilhosa do perfil nas redes sociais, a lembrança de nós mesmos que melhora a original até fazê-la irreconhecível. A memória sempre está no vaivém das necessidades do presente. Por isso, a memória histórica é um diálogo de todo um povo. Norberto Bobbio, o mais relevante intelectual italiano do século XX, recebeu aos 83 anos, como uma porrada, a lembrança de que havia escrito uma carta à Mussolini expressando-lhe "a maturidade" de suas "convicções fascistas". Algo similar ocorreu com Günter Grass ou com o Papa Bento XVI, ambos com passagem na Juventude

Hitleriana. Na Espanha, uma parte não pequena dos pró-homens da esquerda (escritores, jornalistas, professores) haviam jurado os Princípios do Movimento Nacional e de vez em quando aparecia esse passado falangista ou franquista quando arrefecia a ideologia. O passado, como um broche de membro, tem que estar em consonância com os valores essenciais da sociedade presente.

As revoluções, dizia Walter Benjamin, só constroem o futuro quando são capazes de recriar o passado e o liberam de algum malefício histórico. Todas as revoluções democráticas reinventaram os acontecimentos, dando-lhe novas ênfases, alçando como heróis figuras antigamente recusadas, enviando para a prisão da história novos sentenciados, fazendo de uma proeza, de uma batalha, de um sacrifício razão antecipada do novo rumo. A tradição, contra todo prognóstico, se empenha em se apresentar sempre como algo imemoravelmente novo (o *kilt*, a tradicional saia escocesa, apenas completou um século, e, além disso, é uma criação de um empresário têxtil inglês que a desenhou para que os trabalhadores da Escócia não prendessem suas roupas nos teares. Igualmente ocorre com o Santo Sudário, datado de vários séculos depois da morte de Cristo, ou com o falso parentesco entre Recaredo e Pelágio das Asturias, buscado para construir o vínculo com o catolicismo na luta contra os árabes na Espanha. Nem os Vikings usavam capacetes com chifres, nem Bogart nunca falou em *Casablanca* isso de "Toca outra vez, Sam". Segundo Žižek, a frase com a qual se acaba o famoso filme "Esse é o início de uma bela amizade", foi traduzida na versão em chinês por "Esse é o início do nascimento de um novo grupo antifascista"). O futuro, definitivamente, pode dizer algo sobre uma obra de arte que nem sequer o autor imaginou. Relemos o supostamente inamovível passado, e o eixo do presente muda de coordenadas e o mundo se move.

É um exercício comovente pedir aos alunos de algum curso de Ciências Sociais que tragam para a sala uma foto onde seus pais, tios, avós, ou eles mesmos estejam participando em algo que tenha a ver com a política (o enunciado deve ficar envolto nessa ambiguidade). As famílias, quando chegam os alunos com esse pedido, como primeira reação se inquietam. Logo, a convertem em uma tarefa coletiva e, segundo dizem os alunos, o assunto se converte em tema recorrente de conversa. Pela

TAREFA PARA PENSAR A DEMOCRACIA EM CASA II

primeira vez, os avós falam com seus netos de algumas coisas que haviam decidido silenciar. Essas sessões sempre terminam na sala de aula com muita emoção transbordada em lágrimas. A parte generosa da política. Um familiar que já não está levando uma faixa em uma manifestação, avós no exílio reunidos com outros exilados em um café parado no tempo, os pais despedindo-se muitos anos depois, ao lado de uma vala comum, do familiar fuzilado e desaparecido durante décadas por defender a República, um protesto em uma fábrica, ou em uma universidade, uma concentração pela paz em tempos criminais, o luto por um assassinato por razões (ou sem razões) políticas, fotos de presos, greves, mineiros ou trabalhadores portuários encapuzados em defesa do poço ou estaleiro, uma viagem a Chiapas, a reclusão em uma igreja, o 15-M...

A memória é um mapa que baliza o que foi para orientar o que pode ser. A memória democrática é a memória que nutre o círculo de reconhecimento de um país que deseja ser democrático. Diga-me quais as suas referências e lhe direi quem você é. Não é o mesmo celebrar a tomada da Bastilha, a derrota do nazismo ou a glória da Resistência, que colocar o nome de ruas e de praças em homenagem a ditadores ou a psicopatas. Não é o mesmo fazer do dia nacional um dia de vitória contra um inimigo que quis invadir o seu país, que celebrar uma proeza da conquista sobre outros povos. Não ensina o mesmo um hino que canta a coragem, a soberania ou o sacrifício em nome da liberdade, que um hino que lembra a vitória de uma nação sobre a outra.

O ditador Mussolini ofereceu a Alcide De Gasperi, que viria a ser secretário-geral da Democracia Cristã (nesse momento era o líder no parlamento do Partido Popular Italiano), e a Antonio Gramsci, secretário-geral do Partido Comunista Italiano, assinar uma carta desmentindo suas ideias e celebrando o governo do Duce. O democrata cristão acabou assinando, conseguiu a liberdade e trabalhou na Biblioteca Vaticana durante a ditadura. O comunista não o fez. Só recuperaria a liberdade uma década depois, quando já estava gravemente doente e meses antes de morrer. A Igreja Católica está considerando a beatificação de De Gasperi. Stalin se desentendeu com seus apoios para conseguir a libertação de Gramsci. Enterrado em Roma, com toda certeza, é um dos pensadores marxistas mais luminosos que herdou o século XXI.

De Gasperi pode assinar porque ninguém o reprovaria por ter feito o necessário para salvar a sua vida. Mas os companheiros de Gramsci na Itália – e também na Alemanha, na Espanha, e na França – colocavam em risco suas vidas nas ruas parando as esquadras fascistas, aos *freikorps* nazistas, aos esquadrões falangistas. Poderia evitar o destino daqueles que representava? Pressionavam da mesma maneira ambos os círculos de reconhecimento?

Se queremos entender nosso comportamento devemos olhar, pelo menos, para quatro lugares. Sem dúvida, aí está o interesse pessoal que busca maximizar o benefício material (é o que estuda a teoria da escolha racional). No entanto, sabemos que essas teorias explicam porque somos egoístas, mas deixam sem explicação todas as vezes que não somos. Deve-se incorporar também à análise a influência das instituições: leis, costumes, protocolos compartilhados de comportamento próprios de cada sociedade. Em terceiro lugar, é de grande relevância, em que pese as dificuldades da mediação, saber o peso do círculo de reconhecimento, esse conjunto de pessoas que atuam como o espelho do nosso comportamento. E, por último, o diálogo que cada um tenha com a "espiral", é dizer, com esse compromisso a longo prazo com todos os seres humanos e com o planeta. É indubitável que o peso de nosso comportamento nas sociedades mercantilizadas está no interesse material e no freio que constroem as instituições. Ao contrário, nós gostaríamos que os demais nos vissem como movidos pelo bem comum e o interesse geral. Que tenha mais peso um lado ou outro da balança terá muito que ver com a gente com a qual compartilhamos a vida. A camaradagem é produto do ativismo compartilhado.

O escritor Jorge Semprún contava em sua *Autobiografia de Federico Sánchez* um acontecimento da sua luta como dirigente comunista durante o franquismo. Após dez anos, voltou a se encontrar com o também dirigente do PCE, Simón Sánchez Monteiro. A última vez que se viram foi justamente antes que detivessem esse último. Tinham um encontro do partido e Sánchez Montero, traído por outro militante que havia sido detido pela polícia, nunca chegaria na reunião. O método quando algum camarada descumpria o protocolo da clandestinidade era expresso: a hipótese mais pessimista – de que um companheiro tivesse caído – mandava proteger o sistema organizativo. Esconder-se em lugares novos, suspender os encontros, abandonar as residências conhecidas, desconectar-se dos que, com toda certeza, já estavam detidos e a ser torturados.

No entanto, Jorge Semprún contava a si mesmo com remorso: "essa noite em que desapareceu Simón Sánchez Monteiro, você pensou que, caso você se encontrasse na Direção Geral de Segurança, sua resistência, sua capacidade de silêncio, seriam multiplicadas se tivesse tido a certeza de que os camaradas contavam com seu silêncio, que o davam como certo". Explicava a si mesmo a sua decisão irracional: "por isso você veio dormir aqui, nesta rua *Concepción Bahamonde*. Para que na memória de Simón, interrogado, torturado, pudesse se acender essa lâmpada sua, essa lâmpada entre outras fraternais. Para que Simón não fique sozinho. Para você não estar sozinho também. Para estar com Simón essa noite". Dez anos depois, os dois homens caminhavam por um parque em silêncio. A primeira coisa que pergunta o dirigente comunista saído da prisão ao seu camarada reencontrado é: "você voltou essa noite para dormir na sua casa?". Depois de responder afirmativamente, concluiu: "supus que você faria isso (...) Esperei que você voltaria para a sua casa (...) Me dava forças pensar que você estava na sua casa".

O espiral que não se deixa explicar com argumentos egoístas. Quando a memória histórica de um país tem bem registrados os comportamentos de quem mais fez pela liberdade e pela justiça no passado – não é essa uma forma evidente de reforçar a defesa da liberdade e da justiça no presente? A utopia e a memória são espelhos nos quais as imperfeições do presente gritam. Não há uma memória decente por trás de todo gesto decente?

3

AS PALAVRAS TÊM DONO OU DOS ÍNDIOS QUE BATIZARAM UM PORCO

> *(...) príncipes que realizaram grandes feitos deram pouca importância à palavra empenhada e souberam envolver com astúcia as mentes dos homens, superando por fim aqueles que se alicerçaram na sinceridade.*
>
> NICOLAU MAQUIAVEL
> O príncipe (1513)

Conta o professor Vladimir Acosta que na Guajira venezuelana trabalhava um padre salmantino empenhado em sua tarefa evangelizadora no "Novo Mundo". Nessa tarefa, acabara de repreender com dureza uns indígenas que pretendiam em plena Semana Santa comer um porco. Em uma Sexta-feira Santa! "Intolerável – dizia o padre – essa violação dos preceitos religiosos. Comam outra coisa, por exemplo, uma capivara e ficaram em paz com vocês mesmos e com Deus". A capivara, um roedor típico do país, não tem nem de perto as qualidades de um porco – do qual gostam, diz o ditado popular, até da forma de caminhar –, mas é prato típico no país e não está proibido pela doutrina. Com isso posto, pensou o padre, todos contentes e o inferno vai diminuindo suas fronteiras. Após a bronca, continuou o padre com a catequese e batizou os índios, porque ainda que já tivesse se resignado com a ideia de que tinham alma, ainda tinham nomes pagãos que não agradavam a Deus. "Em vez de Tamanaco, você se chamará Juan. Em vez de Urimare, María, em vez de Guaicaipuru, Fernando". Feliz, o padre se sentiu satisfeito por ter incorporado esses ignorantes de Deus ao rebanho do Ocidente, ter salvado sua alma e feito maior o império moral de Sua Majestade o Rei da Espanha.

Terminada a cerimônia, o padre foi embora para seus outros afazeres, e os índios aos seus. Passado um tempo, retornou o sacerdote e viu, com indignação que os novos fiéis estavam comendo, com muito deleite, o porco assado. Diante dos gritos do padre, um dos indígenas o tranquilizou, pegando-lhe pelo braço disse silenciosamente: "Não se preocupe padre, antes de comermos o porco o batizamos como capivara e só depois começamos a comê-lo".

Entre Deus e o bom Adão foram divididos, sem grande discussão, o nome das coisas (não avisaram Eva, não fosse ter pretensões de ser dona). Como nos lembra o Gênesis, com esse dar nome, as coisas passaram a existir e a ter proprietários. Quem batiza, no final das contas, manda.

Dizer bem a alguém, é bendizer. Dizer mau a alguém, é maldizer. Os romanos tiveram que chamar aos escravos *instrumenti vocali* para sustentar sua submissão, diferenciando-os dos bois e os animais, que eram tão somente *instrumenti*. Só porque os conquistadores espanhóis negaram primeiro aos índios a alma e logo a entenderam como tábula rasa sobre a qual escrever o seu domínio, puderam expandir sua opressão. Os nazistas exterminaram os judeus uma vez que os haviam batizado como *unmenschen* (não-humanos). Muito antes que os muros dos campos de concentração fossem levantados, já se tinha criado uma arquitetura de palavras condenatórias que apelavam ao irracional e faziam dos judeus um perigo incompreensível. A *EndLösung*, a solução final, se construiu sobre o discurso de uma Alemanha convertida em pessoa – portanto, viva, com sentimentos, interpretada e representada pelo Führer.

3 - AS PALAVRAS TÊM DONO OU DOS ÍNDIOS QUE BATIZARAM...

Victor Klemperer, judeu sobrevivente do holocausto, dedicou seu principal livro, *Lingua Tertii Imperii*, para demonstrar que o nazismo chegou muito antes de 1933, montado em um tanque de palavras. Outro tanto também tinha feito antes Karl Kraus, em suas denúncias na revista *Die Fackel* ("A tocha"). Durante seu cativeiro, Klemperer sobreviveu em seu juízo analisando o linguajar do opressor, entendeu como seu veneno foi pouco a pouco penetrando pelas vias sentimentais inclusive entre os judeus. Se fizeram populares palavras que escondiam acontecimentos terríveis, (como "expedição de castigo") ou que mascaravam a anulação do indivíduo ("cerimônia de Estado"). A própria expressão "campo de concentração" foi inicialmente um eufemismo.

A consequência terrível era a chuva fina de um discurso irracional que terminava molhando até a última prega do pensamento: "não, os efeitos mais potentes não conseguiram nem os discursos, nem os artigos, nem os folhetos, nem os cartazes, nem as bandeiras, não conseguiram nada que se captasse por meio do pensamento ou sentimento consciente. O nazismo se introduzia, principalmente, pela carne e pelo sangue das massas através das palavras isoladas, de expressões, de formas sintáticas que impunham repetindo-as milhões de vezes, e que eram adotadas de forma mecânica e inconsciente (...). As palavras podem atuar como doses ínfimas de arsênico: as pessoas as tragam sem dar-se conta, parece não surtir efeito algum e, após um tempo, se produz o efeito tóxico. Se alguém diz, uma e outra vez, 'heroico' e 'virtuoso' ao invés de fanático, acreditará finalmente que, de fato, um fanático é um herói virtuoso e que sem fanatismo não se pode ser herói".

Uma Alemanha ameaçada por uns animais selvagens, os judeus, que queriam devorá-la impulsionados pela sua maldade essencial, genética, ancorada na noite dos tempos. Palavras assassinas que construíram os tijolos dos fornos que cremaram milhões de seres humanos. Não em vão, Kurt Tucholsky lembrou que também na Alemanha nazista houve "assassinos de escritório" (a mesma atitude daqueles que construíram as diferenças entre os hutus e os tutsis em Ruanda, os que se realmente essencializaram as diferenças na antiga Iugoslávia, os *neocon* que desenharam o genocídio do Iraque ou os sionistas que hoje veem em cada palestino um terrorista). Franco já tinha condenado a centenas de milhares de espanhóis quando disse que eram a "Anti-Espanha", quando os indicou como o principal inimigo da pátria misturados entre os bons espanhóis. Centenas de milhares fuzilados com antecedência quando foram acusados, com aprovação da Igreja Católica, de maçons, de ateus, bolcheviques e de herdeiros dos "mouros", contra os quais lutar mais de mil e duzentos anos antes Pelágio das Astúrias. Em consequência, foram milhares de professores republicanos assassinados. Transmitiam palavras que punham em dúvida a Espanha eterna.

Um lema conseguiu aumentar as bases de um grande negócio no pós-guerra espanhol: "Os vermelhos não usavam chapéu". A vestimenta é igualmente uma forma de linguagem, que apresenta, engrandece, estigmatiza ou invisibiliza. Os romanos proibiram que os escravos usassem uniformes (dessa maneira, não se visualizava esse potencial exército formado por duas terças partes da população). Durante a conquista, os católicos espanhóis ocultaram seu próprio escândalo disfarçando os índios de europeus. O nazismo costurou estrelas na roupa de judeus, homossexuais, esquerdistas. Nas escolas europeias, um véu se converte em uma ameaça, mas o mesmo não serve para outros símbolos não menos suscetíveis de serem assim indicados também como uma imposição (*piercings*, tatuagens, cortes de cabelo peculiares, vestimentas – tanto aquela que configura algum tipo de tribo urbana, quanto aquela roupa cara de marca –, crucifixos, símbolos políticos etc.).

Do mesmo modo, não há submissão da mulher sem que sob a condição de fêmea sejam incorporadas insuficiências que são ensinadas desde a infância. A mulher, nascida da costela do homem, caminha submissa na medida em que deva a sua existência a um ato de graça – direta ou indiretamente – masculino. Não ocorre de outro modo com a obrigação, sob o capitalismo, de vender a força de trabalho – ou seja, tempo de vida – que teve que ser mascarado na ideia de contrato entre iguais, transformando em acordo econômico o que, no feudalismo, era um acordo político nu de vassalagem e que, portanto, era mais fácil de identificar. No século XXI, o exército norte-americano (ou cada um de seus aliados) assassina pessoas com sentimentos, projetos, desejos, famílias e amizades somente após rebaixá-los à condição abstrata de terroristas. Nos bairros pobres da América Latina morrem com violência

3 - AS PALAVRAS TÊM DONO OU DOS ÍNDIOS QUE BATIZARAM...

cada fim de semana centenas de jovens só porque o sistema os qualificou como excedentes sociais. A Colômbia batiza seus pobres como descartáveis, igualando-os ao lixo, no qual, constantemente, se veem obrigados a viver porque não têm lugar em parte alguma.

É assim que se deve entender esse esforço por parte do poder de dar nome e, no seu caso, redenominar as coisas para apropriar-se delas ou para frear essa força transformadora. Não fazia outra coisa o bobo da corte shakespeariano, quem expressava diante da corte ao monarca o mal-estar convertendo-o em uma caricatura deformada, de tal maneira que o desativava no seu potencial transformador. Muitas sátiras televisivas, supostamente críticas, são os principais servidores do Poder por conta dessa dramatização burlesca. E não fez outra coisa o ocidente quando – como explicou Boaventura de Sousa Santos – construiu a imagem de um Oriente despótico e fundamentalista (a qual justificou as Cruzadas), do selvagem metade humano, metade besta (que justificou a conquista da América ou a escravidão da África) ou da natureza como lugar alheio para depredar ou submeter (a terra, a mulher). Chamar a algo ou alguém de "o outro" é condená-lo, pois quem denomina está descobrindo, está comparando-se e pondo-se em posição superior. O descobridor atribui as palavras às coisas para dizer: antes não estava aqui, não é original, mede e etiqueta conforme suas ideias prévias. Aquele que define, coloniza. Quando aparece o índio, aparece o ser inferior, o pecador, o destinado naturalmente a se submeter. Com tempo, necessariamente, desaparece o ser humano. Nomear aos índios ou aos negros como inferiores não era, senão, um artifício que permitia tornar honesta a brutalidade da exploração com o acompanhamento rígido da doutrina eclesiástica. Francisco de Vitória, Francisco Suárez, Hugo Grotius, foram construindo a legitimidade do descobrimento. Se eu descobrir você, você tem que estar agradecido a mim. Se eu conquisto você, você vai ruminando o seu rancor e sua raiva. Não faça um drama por causa dos nomes.

O ROUBO DO DICIONÁRIO

Assistimos a um exército, mais grosseiro que sutil, nessa direção. Como um novo Gênesis, o Exército norte-americano fala de "danos colaterais" e não de mortos e assassinados. As autoridades dos Estados Unidos se referem a "procedimentos de facilitação de informação ulterior", renunciando à dureza e a contundência, da palavra "tortura". Da mesma forma, para as instâncias financeiras internacionais de Washington a corrupção não é, senão, "benefícios extraordinários não consignados", e do Vaticano se diz que, ante a expressão "pedofilia" usada pelas associações de pais e mães de afetados, conviria referir-se simplesmente a "traição da graça da Ordem sagrada". João Paulo II, afirmaria em meio à crise por numerosas acusações ao clero por abusos de menores, que o que acontecia era simplesmente que alguns estavam cedendo "às piores manifestações do *mysterium iniquitatis* que atua no mundo". O latim, desde o momento que foi assumido como o idioma da liturgia por Trento, criou muita distância. A primeira grande surpresa do primeiro papa latino-americano, Francisco, veio da linguagem e dos gestos. Acelerar a canonização de Monsenhor Romero, assassinado pelos militares salvadorenhos (aos quais João Paulo II deu a comunhão, ao mesmo tempo que se negou a ir ao túmulo do bispo assassinado), renunciar aos carros de vidros escuros e blindagens impossíveis, retornar à igreja dos pobres e, em consonância, dar outro nome para a política: "o futuro – disse na sua viagem ao Brasil em 2013 – nos exige a reabilitação da política, que é uma das formas mais superiores de caridade". A política como autoajuda coletiva.

    A lista é interminável. Hoje também podemos dizer que já não há demissões, mas "ajustes de plantel", e assumimos a "racionalização laboral" lá onde antigamente estava a precarização do trabalho; estamos inclusive dispostos a aceitar, ao invés de "subemprego", a mais elegante expressão "*minijob*". Os anos de uso dos conceitos, junto a quantidade e qualidade dos órgãos emissores desses nomes, converteram essas noções em um novo senso comum, em uma expressão familiar assumida, inclusive, por boa parte dos sindicatos, em que pese que a diferença entre a direita e a esquerda no século XX se construiu sobre a base de não considerar aos trabalhadores como uma mercadoria. Hoje, para empresários e sindicatos, é um lugar comum falar de "mercado laboral". Fala-se em "alívio fiscal" para justificar a redução de impostos aos ricos. Tirar remédios da previdência social e fazer que se comprem na farmácia

3 - AS PALAVRAS TÊM DONO OU DOS ÍNDIOS QUE BATIZARAM...

se chama "copagamento" (como se já não se pagassem com os impostos). E quando "copagamento" abate negativamente se fala de "ticket moderador". Não falaremos de "recessão", senão de "taxa negativa de crescimento"; nunca se tornará barata a demissão, senão que "flexibilizará" o mercado laboral; já não existem onipotentes e despiedosos empresários, senão "empreendedores", em vez de "capitalismo" (que ressoa com uma intolerante carga ideológica), preferimos "economia de mercado", que é o mesmo só que mais elegante. Ao invés de "guerras" falaremos de "missões humanitárias", "violência doméstica" por "violência machista" (como se as frigideiras lhe atacassem e não o seu companheiro), e regularizar "capitais ocultos" ou "anistia fiscal" serão os eufemismos que mascaram os que são privilégios aos sonegadores. Também "imigrante ilegal" e não um "sem papéis" (como se os seres humanos pudessem ser ilegais), "emagreceremos" os serviços públicos (quem poderia estar contra a cura da obesidade dos gastos públicos), ao mesmo tempo em que nas casas reais não se separam nem se divorciam, senão que realizam "interrupções temporárias de convivência". O cassetete da polícia se chama de "defesa"; não se diz "emigração dos jovens", mas sim "mobilidade exterior", e antissistema não é o que desemprega a seis milhões de pessoas, recebem supersalários provenientes de dinheiro sujo ou financiam ilegalmente seu partido, senão o que luta contra essa fraude exercendo a desobediência civil. O filósofo Emmanuel Lizcano explicou que há metáforas de naturalização (se ocorre um tsunami financeiro, quem teria a culpa de um tsunami, senão as forças cegas da natureza?), metáforas médicas (se faz falta injetar liquidez aos bancos ou uma transfusão de fundos, quem de bom coração se negaria a ajudar a quem necessita de socorro?) e metáforas de personificação (a vontade dos mercados, que são eles mesmos, em conjunto, uma pessoa como qualquer outra, o seu coração, suas necessidades e seus sentimentos).

Chamar a terra de plana a converte em plana para os feitos da navegação. É o que se chama de "condição performativa" da linguagem. A ciência social o denomina o Teorema de Thomas, enunciado por Robert K. Merton: "se os indivíduos definem as situações como reais, são reais em suas consequências". As estrelas que não têm nome, socialmente não existem. E ser indicado como subversivo pode lhe custar a vida em países com conflitos civis. Contava Hélder Câmara: "se cuido dos pobres me chamam de santo; se pergunto por que são pobres me chamam comunista".

Mas não é qualquer um que tem o poder para construir a realidade com os nomes. Quando surgiu a AIDS, foi etiquetada como uma doença de drogados, prostitutas, negros e homossexuais (inclusive a realidade foi mais intransigente: junkies, putas, pretos e viados). Os mais ilustres representantes da década conservadora (década prodigiosa que teve a virtude de durar trinta anos) disseram que se tratava de um castigo divino por terem transcendido as fronteiras do pecado. Sodoma e Gomorra, cidades da transgressão, recebiam a sua condenação. Foi necessário que as associações de doentes renomeassem a doença para que líderes sociais se atrevessem a falar de outra maneira a doença. Mas a pressão social dos envolvidos não bastava para que a sociedade assumisse uma solução. Só quando Rock Hudson (companheiro recorrente no cinema de Doris Day, a noiva da América), quando o cantor Freddie Mercury da banda *Queen* ou no momento em que o jogador da NBA Magic Johnson, reconheceram em massivas coletivas de imprensa serem portadores do vírus, a sociedade ocidental reconstruiu essa tragédia como um problema de todos. Em 1992, Hollywood oficializou o novo discurso e entregou o Oscar de melhor ator para Tom Hanks, o qual interpretou um soropositivo no filme *Filadélfia* de Jonathan Demme.

Think tanks que desenham estratégias discursivas; meios de comunicação que ressoam expressões até torná-las um novo senso comum; estúdios cinematográficos que legitimam, adiantam e sondam nas telas os comportamentos excepcionais; indústrias do ócio que naturalizam atitudes e armamentos, indicam objetivos bélicos e constroem amigos e inimigos de maneira velada por meio de videogames e outros artigos de entretenimento em colaboração com um novo "complexo militar-industrial do entretenimento"; partidos políticos que renunciaram às suas tradições ideológicas e à sua própria leitura crítica da realidade; campanhas eleitorais milionárias e espetaculares que fazem acreditar os cidadãos, ociosos na política entre campanha e campanha, que são imprescindíveis ao menos uma vez a cada quatro anos; igrejas que negociam no mercado institucional, midiático e econômico espaços

3 - AS PALAVRAS TÊM DONO OU DOS ÍNDIOS QUE BATIZARAM...

físicos e doutrinários; professores que adaptam os discursos oficiais envolvendo-os de forma acadêmica e vestindo-os em um *continuum* cultural que os faz mais críveis; fundações que aprovam a honorabilidade da interpretação com seus investigadores, cátedras particulares, revistas, bolsas e seminários; grupos de *experts* que estigmatizam as alternativas e justificam, em linguagem arcana, a inevitabilidade do que ocorre; redes midiáticas que fazem cotidiana essa parcial leitura do presente através da criação de um grande bloco de referência chamado opinião pública que disciplina a dissidência à sua moda; formato fechados de notícias que criam *superávit* e *déficit* conforme seja a realidade; falsos jornalistas que difundem falsas notícias em televisões e jornais reais, principalmente, no âmbito local; programas "sobre celebridades" no quais a compaixão é a grande ausente; programas crescentes de humor que desativam o potencial político da sátira e reinventam o papel reacionário do bobo da corte; ou *reality shows* nos quais a realidade se converte em um espantalho, ao espetacularizá-la e convertê-la em ficção.

Definitivamente, relatos ao serviço da identificação com modelos que são funcionais para a reprodução dos moldes existentes e para criação de uma atitude conformista, instrumento dos interesses privados apresentados como interesses de todos e "instrumentos da mentira do Estado e do controle das opiniões"; "um incrível assalto ao imaginário" baseado em uma linguagem que não falamos, mas que nos fala. Se chamam você de Sexta-feira e você aceita, você já é propriedade do outro.

RECONSTRUINDO A VERDADE COM PALAVRAS COMPARTILHADAS

É possível chegar aos maiores níveis de verdade quando se rastreia a origem das palavras: saber que os rivais eram os que estavam nas ribeiras dos rios, que o imbecil é o que não tem bastão, que o salário vem do pagamento em sal, que concórdia é unir os corações ou que recordar, como refletia Ortega, "é passar duas vezes pelo coração". No entanto, nomear é trair. Ao nomear, o ser humano deixa, necessariamente, coisas de fora do verbo, põe ênfase em outras, fixa a atenção em um aspecto concreto e não em outro, se vão incorporando com o tempo matizes, contextos, significações, usos e abusos; de modo definitivo, interpreta a realidade e logo a congela em *habitus* que se convertem lastros para a emancipação. O conceito de perigo com o qual os nossos antepassados sem linguagem articulada se avisavam uns aos outros de alguma coisa que ameaçava a vida, nunca poderia apreender-se apenas com a palavra "perigo".

"Quando se escuta uma palavra – escreve o psicólogo cognitivo George Lakoff – se ativa no seu cérebro sua moldura (ou sua coleção de molduras). Mudar de moldura é mudar o modo que nós temos de ver o mundo. É mudar o que se entende por senso comum. Uma vez que a linguagem ativa as molduras, as novas molduras requerem uma nova linguagem. Pensar de modo diferente requer falar de modo diferente". Se um dado da realidade se choca contra nossa moldura, preferimos ignorar a realidade. Não vemos o que não se encaixa com a nossa visão geral.

Por isso, quanto mais gente participa na nomeação das coisas, mais perto estariam os nomes da experiência particular dos membros de uma coletividade. Uma comunidade que vive na neve tem e precisa uma dúzia de matizes para a cor branca, do mesmo modo que uma sociedade agrícola conhece o nome das plantas e suas propriedades. As sociedades urbanas perderam o nome das plantas e dos animais, da mesma maneira que a escrita reduziu a importância da memória, a existência de telefonia móvel ou de internet reconstrói todo o nosso imaginário. Por isso traduzir é igualmente trair. E o mesmo acontece com as mesmas línguas faladas em diferentes lugares (a arrogância eurocêntrica pretendeu durante muito tempo que o espanhol, o inglês ou o português falado em outros países poderia ser ditado em academias da língua dos países colonizadores). Heidegger dizia que só em alemão ou em grego se poderia fazer filosofia, como se não houvesse existido filosofia em outros momentos da história, ligada a línguas que, por questões de força, se converteram em veículos imperiais. Substituir os nomes das culturas sepulta a experiência original dessas coletividades obrigadas a usar acriticamente os nomes nascidos em outros contextos. Os conceitos importados podem ser pouco aptos para as exigências sociais de sociedades com desenvolvimentos diferentes, do mesmo modo que essas casas europeias, com telhados para a neve, são reproduzidas por ricos aculturados em regiões tropicais. Não parece muito sensato celebrar o natal no Caribe com um boneco de neve e

3 - AS PALAVRAS TÊM DONO OU DOS ÍNDIOS QUE BATIZARAM...

trenós puxados por renas. Não deixa de ser absurdo dizer na Guiné "a coisa vai ficar preta".

Isso significa que não há possibilidade de entendimento sobre bases objetivas? Um dos elementos centrais que defende o realismo dentro da filosofia da linguagem é a existência de um mundo real à margem de nossas representações (os índios estavam comendo o mesmo animal, o chamassem de capivara, porco ou suíno). Isso não significa que não haja fenômenos claramente dependentes da nossa mente (o dinheiro, a propriedade, o casamento, uma guerra ou um coquetel, são todos acordos sobre coisas que realmente não existem, mas que passam a sê-lo quando são submetidos a um acordo a respeito do que devem significar). Significa que, como disse Searle, "existe um mundo real que é total e absolutamente independente de todas as nossas representações, pensamentos, sentimentos, opiniões, linguagem, discurso, textos etc.". A diferença não está na objetividade, mas sim em quem define no que consiste essa objetividade. Ninguém duvidaria que exista o petróleo. Porém, para uma empresa de hidrocarbonetos ou um economista tradicional, estaríamos diante de um recurso econômico; para um ecologista ou um economista avançado, diante de uma fonte de aquecimento global e de desequilíbrio ecológico se se extrai da terra a um ritmo descompassado em relação ao que demorou para se formar; já para um indígena, pode ser parte da *Pachamama* – a mãe Terra –, onde descansam os antepassados. As ordens religiosas mudam o nome das pessoas que passam a formar parte da sua congregação. Com o novo nome – como uma inscrição no registro após o batizado –, você já pertence a quem lhe chamou de um novo modo.

CHARLOT, *A QUIMERA DO OURO*, E A RECLAMAÇÃO DE JULIETA PARA O CRETINO DO ROMEU

Quino, o cartunista argentino, representa em uma tirinha a cena de *A Quimera do Ouro*. Charlot, preso em uma cabana no meio de uma tempestade de neve, não pode sair porque há um urso com tanta fome quanto ele. A tempestade levou a cabana até a beira de um precipício. Também não há saída por trás. Quando se esgota tudo que é comestível, começa o delírio. Acaba comendo uma bota. Os cadarços são espaguetes;

os pregos, ossos de galinha; a sola, um bom filé. Dança com uns pãezinhos e o ruído do seu estômago toca a música. Na tirinha há três tipos de espectadores. Abaixo estão desfrutando a gargalhadas os que pagaram o ingresso mais caro, morrendo de rir enquanto chacoalham no peito das senhoras as joias e se estremecem por conta das gargalhadas o terno dos senhores. Um andar acima estão os que pagaram a entrada mais barata: simplesmente sorriem de forma paternalista. Acima, no poleiro, onde se vê muito mal porque se pagou muito pouco, os espectadores deixam cair uma lágrima porque algo os lembra a cena. A realidade, claro que é a mesma, mas há uma grande diferença dependendo de que direção se olha e de onde se vê.

Quem interpreta propõe uma ordem para enfrentar o caos infinito do real. Quem dita os privilégios ou exige nobreza está se sobrepondo sobre os quais deixa de considerar seus iguais. Os nomes são caminhos nos quais canalizamos a correnteza de tudo aquilo com o que tratamos a nossa vida. Os nomes são canais, mas também são prisões. Como dissemos, no próprio Gênesis – parte do Pentateuco, berço de boa parte da cultura ocidental –, no qual se estabelece desde o começo que há coisas proibidas, concretamente a árvore da sabedoria, aquela que nos deveria ajudar a ser como deuses. O pensamento religioso, quando tem força, sempre acaba permeando a sociedade. Ainda que seja por engano. *"Epistula beati Pauli apostoli ad Ephesios"*. Falar *ad Ephesios*, lembra Javier del Hoyo em *Etimologicon*, é falar para os que não entendemos, nem nos entendem. Tem raízes eclesiásticas isso de estar feito um "adefesio".[1] E "aqui paz e depois glória", e "ah, se outro galo nos cantara", e a "procissão vai dentro", e não saber da "missa a metade", estar como um Sansão, ser um Judas, um Herodes, e chorar como uma Madalena arrependida, estar feito um Cristo, fazer uma presepada[2], infernizar alguém[3], ou fazer algo em um pai-nosso[4], ficar *in albis* (*in albis depositis*, segundo domingo de Páscoa), ter ódios cainitas, fazer diabruras ou ver o céu aberto. Você

---

[1] N.T. Com um aspecto horrível.
[2] N.T. No original em espanhol,*"armarse el Belén"*.
[3] N.T. No original em espanhol,*"hacerle a alguien la Pascua"*.
[4] N.T. No original em espanhol,*"hacer algo en un santiamén"*.

3 - AS PALAVRAS TÊM DONO OU DOS ÍNDIOS QUE BATIZARAM...

conquista, leva a linguagem, você procura que *no les vaya el santo al cielo*[5], faz com que eles usem recorrentemente a sua "mea culpa" e consegue finalmente que os conquistados digam a tudo "amém". Ponto final.[6]

    Definir algo implica, pois, localizá-lo dentro de uma moldura. É como traçar um mapa. Pode ser muito detalhado (o que nos impede de usá-los para ir muito longe devido à grande quantidade de detalhes) ou tosco (as indicações para encontrar uma cabana na floresta sacrificam o restante do entorno fazendo que desapareça o entorno). O ser humano, finito, não pode se mover se carece de mapas para cartografar seu território. De maneira que, quem nomeia faz valer, no final das contas, sua interpretação das coisas. E essa interpretação, portanto, beneficia quem a cria. Nomear é fazer política: obriga o coletivo que escuta esses nomes a interpretar a realidade de uma maneira concreta. Lakoff o resume: "a gente pensa por meio de molduras (...) Se os fatos não encaixam em uma determinada moldura, a moldura se mantém e os fatos ricocheteiam. A neurociência diz que cada um dos nossos conceitos – os conceitos que estruturam o nosso modo de pensar a longo prazo – estão incrustados nas sinapses do nosso cérebro. Os conceitos não são coisas que podem ser mudadas simplesmente porque alguém nos conta um fato. Os fatos nos podem mostrar, mas, para que nós possamos dar a eles sentido, temos que encaixar com o que já está nas sinapses do cérebro. Do contrário, os fatos entram e saem imediatamente. Não os ouvimos, ou não são aceitos como fatos, ou nos confundem. Por que terá dito isso? Então, qualificamos o fato de irracional, de enlouquecido ou de estúpido".

    Em *Romeu e Julieta*, de Shakespeare, a jovem protagonista recorda a Romeu envolvido nas brigas entre os Capuletos e os Montecchios:

> Meu inimigo é apenas o teu nome. Continuarias sendo o que és, se acaso Montecchio tu não fosses. Que é Montecchio? Não será mão, nem pé, nem braço ou rosto, nem parte alguma que pertença ao corpo. Sê outro nome. Que há num simples nome? O que

---

[5] N.T. Que não fuja algo do pensamento.
[6] N.T. No original em espanhol, "*sanseacabó*".

chamamos rosa, sob uma outra designação teria igual perfume. Assim Romeu, se não tivesse o nome de Romeu, conservara a tão preciosa perfeição que dele é sem esse título. Romeu, risca teu nome, e, em troca dele, que não é parte alguma de ti mesmo, fica comigo inteira.

Há nas palavras de Julieta um bom programa de trabalho político: reapropriarmonos da linguagem, declarar a informação e o conhecimento bens públicos, declarar delinquente, perseguir e aprisionar a quem use a informação de maneira mentirosa com o ânimo de enganar ou buscar privilégio para si ou para outros, devolver as disciplinas que trabalham com as palavras aos currículos das escolas. Entender que se não processamos a dor, não nos aprofundamos na qualidade das nossas democracias. E para processar a dor temos que explicá-la a nós mesmos. Fazer dos dicionários instrumentos revolucionários. Para saber que decência tem significa apropriado, digno, honesto (da raiz indo-europeia *dek*, tomar, aceitar, de onde vem *Doxa* e doutrina, docente, e doutor, também dócil, mas ao mesmo tempo paradoxa). Fazer nossas as palavras para que digam o que queiram os povos, e não o que exijam seus falsos donos. Para que digamos democracia e, como nos desejos de um gênio da lâmpada, se faça a democracia.

TAREFA PARA PENSAR A DEMOCRACIA EM CASA III
Analfabetos nas mãos de Batman, James Bond, do Rei Leão e de algum morto-vivo

Na "sociedade do espetáculo" as imagens se converteram no novo fetiche, transformadas em algo sagrado que se separa dos seres humanos e reduz à ficção de um espetáculo qualquer situação. Aparecer na televisão nos dota de uma irreal realidade. Uma discoteca onde irá no final de semana algum famoso – alguém que, como diz Bauman, é famoso porque é muito conhecido e é muito conhecido porque é famoso – consegue uma maior afluência de público ávido de que lhe aconteça algo importante na vida. Como, por exemplo, poder estar perto de um famoso que realizou alguma proeza em uma casa cheia de câmeras. Se aqueles que escrevem livros sempre parecem ter um pé na cova, a televisão dá uma aura mágica imortal.

Tudo o que não é representável em imagens parece não existir. Podemos pensar com imagens, mas o pensamento abstrato precisa de palavras. Por isso, a gente culta é menos manipulável. Quem é dono da linguagem é mais dono do seu destino. Vivemos em sociedades saturadas audiovisualmente. De nada serve ter superado o analfabetismo se continuamos sendo analfabetos audiovisuais.

O poder de penetração da indústria audiovisual é tão poderoso – às vezes sutil, às vezes originário e vulgar – que consegue apresentar seu veneno como remédio.

O resultado se traduz em muitos espectadores desejando que os filmes sejam só isso, filmes, e que se negam a assumir que por trás há intenções políticas e mensagens demolidoras. A luta por despolitizar os produtos audiovisuais – por negar sua participação nos conflitos – parece própria de apóstolos. Com o agravante de que os catequizadores são precisamente os catequizados. Sem humildade não há aprendizado possível. É certo que não há política em qualquer produto cultural? São exageros das pessoas empenhadas em procurar pelo em ovo? O mafioso Berlusconi, finalmente condenado pela sua "propensão a cometer delitos", teve sempre convencida uma parte nada desdenhável da Itália de que seus problemas com a justiça eram produto de juízes comunistas e feministas, que tinham uma absurda aversão à sua pessoa. Seu império midiático era parte essencial nessa tarefa de doutrinação.

Os dois movimentos sociais que ameaçaram ultimamente ao *establishment* nos Estados Unidos foram Ocupa Wall Street (movimento dos indignados norte-americanos) e Wikileaks (a organização que tornou públicos telegramas e informações secretas do governo estadunidense). Não é estranho que dois dos heróis do Ocidente, James Bond (*Skyfall*, dirigida por Sam Mendes) e Batman (em *O Cavaleiro das Trevas Ressurge*, dirigido por Christopher Nolan), tenham caído e renascido recentemente para lutar contra esses inimigos. São somente mais dois filmes de ação com efeitos especiais espetaculares? Ou talvez tropas especiais disparando com armas de destruição em massa? Hollywood tem uma vantagem: o espectador, em geral, vê o que tem na cabeça. E como diz Santos, os *drones* mentais são contados aos milhões. Que uma criança queira sempre o mesmo conto não deixa de ser compensador.

Antes de que desaparecesse a União Soviética, James Bond era um espião com licença para matar. De fato, seu autor literário, Ian Fleming, também foi espião. Agora, James Bond é um assassino com licença para espionar (é o braço executor dessa rede de espionagem telefônica e informática que comoveu o mundo decente depois das

TAREFA PARA PENSAR A DEMOCRACIA EM CASA III

denúncias de Edward Snowden). A derrota da União Soviética deixou o Ocidente sem inimigo. Soube prontamente Samuel Huntington, o qual começou a pensar nos árabes logo após cair o Muro de Berlim. O atentado contra as Torres Gêmeas em 2001 mudou o sentido das coisas e voltou a se fazer necessário um cara durão. Bond já não ri. Em um mundo no qual tudo e todos são mercadorias, Bond se endureceu. Ou você come ou você é comido. Sem questionar, evidentemente, a grande ordem das coisas: o Estado e sua razão, a realidade que não se questiona. Diante da onipotência estatal, qualquer um é uma pequena peça substituível. Bond sabe disso. Ele é o grande coringa implacável da razão do Estado.

Mas o grande público não se importa nem um pouco com os constantes chutes ao Estado de Direito: Bond segue desfrutando de sua cumplicidade. Ontem, adivinhando onde alguém ameaçava a civilização; hoje, eliminando as ameaças. Ontem, com uma série de questionamento das regras, enquanto piscava o olho para as classes médias e setores populares com vontade de aventura. Hoje, quebrando a lei sem pudor algum, enquanto pisca o olho para as classes médias e os setores populares ávidos, por conta de sua precariedade, de algum tipo de vingança. Que alguém pague por tanto defeito. As quatro décadas de neoliberalismo assentaram "o direito do inimigo", no qual a justiça se converteu em um uma máquina kafkiana burocrática e pouco tem a ver com a justiça. *Tarzan em Nova York* não duraria agora uma manhã. São tempos de Rambo, de Exterminador do Futuro, de Mad Max, de velhas glórias da CIA ou Vietnã que venham dar tiros e lançar granadas, dos sobreviventes das catástrofes ou de canibais que comem seus semelhantes. Também de "The Wire" (a conivência entre a economia, as drogas, o Estado e a política) e de *Game of Thrones* (Maquiavel em forma de anão para amantes dos dragões). Tempo de um James Bond que continua tomando Martini agitado, e não mexido, mas que ao invés de uma azeitona joga no coquetel o coração do seu inimigo.

James Bond, com licença para matar e arrematar, nos presenteia justiça *a la carte, prêt-a-porter*, para a nossa complacência e tranquilidade pessoal de saber que estamos entre os justos que partilham a harmonia no mundo (se encarregam sempre, na introdução, de nos deixar claro quem são os maus). Porque se algo querem as classes médias é ter a certeza de continuar sendo classes médias. Daí o prazeroso espetáculo de ver na televisão um programa de famosos seguido de um de marginais, para sonhar com um dia formar parte do primeiro e se alegrar de não ter caído no segundo. Em um mundo caracterizado pela vertiginosidade e pela perda dos marcadores de certeza social, fazem falta indicadores de força que balizem a leitura do mundo e o lugar próprio que se ocupa.

Os roteiristas de James Bond ou do Batman estão conscientes de que as coisas não funcionam no mundo ocidental. Ganham dinheiro demais para que se possa achar que são idiotas. Precisam reconhecê-lo. Porém, necessitam também deixar claro que quem quiser aproveitar as dificuldades para derrubar o sistema pertence ao mundo dos alienados. Aí aparece o desafiante de Bond, Raoul Silva (interpretado por Javier Bardem) quem, como Julian Assange, o fundador do Wikileaks (com quem tem no filme uma grande semelhança), ameaça a civilização ocidental pondo nos holofotes a informação secreta dos telegramas diplomáticos. No último Batman o esquema é similar. Os problemas da cidade – os atuais da crise – geram o levante dos marginais (dos indignados de Ocupa Wall Street), comandados não por um líder ideologizado que tenha lido Marx, Bakunin ou se guie pelo melhor de Maio de 68. Nada de universitários, nem trabalhadores, nem mulheres indignadas que lembrem os motins pelo pão durante a Revolução Francesa. O dirigente é um louco cheio de rancor que nem sequer parece humano. Apesar de todo o mal-estar, quem estaria, senão os dementes, contra o sistema? Reconhecem-se as falhas, mas cair na mão dos inimigos da ordem é cair no pior das desordens: julgamentos populares (caricaturando os julgamentos de Robespierre), execuções extrajudiciais realizadas com orgulho e alvoroço, violência gratuita, ódio enquistado, ressentimentos históricos dos pobres contra os ricos. O mesmo carregador que ajudou amavelmente uma senhora com a mala no hotel no começo do filme, logo quando o povo triunfa, a arrasta para a rua puxando pelos cabelos. Não teria lhe dado gorjeta suficiente?

O povo que reage é criminoso. Ainda que tenha razões. O povo honrado permanece nos seus lares. Tem que ser o Batman, com ajuda da polícia, quem desce nos bueiros em busca do movimento social

TAREFA PARA PENSAR A DEMOCRACIA EM CASA III

(obviamente, transformado em terrorista) para resgatar a cidade. Lembra demais a reclamação dos bons burgueses depois das revoluções de 1848 ou da Comuna de Paris de 1871. O escritor Alphonse Daudet, olhando para os *communards* parisienses, exclamaria: "cabeças piolhentas, colarinhos engordurados, cabelo embatumados, os loucos, os domadores de caracóis, os sabichões do povo, todos os descontentes, os sem-classe, os tristes, os retardados, os incapazes". Em seu *El eclipse de la fraternidad*, Antoni Domènech lembra adjetivos similares de Agustín Foxá descrevendo os votantes da Frente Popular em 1931: "passavam as massas já revoltosas; moçoilas feias, corcundas, com laços vermelhos nos cabelos despenteados, crianças anêmicas e sujas, ciganos, coxos, negros dos cabarés, estudantes com cabelos encaracolados mal alimentados, operários de olhar estúpido, poceiros, professorezinhos amargados e biliosos. Toda uma corja de fracassados, de torpes, os doentes, os feios; o mundo inferior e terrível, movido por aquelas bandeiras sinistras". Não tinham o Batman. Recorreram a Franco.

O inimigo, agora, está dentro. "É – disse a responsável do serviço secreto britânico – um dos nossos". Fim da guerra fria e recuperação do conflito do século XIX quando os trabalhadores começaram a se organizar dentro de cada país. Os bárbaros estão do lado de dentro. A pátria não pode ser a ralé. A pátria são os que têm renda. Porque a ralé, além disso, encontra elementos em comum com a ralé de outros lugares. É o perigo do internacionalismo. A política é para os escolhidos. A gente "decente" não se mete na política.

A lógica contra os inimigos do sistema global. Na Espanha, já o havia dito o presidente Felipe González por conta dos GAL e o terrorismo de Estado: "o Estado de Direito se defende também nos bueiros". James Bond sempre indicou que o perigo espreitava o império. É para o cinema o que Samuel Huntington é para a ciência política. Esse politólogo, amigo de Kissinger, discípulo de Brzezinski e professor de Fukuyama, indicou desde os anos sessenta o inimigo dos Estados Unidos: os vietnamitas, a participação popular, os comunistas cubanos, asiáticos ou soviéticos, os árabes, e, finalmente, os latinos. Não deixa de chamar a atenção que esse último inimigo de Bond seja latino, Raoul Silva, ainda que seu nome verdadeiro é Tiago Rodríguez. Em seu último livro,

Quem somos nós?, Huntington indicou os latinos nos Estados Unidos, herdeiros do Iluminismo (e não do *Mayflower,* insiste, em que chegaram os peregrinos em Massachusetts), como o futuro grande perigo da civilização norte-americana. James Bond, atento às necessidades do país, vai se enfrentar com um latino naturalizado. Outra vez o inimigo está dentro. Deve-se ir aos bueiros, diz M.

    Em 1993 se gravava *O Rei Leão*. Preparava-se a Guerra do Golfo. Curiosamente, a semelhança do leão "mau" com Khomeini era muito grande. Quando Scar (em árabe significa soldado) faz a dança triunfal, a meia lua ameaçante no céu da noite coroava sua cabeça. Coincidência? Em Aladdin, da Disney, que estreou em 1992, todos os árabes são mentirosos, negociantes, sem escrúpulos, sujos, quando não brutais (os guardas) ou com tendências homossexuais (Jafar). Aladdin, pelo contrário, se apresenta mais como um judeu que com um árabe (leva sempre a típica *Kipá* na cabeça), do mesmo modo que Jasmine, vestida com as cores de Israel). Em filmes que custam milhões de dólares não há nenhuma coincidência.

    O Rei Leão é um filme para uma sociedade aristocrática (como a série *Star Wars,* onde somente podem ser cavaleiros Jedi os que tenham sangue azul). Depois que um raio de luz proveniente do céu ungir o novo príncipe, todos os animais vão prestar homenagem ao filhote do Rei Leão que, como seu pai, será rei. Questões de nascimento. Todos os animais juntos, mas sem se misturar, a se oferecer a quem quando tem fome os come. Só discrepa Scar, um cara mau, rancoroso, invejoso. Se os amigos do Rei Leão são idiotas – a boa gente parece que tem de ser imbecil –, os amigos de um leão dissidente e rebelde só podem ser hienas (cuja voz, por certo, é interpretada por afrodescendentes na fita norte-americana, e por mexicanos incultos na sul-americana). Obviamente, o nascido para reinar triunfa. Desobedecer ao poder natural sempre é algo negativo que se paga com a morte. Os filmes deveriam vir com uma bula com as contraindicações e efeitos colaterais.

    Entretenimento ou cinema político? Quando os primeiros professores populares decidiram ir às comunidades a ensinar a ler os humildes, os acusaram de disseminar o ódio. "A ignorância é a força", reza um dos repetidos lemas de *1984*. "Você sabe? Sei que esse filé não existe – diz o traidor Cypher antes de vender aos seus companheiros entregando os códigos de Zion a Mr. Smith –. Sei que quando coloco isso na minha boca é Matrix quem está dizendo ao meu cérebro: é bom e delicioso. Depois de nove anos, você sabe do que me dou conta? A ignorância é a felicidade". Escolham!

E para terminar, igualmente podem estar se perguntando: e o morto-vivo? Simples: liguem a televisão. Já o viram?

4

O QUE É A POLÍTICA?
O QUE É A DEMOCRACIA?

O pior analfabeto é o analfabeto político. Ele não ouve, não fala, nem participa dos acontecimentos políticos. Ele não sabe que o custo de vida, o preço do feijão, do peixe, da farinha, das roupas, do sapato e do remédio dependem das decisões políticas. O analfabeto político é tão burro que se orgulha e estufa o peito dizendo que odeia a política. Não sabe o imbecil que da sua ignorância política nasce a prostituta, o menor abandonado e o pior de todos os bandidos, que é o político corrupto, pilantra e lacaio das empresas nacionais e multinacionais

BERTOLT BRECHT

FALAR DE POLÍTICA TAMBÉM NÃO É TÃO SIMPLES ASSIM

A política, no decorrer da história, foi relacionada com o melhor e o pior do ser humano. Com muita frequência, se resume a política aos políticos. Faz certo sentido, pois o político/líder é o membro do grupo que se destaca do mesmo para que o grupo se reconheça nele. As aves migratórias são sempre dirigidas por uma delas, ainda que nem sempre a mesma. O político, por definição, realiza mandatos que devem ser obedecidos. Em troca, garante a ordem social. Por isso se repete essa relação dialética de reverência e desconfiança. Não deixa de ser curioso que, antes da Revolução Francesa, o político era o mandatário e o povo o mandante. Agora é o povo que é o mandatário e o representante é quem dá as ordens. Não é estranho que a burguesia tivesse tanto interesse em demonizar tudo o que viesse da Idade Média. Para que as pessoas não percebessem que existia mais democracia em alguns lugares antes das revoluções burguesas trazerem o sufrágio.

Aos estudantes de ciência política conta-se uma piada quando iniciam os seus estudos: "estavam todos os deuses reunidos discutindo entre eles qual era o mais importante. Falava o deus da física e disse: "é evidente que eu sou o mais importante, pois do caos originário extraí as leis da física do mundo e isso permitiu organizar o planeta". Foi interrompido pelo deus da química que disse: "eu sou muito mais importante, pois do caos originário tirei as leis da química e com elas se construiu a vida". Insatisfeito, o deus da biologia bradou: "eu sou o mais importante, pois do caos originário extraí as sequências de DNA que permitiram a existência do mundo". Com certa tranquilidade, falou o deus da política: "claro, claro, claro, mas me desculpem, quem inventou o caos?" Gozar dos políticos é um sinal de saúde democrática. O político que se leva a si mesmo muito a sério está sempre a um passo do autoritarismo. Rir dos altos personagens do Estado é um delito em muitos países. Ainda mais se são reinos.

Para falar de anatomia, é necessário estudar os mais de duzentos ossos que têm os humanos. Em contrapartida, para falar de política, se pressupõe que qualquer um tem o mesmo direito e a mesma capacidade. Ainda que todos e todas acreditamos poder falar de política, isso só é certo em um nível superficial. Claro que todos podemos opinar sobre o andamento das coisas coletivas, criticar o governo ou a oposição ou fazer um comentário sobre a situação do mundo. Mas, para saber de política, é necessário fazer um pouco mais de esforço. Saber de política requer, pelo menos, o tempo que se dedicam os aficionados que estão a par das rodadas do campeonato de futebol, que leem um jornal esportivo

4 - O QUE É A POLÍTICA? O QUE É A DEMOCRACIA?

diário e escutam os respectivos programas de rádio. E, evidentemente, que acompanhe os jogos, além de construir comunidades que debatem sobre a qualidade dos jogadores, debatem a honra dos presidentes, discutem a respeito do acerto dos treinadores ou julgam a má intenção de outros clubes ou atletas que não os do seu time. Sem esquecer de um olhar escrutinador sobre o próprio time.

Para olhar em suas entranhas, os estudiosos da política, como em qualquer outra ciência, levam muito tempo construindo conceitos, discutindo-os, pondo-os ao serviço da transformação ou da manutenção da ordem. Mundo estranho esse da política, capaz de tirar o melhor e o pior dos seres humanos. A política tem muitos ângulos. Há aqueles que se empenham em nos entediar para que não nos preocupemos com essas coisas. Outros preferem que sejamos ignorantes para precisar da orientação "dos que sabem". A política é uma ciência – ou pelo menos tem essa pretensão, já dissemos que excessiva –, que exige estudo. Também se trata de um assunto coletivo que exige diálogo. E, além disso, é uma atividade que afeta a cada um de nós, de modo que requer comprometimento. Quem imaginaria que para falar de política também convém pegar papel e lápis, ler devagar e tirar depois, somente depois, as suas próprias conclusões?

A social-democracia, que liderou no mundo ocidental o olhar sobre a política desde o final da Segunda Guerra Mundial até os anos setenta, quando viu que as receitas que haviam servido deixavam cru os pratos, preferiu buscar culpados em outro lugar e começou a falar de pós-democracia. Mas a questão da pós-democracia é, na verdade, a pergunta pela política. Se perguntássemos à ciência econômica o que teríamos de tirar de uma sociedade para que desaparecesse a economia, a resposta, quase evidente, seria: a escassez. Em uma sociedade onde tudo fosse abundante não seria necessária nem a reflexão sobre economia, nem a gestão econômica do social (de fato, há cem anos não existia uma economia da água ou do ar porque não se viam como bens escassos). A essência do econômico é, pois, a escassez. Certo que desta evidência podem se tirar conclusões terríveis. De fato, há construtores de escassez que buscam somente seu próprio benefício. Mas não é mal-entendendo os problemas que melhor se encontram soluções.

Sigamos na mesma direção: do que seria necessário prescindir em uma sociedade para que desaparecesse a política? A resposta seria no mesmo sentido: tira-se o conflito de uma sociedade e desaparece a política. Em uma sociedade onde não existissem atritos, onde cada indivíduo se conectasse com as intenções, análises e comportamento dos demais, onde também não existissem erros, azares nem mal-entendidos, não seria necessário nem a política, nem a reflexão sobre o político. Uma máquina perfeitamente engraxada e predeterminada. Um mundo de anjos.

Em ambos os casos, uma má leitura nos levaria a entender que o objetivo da economia é gerar escassez, da mesma forma que o objetivo da política é gerar conflito, como mal entendem aqueles que confundem a condição nazista de Carl Schmidt com o realismo das suas análises. Frequentemente, os malandros possuem uma capacidade especial, por sua aversão e antipatia, para interpretar as coisas tal como ocorrem na realidade. Em ambos os casos, esses subsistemas sociais tratam de solucionar, e não perpetuar esses problemas ligados à vida do ser humano em grupo. Como será a economia de um grupo ou como se desenvolverá a política, dependerá das relações concretas dos membros de cada coletivo, sendo o único elemento objetivo o entender que a vida comunitária do animal social, que é o ser humano, tem como meta, como insistimos, "trapacear" a morte (no aspecto material e no simbólico). Economia para solucionar os problemas de escassez. Política para solucionar os problemas do conflito.

Entender que o que define a política é o conflito potencial (e os desvios da obediência) não é apostar pela desordem constante: é entender que nos grupos humanos, enquanto haja desigualdades, a tensão política será sempre a protagonista. Quando a economia vence a escassez, ela triunfou (não quando a esconde, a silencia ou chama de outro nome, mas quando a supera). Igualmente, quando a política vence o conflito é quando triunfou, quer dizer, quando soluciona as razões que geraram o conflito, não quando elimina os críticos, camufla o conflito ou o desvia. Definir a política adequadamente ajuda a extrair suas potencialidades. Quando perguntaram a Miguel de Unamuno se acreditava na existência de Deus, ele respondeu: "diga-me o que entende por 'acreditar', por 'existir' e por 'Deus', e então eu respondo". Precisamos compartilhar

4 - O QUE É A POLÍTICA? O QUE É A DEMOCRACIA?

uma definição de política. Caso contrário, não corremos o risco de ler a mesma palavra e dotá-la cada um com conteúdo diferente?

Politizar algo é criar consciência do conflito inevitável entre os interesses dos indivíduos e dos grupos e do resto do coletivo. O ser humano se move pelo desejo, impelido por sua vez pela imitação, mas esse desejo – qualquer que seja – só pode ser cumprido na vida em sociedade. Daí que o conflito afeta a cada canto da vida social: a propriedade da terra ou das fábricas, o âmbito doméstico, o respeito ao meio ambiente, a existência do dinheiro, a igualdade entre os sexos, o espaço público, a relação com outros países, a forma da transcendência ou a maneira de resolver os problemas dentro coletivo. Esse conflito não tem solução radical em favor de um ou outro extremo, mas, sim, estamos construindo, devagar, alguns consensos dos quais a maioria participa.

Se todos radicalizássemos nossa condição de indivíduos, estaríamos diante da mínima política (não haveria metas comuns). Não existiria a pólis, nem tampouco existiria a sociedade. Era a tese da primeira-ministra britânica Margaret Thatcher: "a sociedade não existe. Só existem os indivíduos e as famílias". Mas essa possibilidade seria na verdade um retorno à selva, onde os humanos, como animais, nos veríamos impelidos a desordem da guerra civil de todos contra todos ou a novas formas autoritárias A negação do conflito entre os seres humanos (não querer reconhecer sua existência) nos levaria, como efeito perverso, ao máximo conflito.

A existência comum própria dos seres humanos com ausência de vínculo sociais é uma forma de guerra que não desaparece ainda que seja camuflada. São as guerras civis permanentes em países com guerrilhas, mas também essas zonas "marrons", onde o Estado não existe e funcionam outras regras, paisagem cotidiana das grandes metrópoles, e de dois pesos e duas medidas com os quais se mede a vida no centro e na periferia (como disse Boaventura Santos, é o mesmo Estado e a mesma polícia que matam nas zonas selvagens e ajudam a idosa ou os seus filhos a atravessarem a rua na zona civilizada). Nesses "não lugares" funcionam outras regras, onde os escombros do Estado compartilham *auctoritas* e *potestas* com máfias, cartéis da droga, paramilitares, quadrilhas, empresários sem escrúpulos, facções, gangues e também de predadores solitários.

As "zonas marrons" são a expressão do desenraizamento social construído pelo sistema capitalista, exacerbado pela utopia do capital que conhecemos como "globalização neoliberal". Quando essas zonas marrons pretendem colorir com algo de luz as suas sombras – afastando-se da divisão internacional do trabalho de onde se inserem –, facilmente cairão sob o conceito de "Estados inviáveis", "Estados falidos" ou "Estados pilantras". O desenraizamento social que resulta da diferente inserção de grupos ou países na globalização neoliberal não é problemático, somente quando se converte em uma resposta política que ameaça a ordem existente. O caso da América Latina do começo do século XXI é emblemático a esse respeito. Ou as tentativas na Europa de ir além da proposta da Troika, que lança sobre a maioria a solução da crise (caso de Syriza na Grécia).

Ao contrário, se radicalizássemos o pertencimento à coletividade, se nos dissolvêssemos voluntariamente no conjunto para ser massa, estaríamos diante a máxima política, a pólis homogênea e igualitária. Visto desde outro ângulo, estaríamos diante do mesmo conflito, eliminado por esse poder público total assumido por todos; é o caso do comunitarismo e de uma situação em que cada indivíduo realmente assumisse deixar de ser para se fundir no conjunto. Seria uma sociedade somente possível, com Aristóteles, no caso de deuses, seres autoconscientes das suas obrigações mais elevadas como seres humanos. Mas com o problema é que o ser humano não é um deus. Só um homem novo, muito próximo das divindades, poderia abolir a política. Mas o homem novo não é senão o homem velho em novas circunstâncias.

Nesse caso, a permanente conexão dos seres humanos entre eles, obrigada pela referência a esse Grande Irmão coletivo, que vigia constantemente e te faz ao mesmo tempo ser vigia dos demais, anularia o indivíduo, o sumiria na massa e deixaria de funcionar uma conexão querida e voluntária com o conjunto. É mais teórico do que prático. Rousseau, uma das referências a respeito da ideia de democracia, nos lembra no *O contrato social* que "se houvesse um povo de deuses, sua forma de governo seria democrática", para afirmar na continuação que um governo assim, "tão perfeito, não convém aos homens". O republicanismo, como uma corrente da teoria política, busca conciliar ambos os aspectos, pondo a

4 - O QUE É A POLÍTICA? O QUE É A DEMOCRACIA?

ênfase na formação de cidadãos virtuosos que conheçam suas obrigações coletivas e sejam cuidadosos no seu desenvolvimento pessoal. Difícil. As repúblicas também caem com frequência para o lado do autoritarismo.

Se politizar é trazer o conflito ao primeiro plano, despolitizar, insistamos, é negar o conflito. É o que ocorre com as chamadas para um consenso absoluto, com os acordos parlamentares entre os dois grandes partidos, e é o que há de trás desse lugar cômodo identificado como centro político; um lugar amável onde se refugiar no meio da confusão da mudança de paradigma na qual nos movemos. Sempre que se despolitiza se perde de vista um conflito que, embora tenha sido negado, deixará de seguir espreitando e não deixará de causar danos. É positivo para a emancipação que algumas questões tenham ficado de fora da discussão social, por exemplo, o trabalho infantil ou a pederastia, a escravidão ou a inquisição, os maus tratos ou a visão da mulher como objeto. Mas ainda que uma maioria das pessoas entenda que não são legítimos o trabalho infantil, a pederastia, a escravidão, a inquisição, a violência doméstica e a exclusão das mulheres, ainda não é suficiente para que deixem de existir esses comportamentos em muitos lugares, e, inclusive, que se permita que possam retornar de maneira atualizada e despojada da anterior sanção moral (a crise leva a não poucos economistas a defender reformas trabalhistas de semiescravidão ou ver como a feminização da pobreza é um fato). Bem lembrou Bourdieu que uma coisa é a razão acadêmica – e da mesma forma, a legal – e outra a razão prática.

A essência da política é a probabilidade da obediência, é assumir que sempre há conflito, pois sempre há movimento na sociedade. Nunca se pode dar por terminada a política. Como correlato, nunca poderia se dar por terminada a democracia, nem o socialismo. O conflito é o que põe em movimento as sociedades. O conflito é um equilíbrio instável de seres humanos que vivem no tempo, ou seja, envelhecem, que perdem constantemente energia em direção à morte. Existirá conflito enquanto haja seres humanos que pensem que merecem algo e não tem. O conflito veio para ficar, com sua ameaça e sua promessa redentora. As duas caras repetidas do Jano da política.

A devastação do meio ambiente quebrou com a ingênua pretensão de que existe uma flecha do tempo onde sempre progredimos. E basta ver a perda da cidadania que afeta a Europa para entender que os direitos são reversíveis. Despolitizar implica voltar a correr o risco de repetir comportamentos sociais superados. As lutas de ontem são os direitos de hoje. A falta de ação coletiva de hoje é o retrocesso de amanhã. Em nenhum lado está garantido o progresso. Por isso, no coração da pólis sempre tem que estar a *paideia,* a educação em valores sociais, a atualização constante de para onde queremos ir, a desalienação só é possível mediante a recuperação consciente da unidade integral de todos os aspectos que constroem o social (o econômico junto com o político, o normativo e o cultural). Relaxar-se é permitir a entrada dos velhos demônios. Não existe a sociedade "perfeita", onde cem por cento dos seus integrantes compartilham as metas coletivas a serem cumpridas obrigatoriamente; seria uma sociedade de gentes embrutecidas (animais obedientes) ou de deuses onipotentes (virtuosos autodisciplinados). Ambas são construções intelectuais do ser humano que, como os unicórnios, só existem em nossas mentes. Se desaparecesse a tensão, desapareceria o objetivo da emancipação. As soluções às tensões sociais ficam expressas nos valores que se ensinam nas escolas e nos meios de comunicação, nas instituições e nas leis, na deliberação dos bairros e nos fóruns sociais. Não há democracia sem um diálogo permanente. A perda de objetividade dos meios de comunicação, a quem entregamos a construção da opinião pública – e a converteram em uma mercadoria – é a negação da democracia.

Em 1944, Karl Polanyi o viu com grande lucidez, quando, em *A grande transformação,* expressou que o ser humano, despojado do seu contrato coletivo, torna-se carne de canhão: "despojados da capa protetora das instituições culturais, os seres humanos pereceriam sob os efeitos da exposição social, morreriam vítimas do deslocamento social agudo através do vício, a perversão, o crime e a fome. A natureza se veria reduzidas aos seus elementos. As vizinhanças e as paisagens naturais sujas, os rios contaminados, a segurança militar posta em perigo, a capacidade para produzir alimentos e matérias-primas destruída (...). Mas nenhuma sociedade pode suportar os efeitos de um sistema de grosseiras invenções como esse, nem sequer durante o lapso mais breve imaginável, a menos que sua substância natural e humana, assim como sua organização comercial, estejam protegidos contra os estragos deste "moinho satânico". Uma economia de mercado acaba construindo uma sociedade de mercado.

4 - O QUE É A POLÍTICA? O QUE É A DEMOCRACIA?

AS VANTAGENS DE ESTAR POLITIZADO

"Os políticos sabem tanto de política quanto os pássaros sabem de ornitologia", dizia um cartaz na Porta do Sol durante o 15-M. O povo na rua indignado reclamava o controle da política. E, para isso, construía um conflito e o acompanhava de um relato.

Por trás de qualquer "fim da história" está a pretensão dos vencedores do jogo de não disputar nenhum outro jogo. E quando uma das partes suspende o jogo desaparece a decisão coletiva, ainda que os derrotados assumam que tudo se acabou. Até que voltem a exigir isso. Até que recuperem a política. Assim que algo deixa de estar politizado, ou seja, no momento que fica fora do conflito ao se considerar *patrimônio comum* e *compartilhado*, deixa-se aberta a porta para que os que não acreditam nessa regra, ou preferam beneficiar-se desse relaxamento, a incumpram (é assim como se esvaziou o conteúdo da democracia). No entanto, se a sociedade está politizada, sempre está "acordada", em vigília para evitar esses comportamentos. Uma maior politização implica, portanto, uma maior possibilidade de avançar na emancipação. Ao contrário, despolitizar é abrir a porta para o retrocesso social. Despolitizar é particularizar, deixar de pensar as implicações coletivas de um assunto.

Seja como for, é bastante provável que as sociedades oscilem pendularmente entre ambos extremos – a máxima politização e a total entrega aos assuntos particulares – quando abandonados a seu próprio funcionamento, a única possibilidade de evitar que as sociedades se retirem para a vida privada é manter a politização social, manter viva a tensão. Fazer da corresponsabilidade uma obrigação. Ignorar não é um direito. Precisamente, é totalmente o contrário o que a sociedade do entretenimento oferece e o *vaudeville* próprio da nossa sociedade do espetáculo.

Por trás está, permita-nos insistir, a tensão dialética entre o indivíduo e o coletivo, que não pode solucionar-se em nenhuma direção sem forçar a condição humana (individualizar ao máximo dissolve os vínculos sociais; coletivizar em nome do cidadão total rouba a liberdade individual). A tarefa de transformação social passa por entender essa tensão e usá-la para aumentar a liberdade e a justiça. Politizar sem cair no *total*-itarismo; respeitar a condição individual sem alimentar a insolidariedade e o egoísmo.

Somos indivíduos, mas só sobrevivemos em grupo. Podemos definir a política como aquele âmbito do social vinculado à definição e à articulação de metas coletivas de cumprimento obrigatório. É político o que afeta o coletivo de maneira imperativa. É consenso e dissenso. Política é pólis e *polemos:* objetivos comuns e coação. Aquilo ao que nos obrigam e estamos de acordo e aquilo ao que nos obrigam, mas não estamos de acordo. A essência da política, o movimento, seu motor dialético, é o conflito que nasce de vontades confrontadas. Sem conflito e poder, não podemos falar de política. Algo é político porque implica, como dizíamos, a probabilidade da obediência – reúnem-se pessoas que acabam compartilhando modos de ler o mundo –, e essa probabilidade aumenta quando temos a certeza do uso da força para consegui-la em última instância. A única maneira de que um semáforo não roube sua liberdade é que você esteja a favor de que existam semáforos.

Não é um problema desfrutar do tempo livre, mas o alimento, então, tem que ser procurado por outros. Está igualmente muito certo desfrutar do tempo livre, mas orientação social então terá que ser procurada pelos demais. Uma solução ruim é obrigar a fazer política, igual a que obriga a pagar impostos ou, por exemplo, a que torna o voto obrigatório. Mas converter em lei o que deveria ser compromisso e decência não é uma boa solução. Não há democracia sem democratas. E a democracia não se decreta.

A POLÍTICA, SUA CIÊNCIA E O ENTERRO DA DEMOCRACIA

Escreveu Goethe: "prefiro a injustiça à desordem". O conservadorismo sempre aposta pela ordem. O progressismo pela justiça. A academia, como instituição, sempre é parte da ordem. A ciência política hegemônica foi construindo o atual modelo, caracterizado pelo controle político de todo o sistema pelos partidos, a ausência de separação real entre os poderes, o afastamento da cidadania das grandes decisões, a submissão do Estado Social aos lucros empresariais, e a perda da aposta por construir sociedades mais igualitárias. Um esvaziamento do conteúdo da democracia, que só é possível na medida em que se assume socialmente a impossibilidade

4 - O QUE É A POLÍTICA? O QUE É A DEMOCRACIA?

de dotar de conteúdo a democracia quando não existe homogeneidade social. Em outras palavras, havendo diferentes formas de entender a democracia – como um mero procedimento de tomada de decisões, como uma forma de gerar igualdade social, como uma tomada de corresponsabilidade, como um acordo entre as elites –, se optou pela definição mínima. Aquela que faz com que a democracia deixe de ser um campo de luta. Aquela que assume que o objetivo da democracia já não é reduzir as desigualdades.

Já durante a Revolução Francesa havia se assentado os elementos mínimos do que ia ser a nova democracia quando, desde as posições conservadoras, se quis outorgar ao povo uma cidadania restringida. O que o abade Sieyès (1748-1836) chamou "cidadania passiva", diante da qual se colocou Robespierre, exigindo, como voz solitária de um princípio, o sufrágio universal. Para Sieyès, como para toda a burguesia doutrinária, só o representante sabia do corpo social, assim como só o médico sabe sobre o corpo doente. Era necessário, pois, que o representante se encarregasse dos assuntos coletivos. Por isso as constituições liberais – inclusive a espanhola de 1978 – proíbem o mandato imperativo: os representantes precisam das mãos livres e os votantes não devem ditar-lhes essas decisões. Os cidadãos têm direitos só até determinado ponto. Os acertos de contas só são possíveis após quatro anos.

Foi muito relevante nessa viagem reacionária a contribuição de Benjamin Constant (1767-1830) – o qual já desde jovem se dedicava a dar surras aos que desobedeciam ao regime reacionário pós-napoleônico – ao inventar que havia uma liberdade dos antigos, que teria lugar exclusivamente na praça pública, enquanto que a liberdade dos modernos tinha lugar, igualmente de maneira exclusiva, no gozo dos assuntos particulares. Dessa maneira, para ser livres hoje necessitaríamos de representantes, esses seres que são felizes gerindo os assuntos da porta de nossa casa para fora. Nós não suportamos o tédio – quando não a condição nauseabunda – da política. Que se dediquem, portanto, outros dessas tarefas. Um "sentido comum" que nos idiotiza no mais estrito sentido da palavra.

Esta falaz interpretação converte aos gregos da pólis em uns seres meio loucos que falavam de política o dia todo e que careciam de vida particular. Da mesma maneira, ainda que mais sútil, convertia os modernos em *idiotés,* é dizer, alheios aos assuntos públicos, interessados exclusivamente em seus negócios, seus videogames e televisores e seu ócio. O problema não é que esse fosse o modelo que se queria construir – cidadãos alheios à gestão da política –, senão que a explicação consolida essa alienação da nossa condição política.

Já no século XX, o primeiro acontecimento com uma grande capacidade de penetração é encontrado nas reflexões de Huntington nos anos sessenta, consolidadas no seu relatório *A crise da democracia,* no qual se concentrou o programa máximo do neoliberalismo, que pode ser resumido em uma ideia: o nível de participação sempre tem que estar abaixo do nível de institucionalização. Dessa maneira, nem nas transições, nem muito menos nas reivindicações dos movimentos sociais perante o Estado, a presença popular nos processos políticos deve ter a força de romper os marcos institucionais existentes. A influência da economia monetarista se transladou à ciência política. O importante não são as condições sociais que produzem a economia ou a política, senão manter situações estáveis e controladas que sejam funcionais para a lógica do capital ou do *status quo* político. Para ganhar um reino – diria Maquiavel – é necessária mais amabilidade do que para mantê-lo.

O economista Anthony Downs enfatizou antecipadamente as vantagens da apatia política e a compreensão das eleições como um mercado onde se trocam mercadorias (votos e políticas públicas). Essa conversão do cidadão em cliente gera uma grande desconexão da compreensão da política como conflito. Se os estudantes de economia abandonam progressivamente o estudo da economia política, a reflexão politológica se converte igualmente em um bem-intencionado desenvolvimento no qual cada autor provêm das ideias de outro anterior e não dos conflitos da sua época, e a democracia se converte em um espelho amável da livre troca de mercadorias com o que se define o sistema capitalista. A concepção mais ampla e comprometida de "cidadania" foi construindo-se como "ideológica".

Robert Dahl ajudou também a apresentar a democracia representativa desde uma perspectiva chamada "pluralista". A política, do mesmo modo

4 - O QUE É A POLÍTICA? O QUE É A DEMOCRACIA?

que o governo, seria uma representação "plural" que refletiria a mesma composição variada da sociedade. A disputa entre as elites políticas é, nessa interpretação, uma forma pacífica de cadenciar os diferentes interesses de uma sociedade que mantém diferenças que podem solucionar-se nos níveis de governo (evidentemente, a propriedade privada dos meios de produção não se incorpora nessa discussão).

O holandês Arendt Lijphart centrou a discussão em torno da democracia, tendo em conta os desenhos eleitorais, isto é, as formas de traduzir a vontade popular em assentos parlamentares, despojando o debate de considerações abstratas como a homogeneidade social, a participação nos assuntos coletivos ou interesse geral.

Sem dúvida, uma das mais relevantes contribuições para o assentamento da democracia representativa foi realizada pelo jurista Norberto Bobbio, especialmente no contexto da discussão com a esquerda marxista italiana. Para Bobbio, existia um problema de escalas. Enquanto a democracia original grega tinha lugar em cidades com um número "operável" de cidadãos – que cabiam na Ágora –, o crescimento de nossos países e cidades tornava necessária a democracia representativa. Na verdade, contribuíam desde a academia para a expulsão do debate a respeito da qualidade da democracia.

Onde fica a democracia é uma pergunta incômoda: os movimentos sociais são ruins para a institucionalidade, a apatia é uma vantagem, os desenhos eleitorais são mais relevantes que a construção de sentidos, o pluralismo significa que as elites discutem entre si, somos tantos que há que se resignar a que outros tomem as decisões por nós... O fechamento desse modelo é simples: se declara a impossibilidade de falar em "democracia" porque não é possível chegar a um acordo sobre seu conteúdo; se reduz a democracia a um procedimento; se entrega o procedimento a algumas elites; as elites vão reformulando os procedimentos com o fim de que se convertam em meras regras para construir maiorias políticas; os procedimentos vão adquirindo uma linguagem própria até que a gestão política se torna incompreensível para cidadão comum. A cidadania se convence de que democracia coincide precisamente com esses procedimentos que não entende e que trouxeram algumas elites políticas satisfeitas com o desenvolvimento do sistema político. No fim, a democracia já se pode dar nome: é precisamente aquilo que fazem os partidos.

Temos democracia, mas não tem densidade alguma. As eleições que conhecemos marcam o limite do que podemos escolher, e o lema mais uma vez repetido não pode ser senão: "vota e não se meta na política". E a política deixa de ser conflito para se entender como um âmbito técnico onde os *experts* encontrarão soluções.

O BAÚ EMPOEIRADO DAS IDEOLOGIAS

Quando voltei da Alemanha dei aulas de história contemporânea em uma elitista universidade particular do norte de Madri. Aos estudantes parecia exótico que eu não usasse gravata e à direção parecia exótico porque era doutor em Ciências Políticas. Para completar o salário miserável dava aulas em outras duas universidades (em uma explicava Teoria do Estado e em outra Teoria da Representação). Para chegar de um campus a outro (de Vicálvaro a Boadilla passando por Somosaguas) era um inferno, e apenas podia fazê-lo com uma motoneta muito modesta. Em um dos primeiros dias, um estudante da universidade abastado me disse em um semáforo enquanto colocava a cabeça pela janela: "profe, uma só roda do meu carro custa mais do que a sua moto". Fiquei pensando: "quero ver como vou explicar a esses o que é a democracia...".

Não é nada simples localizar-nos ideologicamente. Durante a Transição espanhola, em uma anedota, um franquista, cara do antigo regime, perguntava para o outro: "e você quais ideias políticas terá no passado?" As ideologias são grandes mapas para navegar em águas confusas. Mas parece que os continentes se moveram, que algumas ilhas afundaram baixo as águas, que outras emergiram.

Há perguntas muito difíceis de responder: como é possível que uma freira do Vaticano, que faz da moral seu exercício da vida, possa votar em um personagem como Silvio Berlusconi, apontado pela sua incapacidade de manter grandes distâncias pessoais com cafetões, mafiosos, traficantes e extorsionários? Quais são as razões que fazem um

4 - O QUE É A POLÍTICA? O QUE É A DEMOCRACIA?

camponês humilde do Valle del Cauca, na Colômbia, votar contente em um presidente vinculado aos paramilitares e com o narcotráfico, dando seu apoio a um modelo de sociedade no qual, necessariamente, esse camponês e os seus deverão seguir sofrendo as desigualdades e muito provavelmente serão deslocados? Como se explica que na atual crise do capitalismo, a mais grave desde o *crash* de 1929, ao invés de crescerem as expectativas revolucionárias se verifique o aumento nos parlamentos de posições fascistas? Por que o que os eleitores e militantes da direita são mais amáveis e compreensíveis com a corrupção e as mentiras de seus dirigentes e governantes do que a esquerda? Como é possível que a metade da população de um país, afundada na pobreza, se faça invisível para o resto? Como é possível que, sendo a nação algo superior a qualquer outra questão, os que fazem da pátria seu principal discurso odeiem a todos os conacionais que não pensam como eles, pondo o nacionalismo – a ideia – por cima da nação – o substantivo-? Por que as coisas que são preferidas para a vida individual, tais como amizade, amor, confiança, respeito, empatia, solidariedade ou a reciprocidade são rejeitadas como válidas para ordenar a vida coletiva? Poderíamos ensaiar uma manobra de distração e recorrer de novo a Groucho Marx: "a política é a arte de buscar problemas, encontrá-los, fazer um diagnóstico falso, e aplicar, em seguida, os remédios errados".

Quando cair na escala social é algo provável, se distanciar dos fracassados é uma opção. Outra é se organizar. Odiar é sempre mais simples. Vimos que, sendo nossa única certeza a morte, desse destino há duas grandes respostas. Uma, guiada pelo medo. A outra, pela confiança no futuro. O medo é imediato e absolutiza o presente, põe em alerta os mecanismos de sobrevivência e ativa as defesas. A esperança, ao contrário, tem como objetivo o futuro. É uma construção intelectual – não um estímulo –, um processo que precisa de alguma forma de diálogo. E sem algum tipo de reconhecimento do outro, não há diálogo. A direita sempre apelou ao medo. A esquerda, à esperança.

Parece que todas as ideologias caíram em um velho baú empoeirado. As tentativas de continuar diferenciando entre direita e esquerda são viagens que precisam de pouca bagagem. Principalmente porque os partidos socialdemocratas, que se diziam de esquerda, assumiram políticas próprias da direita. Também porque a direita começou a dizer que são liberais e porque os comunistas começaram a dizer que eles eram os verdadeiros socialistas. Foi então quando os do centro começaram a dizer que eram de centro-esquerda ou de centro-direita, o que levou a que outros dissessem que eram de centro-centro e assim uma espiral sem fim. Só os anarquistas parecem continuar no seu lugar. Não é estranho que toda a novidade na política – à direita e à esquerda – tenha características libertárias.

Em uma das tentativas mais frutíferas de clarificar esse *continuum*, o velho filósofo político italiano Norberto Bobbio disse que a esquerda continuava apontando mais para a igualdade de classe, gênero e raça, enquanto que a direita parecia mais inclinada para a liberdade, principalmente a liberdade negativa (na qual o Estado não interfira, regula o mínimo, deixe a cada qual tomar suas decisões). Sabemos que, em nome do liberalismo, os defensores da liberdade negativa apostam que todo mundo tenha o direito de dormir debaixo de uma ponte, se assim desejar, ou então a ter três Jaguar na sua garagem. Este argumento teria algo mais de força se não fossem sempre os mesmos que tem os Jaguar na garagem e sempre os mesmos que tem de sofrer toda sorte de calamidades.

Esquerda, direita e centro são categorias na fronteira da sua validade vencida após a primeira década do século XXI. No entanto, vale a pena fazer uma pequena revisão por três razões. A primeira, porque talvez não valham nada, mas as que as substituírem vão seguir bebendo de suas fontes. Em segundo lugar, porque convém se aproximar da direita e da esquerda pelo que fazem e não somente pelo seu discurso. O socialismo manteve uma luta impossível cada vez que não diferenciava entre a teoria liberal – cheia de promessas atrativas – e a prática liberal – inclemente desde a Revolução Francesa com um povo ao que via como "ralé"–. Do mesmo modo quando não sabe diferenciar entre liberalismo (comprometido com limitar qualquer poder político) e o neoliberalismo (que não duvida em usar com força o poder político para construir uma "sociedade de mercado" baseada na concorrência). E na bandeira onde tremula "liberdade, igualdade e fraternidade" cabem todas e todos. Nos orçamentos, nas leis, nos benefícios e nas praças isso já não é tão certo. Em terceiro lugar, porque estar em um lado ou outro desse eixo deu sentido a muita gente durante muito tempo.

4 - O QUE É A POLÍTICA? O QUE É A DEMOCRACIA?

Definições construídas ao cabo de momentos históricos lutam hoje em um momento de bifurcação histórica. Uma melodia reconhecível, e ao mesmo tempo uma melodia que se vai e não nos sai da cabeça.

RETRATO DA DIREITA COM UM CACHORRINHO

Uivar com os lobos para que não te devorem
DITADO POPULAR

Poderíamos assumir que uma pessoa é de direita porque diz que é de direita. Mas isso não serve para muita coisa. Seria igualmente válido se a sua decisão fosse a contrária ou, no cúmulo da indefinição, se afirmasse que para algumas coisas é de direita e para outras de esquerda. Há muita gente que acredita ser de esquerda e é de direita até a medula. A autoafirmação ideológica, tão usada, não vale. Na Espanha de 2013, o grosso da cidadania se declarava, em uma escala onde o zero é extrema-esquerda e o dez é a extrema-direita, de centro-esquerda (30,8% entre o cinco e o seis, e 28,5% entre o três e o quatro). Mas isso é mentira. Tanto a autodefinição, quanto a análise. Nem o cinco representa o centro real – dependerá sempre de como forem os extremos – não é verdade que na Espanha as pessoas estejam inclinadas para o que tradicionalmente se identificou como a esquerda. Dizem isso para se sentir melhor. Porque ser de direita, depois do fascismo, depois do franquismo, é feio e porque não ser realmente de direita – nessa leitura clássica – teria maior custo pessoal; por exemplo, querendo pagar mais impostos ou sendo intransigente com os governos corruptos e mentirosos. As duas razões são herança da ditadura.

Tampouco é de direita alguém porque vota ou inclusive milita em um partido de direita. Precisamos de uma orientação mais eficaz. Podemos nos ver na necessidade de saber se a pessoa que vende o jornal na banquinha é de direita ou de esquerda, ou o cara do bar ou os colegas de escritório. Ou aquele professor ou ensaísta, ou a pessoa com a qual trabalhamos em um movimento social. Ou para saber o quê nós sentimos sinceramente, sem a tentação da inocência. Para quê? Porque conhecer sempre produz satisfação, porque se entendemos algo podemos mais eficazmente promovê-lo ou combatê-lo, e porque quanto mais saibamos do pano de fundo das ideologias, menos tempo perderemos em discussões vazias.

É útil entender que uma pessoa se define como de direita quando sua maneira de estar na vida é egoísta. É de direita quando quer algum tipo de privilégio (material ou moral), tenha ele sido herdado ou fruto do esforço, apesar desses privilégios, você se sente em inferioridade de condições; quando você acha que a sua maneira de se comportar deve ser o padrão de comportamento dos demais, quando falta empatia, quando você acha que a solidariedade é coisa de fracos, quando você tem a tendência de se achar superior as outras pessoas por qualquer razão, quando você acredita no fatalismo, quando você tem dificuldades para acreditar nas alternativas e, sobretudo, quando você não gosta nunca das alternativas que incorporam mais pessoas de maneira completa ao contrato social. Não é complicado que todos esses comportamentos se deem nas sociedades onde há desigualdade. Ainda que não se detecte, o egoísmo serve também para acobertar o privilégio. A diferença entre o cinismo e ironia é que o irônico quer educar e, além disso, arrisca, enquanto que o cínico busca algum tipo de privilégio, mas não quer que seja descoberto. Corto Maltese é irônico. Homer Simpson, cínico.

A direita costuma transitar em caminhos cheios de cinismo. Nessa metástase do impudor, os responsáveis pelas últimas crises podem representar e inclusive ostentar a insatisfação popular. Está acontecendo nos Estados Unidos e está acontecendo na Europa. É a direita quem, desde formações políticas, afirma que é contrária aos partidos e aponta a todos como igualmente corruptos e predadores. A direita é capaz, sustentada pelas empresas de valores e conduzida por lideranças fortes, de protestar contra a bolsa e contra as elites. Ninguém como eles para apoiar, chegando o momento, algum líder com algum tipo de condição extraordinária – militar, empresário de sucesso, jurista – ao mesmo tempo em que critica que as massas se deixem guiar por líderes vanguardistas. A favor de representar algum tipo de autocontenção, os impressiona como algumas pessoas são capazes de atuar sem que nada lhes afete ("esse é um monstro", gostam de falar), sempre e quando esse "monstro" seja um dos seus.

A direita quer monopolizar o descontentamento popular, buscando complicados argumentos nos quais o importante não é que seja verdade,

4 - O QUE É A POLÍTICA? O QUE É A DEMOCRACIA?

senão que sejam convincentes. No livro *Caminho*, a principal obra do fundador do Opus Dei, Monsenhor Escrivá de Balaguer, se permitia a "santa sem-vergonhice" sempre e quando fosse para o bem das hostes do Senhor, especialmente do Opus. Diferenciava-se da "insolência" dos laicos. Ao mesmo tempo, as pessoas de direita se incomodam profundamente que alguém busque motivações políticas quando algo pode se explicar sem responsabilidades – quer dizer, como se fosse um acontecimento natural – ou lhes desagradam que se busquem culpados no poder – se governam eles mesmos – quando podem se livrar da pena chorando ou rezando ou descarregando todo o erro em uma pessoa que faça de bode expiatório (por exemplo, diante de um acidente que custe vidas humanas e pode ter por trás uma negligência administrativa ou uma motivação econômica).

Porém quando os que governam não são "um dos seus", as pessoas de direita se vale de tudo para demonstrar a maldade intrínseca dos políticos (sempre de esquerda, real ou nominal). E se esse afastamento do poder dura muito tempo, não duvidam em dar um jeito e buscar soluções no "vale-tudo" da reação. Por isso gostam das teorias conspiratórias, porque levam aonde você quiser chegar e ninguém pode demonstrar que são falsas. São, geralmente, pessoas que nunca se perguntaram quase nada, mas que quando há problemas querem culpados. Se possível, querem se exonerar da mais mínima responsabilidade, ainda que seja culpando aqueles que votaram nesse governo ou nesse prefeito. É muito da direita recusar a mais mínima crítica. Tampouco vão jogar a culpa na economia de mercado, essa que antes se chamava economia capitalista, porque isso os impediria retornar a esse passado feliz uma vez superada as dificuldades.

Os mecanismos do pensamento conservador são um armário cheio de bugigangas úteis para justificar o egoísmo. "Todos os políticos são iguais", gritam aos quatro ventos. Como não há diferenças, os meus não são piores que os dos demais. Se o meu político rouba, mente, frauda e se ri, me diz: força, *ego te absolvo*! Pequem! Já estão todos perdoados. Como tudo isso gera contradições, o modelo precisa de inimigos para funcionar. Por isso demonizará sempre algum grupo, ao qual necessitará dar maior consistência ideológica da que realmente tem. Se eles se consideram de direita ou de centro, precisarão inventar uma esquerda terrível, perversa e pilantramente unida com todos os males. As políticas públicas que proponha essa esquerda parecem irrelevantes para eles. O importante é saber que, faça o que fizerem, o farão mal e, além disso, com má intenção. A direita não lê os programas eleitorais porque acreditam não ser necessário. No fundo não incomoda a ideologia da suposta esquerda. A direita pode planejar, nacionalizar, regular, ampliar direitos civis. Tudo dependerá do momento e das necessidades. Uma vez mais Groucho Marx: "senhora, esses são meus princípios; se você não gostar deles, tenho outros". Uma frase tipicamente da direita. E engraçada.

O que mais incomoda a direita com pretensões institucionais da esquerda com pretensões institucionais é sua capacidade de arrebatar os postos institucionais. O bipartidarismo, como nos esportes, precisa exacerbar uma falsa inimizade que só é real no nível do político concreto, em um lugar concreto em um dia concreto quando deixará de ser prefeito, deputado, assessor, porque o outro partido ganhou. Mas a direita não exagerará porque sabe que, cedo ou tarde, será a sua vez. O bipartidarismo é uma invenção da direita.

A direita é vitimista. O que é feito em seu nome deve ser assumido. O que acontece com eles, clama ao céu. Não é igual uma vítima de direita que uma vítima de esquerda. Por isso precisa algum conceito que expressa todo o horror e que permita verbalizar a responsabilidade dos demais quando algo é desagradável. Esse conceito hoje é o de terrorista. Terrorista é ETA, mas também o 15-M, a *Plataforma de Afectados por la Hipoteca*, as defensoras do aborto, os democratas que querem aplicar o Código penal aos terroristas, os que ocupam uma fazenda ou expropriam comida e material escolar, ou qualquer um que saia da sua leitura de mundo. A direita sempre simplifica. Por isso, quando alguém reclama que seu governo está fazendo as coisas errado, incumpre o programa eleitoral, recebe supersalários, paga com dinheiro sujo ou monta uma rede de corrupção para financiamento ilegal do seu partido, dirá que a esquerda é pior, ou em última instância, dirá para que você vá morar em Cuba, na Venezuela ou na Coreia do Norte.

O pensamento da direita teve mais força no final do século XX do que o da esquerda. Desde finais do século passado e começo do século

4 - O QUE É A POLÍTICA? O QUE É A DEMOCRACIA?

XXI vimos como os pressupostos da direita foram se infiltrando como parte do senso comum do qual participou parte significante da cidadania que se declara de esquerda e os principais partidos socialistas. A direita é capaz, em um momento de desconstrução do Estado social, de se apresentar como a força revolucionária, deixando para a esquerda somente a alternativa de balbuciar sua condição de defensora do *status quo* e do politicamente correto. Assim deixou todo o espaço do politicamente incorreto para a direita. A esquerda não entende a ira das pessoas comuns, enquanto a direita lhes dá mais argumentos para a raiva. É a direita quem organiza a ira e dá os lemas que canalizam a insatisfação. A esquerda socialdemocrata – que é a maioritária – mudou a maneira de se vestir e se sentiu confortável prosperando com o país. Mas entre essa elegância politicamente correta e uma celebridade da televisão ou da imprensa de fofocas com poucos recursos, o povo prefere o que está mais próximo do povo. Ainda que coloque salto alto exagerado e o rímel borre. Ou precisamente por isso.

Há diversas direitas sociológicas. Temos a direita acomodada. São os profissionais que sob qualquer circunstância são bem-sucedidos. Consideram que aquilo que têm pertence a eles (gostam de repetir a frase "nunca me deram nada de presente", o que, em geral, é mentira), insistem que não devem nada a ninguém e precisam de um marco ideológico que permita que pensem, sem medo, que sempre vão desfrutar desse bem-estar. A família, a Igreja, a nação são elementos que, sem fanatismo, ajudam na defesa da ordem. Por isso, sem ser pessoas muito de família, de igreja nem muito patriotas, incorporam esses princípios ao seu arsenal de argumentos. Uma variante dessa direita está representada pelos tecnocratas-capitalistas. É uma direita que mudou os sinais de identidade conservadores pela distribuição de contas que o modelo neoliberal produz. Podem – se não precisam desses votos – se manifestarem a favor do aborto, do consumo de drogas, defender a homossexualidade, vestem paletós que em alguns países implicariam em pena de prisão e acreditam que a competitividade é o que mede a justiça social, ainda que sempre, sempre, suas empresas se aproveitam ou aproveitaram de algum tipo de vantagem pública. Seus limites estão sempre na defesa dos seus benefícios.

Outra direita, mais agressiva, é a nacionalista (seja espanhola, catalã, basca, galega, da Liga Norte italiana, escocesa, de Guayaquil ou de qualquer outro lugar que queira tornar um território superior aos demais, normalmente em relação aos da fronteira). Essa direita é xenófoba, fica incomodada com "os outros", especialmente quando são pobres e precisam construir seu "nós" identitário "culpando" ao "eles" "opressor" ou "separatista". Aos que foram prejudicados pelo modelo neoliberal, essa direita nacionalista os conforta com um mantra muito útil com as pessoas mais velhas: "Tranquilos, que vocês são daqui. Aconteça o que acontecer, vocês são daqui". Um remédio mais econômico do que moderar a luta de classes. Para que essa desculpa tenha valor, de vez em quando é necessário fazer relembrar a dificuldade de não ter nascido na pátria, incluindo surras a algum estrangeiro ou alguma frase fora dos limites baseada na ignorância dos preconceitos da imigração: "os imigrantes saturam os serviços sociais", "vêm aqui para ter filhos", "conheço a um cigano que tem três apartamentos". Não costumam se queixar do turismo hospitalar da terceira idade dos países do centro e do norte da Europa. Na sua xenofobia sempre há um ar de classes.

Completam o retrato aqueles que rezam, que dizem que não se masturbam e exigem dos outros o mesmo. Seguramente aqui é onde mais hipocrisia se pode encontrar. Esta direita, de missa, comunhão, Jornadas Mundiais da Juventude, Roma e missas multitudinárias nas grandes cidades pode abortar em Londres, povoar seus meio de comunicação com propagandas para marcar encontros, dirigir e visitar bordéis, ser pederasta e bramar contra aqueles que acusam ao clero de ser pederasta, podem ter negócios que produzem e vendem preservativos – o Vaticano o faz por meio de algumas de suas empresas –, negociar armas com Israel, Marrocos ou China e, ao mesmo tempo, discursar como se fosse verdadeiramente seu o monopólio do mausoléu da moral. É a mentira que precisam acreditar para não naufragar em um mundo que não perdoa, no qual não há muitos sinais de que existam no além prêmios nem castigos pelo comportamento desleixado.

A ordem desta direita se baseia no medo e, portanto, é cheia de repressão. A própria repressão – real ou desejada – os torna intolerantes com aqueles que usufruem da liberdade que eles e elas não ousam ter ou têm que fingir que têm. Sentem medo diante de qualquer fissura no prédio de sua submissão em uma crença intolerante, seja o casamento

4 - O QUE É A POLÍTICA? O QUE É A DEMOCRACIA?

homossexual ou da adoção por casais do mesmo sexo, sejam as pesquisas com células-tronco, a risada, os islamitas, Chávez ou a liberdade na Internet. Porém, não fazem cara feia diante da televisão sem qualidade, porque sabem que isso faz parte da decoração da democracia. Sabem que têm chefes (e parecem dizer: "o bom de ter um chefe é que não tenho dois") e exigem que todo mundo se submeta a alguém. Assumem que o mundo funciona mandando e obedecendo, e que essa posição na escala social é natural. É determinada por Deus, as leis do mercado ou a ordem social imutável desde a eternidade. Exceto quando existiram revoluções. Obedecer é garantir a ordem. Isso explica porque 500 pessoas podem dominar a 46 milhões, mas 23 milhões não poderiam dominar os outros 23 milhões. Poucos bem coordenados fazem maravilhas.

A dureza do mundo neoliberal fez desaparecer os príncipes que salvam as órfãs abandonadas. A "autoajuda coletiva" do Estado social vai, pouco a pouco, desvanecendo-se. É tempo de que cada salve a si mesmo. É o sucesso de Belén Esteban, das novelas, de jovens feios e gordos que prontamente cantam como os anjos e ganham um concurso no qual sempre há um desgraçado que faz as pessoas simples se sentirem mal. E, obviamente, dos livros de autoajuda, especialmente os do tipo "Maquiavel para triunfar nos negócios". Uma concepção agônica da vida que leva ao egoísmo justificado, ao niilismo – quando essa moldura deixa de enquadrar a realidade – e, inclusive, uma violência cotidiana que esconde uma profunda frustração. Também conduz a falsos desafios, seja de políticos abastados, de falsos cantores no Festival Eurovisão, de famosos que perdem todas as maneiras. Mas não tem problema. Como só a direita se atreve a ser politicamente incorreta, o caminho da ironia fica ao seu lado. Assim, podemos escutar à aristocrata Esperanza Aguirre, ex-prefeita de Madri e ex-presidente da Comunidade Autônoma madrilenha, dizer que é "hipossuficiente"[1], ao *Tea Party* fazer piadas sobre negros e gorilas, a direita italiana atirar no parlamento bananas em uma ministra negra, ou um político da direita francesa dizer que Hitler matou poucos judeus. Só eles podem zombar da política. São os perfeitos antissemitas dentro do sistema. Por isso, a direita, que sempre

---

[1] N.T. No original em espanhol, *pobre de solemnidad*.

apela à ordem, pode, quando o quer, se converter em dirigente de uma falsa desordem – pedir que as pessoas saiam em manifestação, propor insubmissão fiscal, defender "revolução de cores"–, cujo objetivo não é nunca derrubar o sistema, mas ser eles os administradores.

Essa direita precisa demonizar a alternativa. Por isso sempre insiste que a linha de emancipação que havia entre a Revolução Francesa e a russa se rompeu, do mesmo modo que todo sonho de melhora desemboca, necessariamente, em totalitarismo. "Experimentos com refrigerantes" é outra de suas frases gastas preferidas. À direita não incomoda a sua irresponsabilidade social sobre o andar das coisas. Também não se incomoda mais com o compromisso contra as desigualdades. Defendem a disciplina social frente ao voluntarismo daqueles que querem mudar as coisas, desconfiam de qualquer otimismo espontâneo e precisam localizar o que não controlam em um lugar de degeneração. Outra frase favorita: "no começo eu gostava desse movimento, mas é que agora já não tem nada a ver com o que era antes. Se degenerou completamente". As pessoas de direita costumam dizer às pessoas de esquerda como têm que se comportar na política, como se votassem nelas ou fossem afiliadas aos seus partidos. O contrário acontece mais raramente, pois a esquerda, quando realmente o é, deve respeitar outras formas de ver e comportamentos.

A direita tem uma concepção antropológica pessimista. Considera que o ser humano é "um lobo do próprio homem". Por isso, não duvida em alimentar o lado mais predador do ser humano sempre e quando se converta em uma mercadoria. Podem ofertar ou consumir como produtos de mercado vidas desprezíveis dentro de uma casa com câmeras funcionando 24 horas, vendem sexo por todos os lados, e pornografia e fantasias eróticas nas quais, ainda que não deixe de ir na igreja no domingo, podem aparecer em posições comprometedoras Heidi, Bambi ou *Capitán Trueno*, ao mesmo tempo em que se opõem ao amor livre, à maternidade – ou paternidade – entre casais do mesmo sexo ou qualquer forma de liberdade que, por sua vez, questionem seus dogmas e, por outro lado, questionem um negócio. Essa mercantilização da vida gera uma mobilização constante dos valores da direita (cada vez que se move o mercado, eles se movem junto), enquanto que a alternativa só aprendeu a se mobilizar na rua, algo finalmente descartado pelo sistema.

4 - O QUE É A POLÍTICA? O QUE É A DEMOCRACIA?

Em alguns momentos, a aposta da direita é mais arriscada. Consiste em fazer as classes populares, durante algum tempo, proprietários. Depois, quando chega uma nova mudança (algo que é lei no sistema capitalista), uma parte importante dessas classes médias retorna aos lugares de origem alguns escalões abaixo (ocorre com a moradia, com o "capitalismo popular", com os investimentos na bolsa de valores). É bastante provável que, uma vez esgotado o jogo imobiliário e em andamento a privatização da saúde, o próximo esquema de pirâmide fraudulento seja com a água e o ar. Primeiro, oferecerão ao povo ser proprietário. Depois, sua privatização criará uma bolha especulativa. Quando quisermos nos dar conta, só os privilegiados poderão respirar e terão água de sobra para suas piscinas e campos de golfe, enquanto os cidadãos, pequenos camponeses e não poucas regiões isoladas do país – as mesmas as que se nega o trem por questões econômicas – retrocederão ao século XIX.

A economia livre do compromisso social, defende, aqui com razão, o filósofo esloveno e espanta-velhinhas Slavoj Žižek, é a parteira de um novo mundo ideal pós-ideológico. O neoliberalismo gozou de uma grande vantagem: era diagnóstico e remédio; ao mesmo tempo que exigia neutralidade axiológica, oferecia suas receitas de puro pragmatismo. Pode se adaptar e se readaptar, enquanto a esquerda não tem essa versatilidade. A direita pode, como fez durante o começo da crise, pedir a nacionalização dos bancos sem se contradizer. A esquerda, no entanto, se sente mal com a promiscuidade. Faz suspeitar que para mudar o mundo vale tudo. Se já aprendeu o caminho da indignidade, por que não poderia acha-lo atrativo quando governar? A atual fase do capitalismo se baseia na concorrência generalizada, relações mercantis *urbi et orbi* e o dinheiro – que não tem cheiro, que é um grande ocultador – atuando como mediador universal. A crise econômica trabalha, paradoxalmente, mais a favor da direita do que da esquerda. A crise faz regressar aos locais abissais do racismo e do patriarcado.

Nos Estados Unidos, os membros do Ocupa Wall Street receberam furiosos ataques porque falaram de desigualdade e apontaram os bancos como culpados. Já vimos que Hollywood mandou Batman para pará-los. Na Espanha, o 15-M teve mais sorte e foi capaz de reverter o lema "vocês têm vivido acima das suas possibilidades" pelo de "isto não é uma crise, é uma fraude" e "não somos mercadorias nas mãos de políticos e de banqueiros". A luta segue em aberto. Levamos cem anos no ir e vir da economia a política. A virada para o econômico despojado de qualquer intencionalidade social vai e vem. Basta baixar a guarda. Sempre retorna como um adjetivo bonito, como razão, como espírito comercial, como o cálculo civilizado. Se a luta já não é mais política, mas sim econômica, se se reduz à mera concorrência entre iguais, desaparece a eventualidade do conflito. O derrotado não é prisioneiro, nem escravo, nem refém. É um *loser*. É um perdedor. Os seres humanos estão no balanço de perdas e no final do ano desaparecem da contabilidade.

Por isso, defende Matt Taibbi em *Cleptopía,* o capitalismo financeiro só pode ser estudado a partir da criminologia. São eles que viciam as pessoas: drogas, crédito, uma Colt 45 na cabeça. Mas o dinheiro permanece sempre nos bolsos dos mesmos. Drogas, dinheiro, armas pertencem aos mesmos conglomerados. A realidade se tornou tão grosseira, tão obscena, que o mundo das finanças só pode se entender com base nas metáforas dos zumbis (ou a psicanálise): o que deveria estar por dentro, oculto, está para fora, vísceras e intenções ameaçadoras inclusive. E assustam cada vez mais. Ao invés de instalar uma guilhotina em Manhattan, cidadãos decentes – e muitos indecentes – votam no Tea Party e impedem a saúde pública universal. Deter os ladrões ou regular a economia é coisa de comunistas. O sistema se encarrega de que os pobres não tenham título de eleitor e nem possam votar. Cem por cento do senado norte-americano é composto por milionários. É certo que os erros de Obama alimentaram o Tea Party, do mesmo modo que os erros da social-democracia dão de beber para as maiorias liberais e conservadoras.

Os partidos da direita não estão sozinhos: a cegueira moral, a cobiça bancária, a desregulação estatal, a interiorização de que devemos nos comportar como empresários de nós mesmos, o apoio da academia ao modelo neoliberal, o apoio midiático e dos especialistas constroem um emaranhado categorial no qual restam apenas algumas fissuras. O negócio acaba quando aqueles que tocam a música e sabem quantos lugares há dizem: até aqui chegamos. Então param a música, eles se sentam e milhões têm que se sentar no impiedoso chão.

Ser de direita não é uma questão meramente eleitoral. Pode-se votar na direita e ser uma pessoa decente. Não é tão simples, em

4 - O QUE É A POLÍTICA? O QUE É A DEMOCRACIA?

contrapartida, ser uma pessoa de direita de verdade e ser decente. Não é decente se salvar às custas de outras pessoas. Não é decente dizer que todo mundo só pensa em si mesmo para justificar que você deixou em algum lugar a alma que uma vez teve e que você só se lembra quando não se suporta ou quer que alguém te respeite um pouco mais do que você respeita a si mesmo. Não é decente não se importar com as consequências dos seus atos, nem justificar com a maldade do mundo, do ser humano ou da história, a sua própria maldade. Não por imaginar o mundo mais feio deixa-se de ser o que você é. Ser de direita tem muito a ver com o egoísmo, com o medo, com a covardia, com a inveja, com a arrogância, com a soberbia.

Ser de direita é algo profundamente humano.

O QUE É A ESQUERDA? E VOCÊ ME PERGUNTA?

Estar vivo é algo mais do que não estar morto.
ALLAN PERCY

Há três grandes famílias da esquerda. Uma a qual basta pensar que conhece as regras do movimento da história e que anda com os mocinhos para se acreditar de esquerda. Diante das dificuldades da revolução, joga a culpa na teoria, ao subconsciente, à fraqueza dos demais ou a algum adversário imaginário. Tudo antes de se perguntar se a revolução não é algo muito grande para os meros mortais. Generalizar sempre é mais simples. Essa esquerda deixou como herança na história boa parte do melhor que tem a democracia ocidental. Mas mudaram as perguntas e ela ficou insistindo como o bobo que continua mesmo quando o caminho acabou. Passa essa esquerda hoje, com frequência, o mesmo que acontece com Bruce Willis em "O sexto sentido": está morta, mas se acha muito inteligente. Tem problemas para retornar à vida. Quando se necrosa em pequenos partidos, inviabiliza a reinvenção de uma nova esquerda e prefere se imolar nas velhas crenças antes de fazer sua parte e dar a sua opinião aos pós-modernos, à geração "nem nem" e aos submarinos espiões daqueles que sempre considerou o inimigo.

Outra esquerda renunciou há muito tempo a transformar o sistema. Frente à via revolucionária apostou, especialmente pela sua consistência na Alemanha do começo do século XX, em transformar a sociedade desde a sua sede parlamentar. Não tinha por que ter sido assim, mas terminou devorada pelo sistema até se constituir em um dos seus pilares. As outras esquerdas a criticam, pois afirmam que está sob a síndrome do que afirma Al Pacino em *O Poderoso Chefão*: "meu pai fez uma oferta tão boa que não pode recusar", mas eles acreditam que são como Woody Allen de *A última noite de Boris Grushenko* e afirmam: "amar é sofrer. Não amar é sofrer. Sofrer é sofrer". Fazem coisas muito parecidas às que faz a direita, mas com um olhar consternado. De tanto negociar com a direita parlamentar terminaram se parecendo.

Uma terceira esquerda apostou sempre pela espontaneidade, pela radicalidade imediata, pela força e por não comungar com nenhuma dádiva do sistema. Não parece que acerta com os tempos políticos, mas a sorte dos seus outros adversários na esquerda não desmente a sua análise. Sua coerência também implicou a sua solidão e sua fragmentação. Quando você faz da análise o único mundo alternativo, você não pode se permitir nem a leviandade de uma vírgula mal colocada. Deles pode-se dizer o que afirmava Maxine McKendry em *Sangue para Drácula*: "o conde Drácula pode parecer que não é o marido ideal, mas provém de uma família muito boa". A esquerda sempre ficou à esquerda desde que em setembro de 1789 votou contra o poder de veto do rei proposta pelos deputados realistas. Luiz XVI, no centro; os representantes da nobreza e alto clero, a sua direita; na esquerda da Assembleia Nacional Constituinte, os que queriam mudar em nome dos pobres. As boas más famílias. Desde então a esquerda.

A reconstrução da esquerda europeia no século XXI precisará sair do âmbito particular para conseguir convencer as maiorias que hoje apoiam a direita e também a esquerda sistêmica. Sócrates, diziam os que o conheceram, não simpatizava com o que seria a esquerda da sua época, mas se atreveu a sustentar que só sabia que nada sabia. Pura dúvida. E muito humilde. Um bom começo para falar da esquerda. Em maio de 68, lembra Yannis Stavrakakis, os intelectuais se perguntaram: "o que espera de nós, insurreição? A insurreição respondeu: nesse momento, o que esperamos de vocês é que nos ajudem a atirar pedras!"

4 - O QUE É A POLÍTICA? O QUE É A DEMOCRACIA?

Se algo a esquerda deveria ser é empatia radical em movimento. Que socialismo é amor está no Sermão da Montanha e seu discurso de amar o próximo acima de todas as coisas. É o que adotou Santo Agostinho quando afirmou "ama e faça o que quiser", querendo dar a entender que, quem ama realmente, não faz mal aos demais. O socialismo, do mesmo modo que ocorre com a regra de ouro de todas as religiões – não faça aos demais o que não quer que façam contigo –, é amor porque é a afirmação da empatia como o critério central da organização social. Só um pressuposto de amor pode deixar de considerar os demais seres humanos como instrumentos de uso particular.

O amor é ética. Age à margem da resposta, enquanto que a moral funciona com a ideia da reciprocidade. É mais simples construir uma sociedade moral do que uma sociedade ética. Poderíamos tentar fazer um acordo transnacional: que a ética escolhesse os objetivos e a moral organizasse os comportamentos para alcançá-los. Marx não estava descaminhado quando, seguindo a Rousseau ou interpretando Aristóteles, pensava que a política desapareceria quando desaparecessem as classes sociais, isto é, as diferenças sociais baseadas nas diferentes posições que se ocupe na escala de produção, a origem, na sua leitura, de todos os males. Se não houvesse tensões sociais baseadas na desigualdade – principalmente de classe, de gênero e de raça –, a sociedade viveria tal sorte de estabilidade permanente que essa ideia que vincula política com coação desapareceria. Sonho dos engenheiros de utopias.

O socialismo do século XX, como referência, por excelência, da esquerda tanto social-democrata quanto comunista – que são as que construíram governos – brindou um mapa de navegação útil para a esquerda do século XXI. Segundo essa bitácora, o socialismo do século passado teve quatro grandes características: eficiência, heroísmo, atrocidade e ingenuidade. A eficiência tem a ver com sua capacidade para incorporar uma parte considerável da humanidade à modernidade (a Rússia feudal, a China Imperial, regiões desfavorecidas da Europa Central, África ou Ásia), assim como ter dotado nossas constituições de, seguramente, o melhor que as acompanha: o sufrágio universal, o voto feminino, a saúde e a educação pública, a renúncia à guerra e à violência, a igualdade perante a lei, o direito ao trabalho e à moradia digna, e, praticamente, todo o leque de direitos e liberdades do constitucionalismo do pós-guerra, incluindo a Declaração Universal dos Direito Humanos de 1948.

Suas atrocidades, que constam no livro negro do chamado, com abuso, "socialismo real existente", tem a ver com o Gulag, os muros, os extermínios, os presos políticos, a falta de democracia, a desconfiança diante dos trabalhadores e a traição ao governo do povo, pelo povo e para o povo. Visto de longe, vemos que os mais ortodoxos sempre são os que mais dano fazem. Certo é que desde o começo a construção do socialismo sofreu com todas as restrições imagináveis por parte do mundo estabelecido, mas a petição de Brecht (perdoem-nos porque vivemos em tempos sombrios) não serve como referência no novo século. O socialismo no século XX também reclama a lembrança de seu heroísmo, calado com intenção culposa, e que tem como façanha para a humanidade ter sido determinante ao frear o nazismo durante a Segunda Guerra Mundial – dos 50 milhões de mortos da contenda, pelo menos 20 milhões foram cidadãos soviéticos. Os nazistas, por muito que não agrade a Spielberg, começaram a perder a guerra em Stalingrado, não na Normandia. Do mesmo modo, compuseram sempre a maioria dos mortos, presos e torturados nas lutas contra as ditaduras e nas lutas pela democratização.

Mas do que menos se fala é da ingenuidade do socialismo durante o século passado. O socialismo no século XX foi ingênuo por cinco grandes razões. Em primeiro lugar, por acreditar que bastava tomar de assalto o aparato do Estado para, assim, mudar o regime social. Essa ingenuidade está no próprio Marx, pois tão convencido estava de que depois da derrubada do capitalismo viria um reino de harmonia que não se deteve em desenvolver nenhuma teoria de transição, nem da Justiça, nem do Estado na altura dos desafios que viriam. Uma vez alcançado o poder, tudo foi improvisação e então que Lênin decidiu interpretar em cada momento (*historicismo*) o rumo do processo, enquanto que outros marxistas o reprovavam às pressas. Em segundo lugar, por acreditar que bastava a criação de um partido único, regido por uma interpretação burocrática do centralismo democrático (a informação circula de baixo para cima e as ordens de cima para baixo), para regular a sociedade e dar resposta a suas evoluções ou reunir suas diferentes vontades. Só pensando

4 - O QUE É A POLÍTICA? O QUE É A DEMOCRACIA?

que há uma só verdade e que se está na posse da mesma pode-se postular a existência de um único partido. Em terceiro lugar, por acreditar que estatizando os meios de produção se poderiam satisfazer as necessidades sociais de maneira mais eficaz e abundante que no capitalismo (estatização que renunciou a outras formas de propriedade pública não estatal, que no começo da Revolução Russa estavam em discussão e que foram freadas entregando a gestão das fábricas aos sindicatos, correias de transmissão do partido ao invés dos conselhos de empresa dos trabalhadores). Em quarta instância, por acreditar que o que serviria para a Rússia poderia se transladar aos países com trajetórias diferentes, histórias diferentes, cosmovisões diferentes (é um Mariátegui amargurado alertando os ortodoxos da necessidade de um marxismo latino-americano que não fosse "nem calcado, nem copiado" do soviético, e que acabaria sendo expulso da *Komintern* por pretender que a emancipação do Peru deveria contar com os indígenas). Por último, por acreditar que um crescimento ininterrupto traria um reino de abundância que terminaria com todos os problemas humanos e sociais, ignorando a necessidade humana de transcendência, o esgotamento do planeta e os problemas do produtivismo herdado pela modernidade. Na mesma direção, por incorporar a ideia de *fim da história* e não entender que o socialismo também é histórico, e, portanto, muda com as sociedades, devendo estar aberto para incorporar novas necessidades; por exemplo, a sensibilidade ecológica.

Em síntese, o socialismo do século XXI deve emendar todos esses erros tornando complexas as simples análises que no século passado levaram a cometer tamanhas barbaridades. Ou expressado de maneira mais clara: o socialismo não pode se construir somente a partir do Estado e, muito menos, desde o Estado burguês; a instalação de um sistema de partido único é uma simplificação da organização humana que assombra pela sua grosseria; a abolição de toda a propriedade privada (confundindo, com frequência, propriedade privada com meios de produção) é igualmente, após cinco séculos de capitalismo, uma simplificação que condena ao estrangulamento econômico. Por último, a separação entre socialismo científico e socialismo utópico furtou da esquerda aqueles aspectos da vida humana, curiosamente os mais gratificantes que, por não serem materiais (amor, amizade, harmonia, empatia etc.), ficaram fora do foco e foram atirados pela borda com a rejeição ao autoritarismo e a manipulação histórica realizada pelas religiões.

De qualquer forma, o socialismo do século XXI mantém o substantivo. É socialista porque se situa de maneira clara e definida contra o capitalismo e a exploração que implica, incorporando à transformação qualquer tipo de dominação, a além da de classe, de gênero e de raça, a do meio ambiente, a sexual, a geracional etc. Nesse sentido, o socialismo mantém sua condição de estraga-prazeres da orgia prometida pelo capital, esse populismo do livre-mercado, segundo a feliz expressão de David Harvey. O capitalismo promete à humanidade viver como reis, garantindo-o somente a uma minoria, mas conseguindo aceitação do sistema graças a essa promessa incumprida durante séculos. Injusto seria não dizer que, ali onde a promessa deixa de ser eficaz, o monopólio da violência física, legítima ou ilegítima, passa a ocupar o lugar dos argumentos. A condição de estraga-prazeres se radicaliza com o esgotamento do planeta. Onde o socialismo ontem prometeu uma sociedade de abundância que o capitalismo era incapaz de prover, hoje se vê na obrigação de exigir austeridade como proposta de organização social, uma vez constatado que já devoramos metade do planeta Terra e que não é recuperável. É nessa condição de estraga-prazeres que socialismo deve encontrar a razão mais simples da necessidade de alegria, pois um socialismo que lembra a dor não pode ser causador da dor, além de que o socialismo triste é um triste socialismo.

Corresponderia hoje à herança da esquerda renunciar aos sonhos infantis da onipotência. Sua cumplicidade com o estado atual de coisas acaba por fazer acreditar também nos fetiches: o dinheiro, as mercadorias, o Estado, o partido, o patriarcado, o trabalho. A tarefa revolucionária – revolucionária porque precisa mudar os esquemas de pensamento – é entender que são "mentiras". A revolução como antídoto contra tristeza. A catástrofe não nos pode levar à luz. A emancipação não vem da mera evolução das coisas, do simples devir da lógica econômica. A emancipação não pode ser o simples resultado do desenvolvimento capitalista; não é, como diz Anselm Jappe, "a execução de uma sentença ditada pela história". Muito pelo contrário, e no caminho de Walter Benjamin, afirma que "é a catástrofe que está programada, não a emancipação; as

4 - O QUE É A POLÍTICA? O QUE É A DEMOCRACIA?

coisas abandonadas ao discorrer espontâneo unicamente conduzem ao abismo. Se há 'leis da história', essas vão sempre no mau sentido; a liberdade e a felicidade humana não são nunca seu resultado, ao contrário, logram-se contra elas".

Convertidos em fragmento, já não há lógica previsível de raça, gênero ou classe. Não é certo que nosso comportamento seja o resultado, mais ou menos mecânico, do nosso espaço social. Somos reféns das hierarquias construídas, ainda que sem ser conscientes disso, pelo capitalismo nos últimos trezentos anos: da religião, do autoritarismo familiar, da escola, do nacionalismo e do militarismo, da moral sexual opressora (e hipócrita), da arte clássica e elitista, da racionalidade que pesa contra a imaginação, do cálculo que limita e condiciona o gozo. Reféns de um mundo construído com dicotomias nas quais sempre há um polo positivo e outro negativo: direita e esquerda. E por isso Fredric Jameson poderia afirmar sem muita compaixão que "é mais fácil imaginar o fim do mundo do que o fim do capitalismo". Ainda assim, poderia se acabar o mundo – como em *Matrix* – e, no entanto, continuar o capitalismo.

Mas os problemas não terminam por aí. Existe uma identificação popular da esquerda com os partidos sociais-democratas. A petição de "apolitização" do movimento 15-M e, inclusive, a afirmação de uma parte do movimento de não ser "nem de direita nem de esquerda" tem mais a ver com a hegemonia da social-democracia na esquerda do que com definições complexas. Se, depois da Segunda Guerra Mundial, a esquerda assumiu o liberalismo político – renunciou à tomada de assalto do Palácio de Inverno e abraçou o jogo parlamentar-, nos anos oitenta fez o mesmo com o liberalismo econômico. A Terceira Via e, inclusive, o eurocomunismo, não foram senão posições vergonhosas da derrota na hora de superar o capitalismo. Por um lado, a esquerda se parece com a direita. Por outro, é refém dos seus próprios erros e da propaganda contrária. E frequentemente compartilha uma ideia central com a direita: não se deve fomentar a autogestão das pessoas.

O sujeito político, além disso, já não define a esquerda. A classe operária existe e tem capacidade revolucionária, como se demonstra caso amanhã não fossem ao trabalho todos os assalariados: o sistema colapsaria.

Mas surge um problema novo que é que já não se deixa representar (demasiado plural e mestiça). O precariado só pode ser refletido em um espelho em cacos. Já nos anos setenta teve que incorporar aos cristãos, não com pouca discussão. Pensar hoje que o sujeito da mudança é o proletariado soa a coisa antiga. Os trabalhadores não se veem a si mesmos como classe operária, a fragmentação salarial e laboral dificulta qualquer definição homogênea, e o desenvolvimento do trabalho intelectual cria uma inovadora população ativa e desempregada, ou precariamente empregada – o precariado –, com uma maior qualificação, inclusive, que os que dirigem e os exilam. Jovens com formação universitária que forçam a lógica capitalista ao se negarem a ser tratados como proletários e que terão que ver em que medida suas lutas se encontram com as de outros coletivos que sempre sofreram essas condições, especialmente as mulheres. Sem esquecer que, em outros lugares, sujeitos da mudança são também os pobres, os indígenas, os estudantes, os militares etc.

Sem dúvida, era muito mais fácil ser de esquerda no passado; é a ironia de Vázquez Montalbán afirmando que "contra Franco vivíamos melhor". O fascismo esclareceu o cenário: eles eram de direita e os antifascistas eram de esquerda. Uns freavam a história, outros a aceleravam. O esquema funcionava. Essa identificação a respeito do passado segue sendo válida. Mas só até aí. A esquerda carece de modelo alternativo claro e compartilhado. Por isso, o dilema "o que é ser de esquerda" não tem solução. E não há alternativa porque não há uma percepção clara do que significa o capitalismo, algo lógico em um mundo onde somos, ao mesmo tempo, vítimas e carrascos: somos sujeitos mercantilizados que nos usamos constantemente.

Uma nova definição de esquerda poderia partir de uma intuição forte que vai para além do laboral que, em qualquer caso, segue sendo a contradição principal: não obrigue aos demais a assumir o que você não quer para você mesmo. Isso nos levaria a uma leitura do passado semelhante a daqueles que tiveram essa luta em outro momento (de Espártaco ao 15-M ou as lutas na América Latina ou África, passando, obviamente, pelo antifascismo), a uma metodologia não autoritária (contrária à partidocracia vigente e à deriva burocrática do centralismo democrático), uma crítica ao capitalismo (e a sua constante criação de expulsos, explorados e oprimidos), a uma aposta pelo internacionalismo

4 - O QUE É A POLÍTICA? O QUE É A DEMOCRACIA?

(o sujeito de dignidade é o ser humano, não o compatriota), ao antirracismo (com essa terrível ferida histórica da escravidão e o colonialismo), ao feminismo (acabando com essa distribuição desigual de direitos e obrigações, na qual a liberdade sexual segue sendo desigual pela carga reprodutiva) e a ecologia (desfrutando do ar, água e terra porque as gerações passadas não acabaram com tudo, *ergo*, nos corresponde fazer o mesmo e seguir adiante).

É obrigatório mencionar que o pensamento progressista, crítico, socialista, emancipatório, de esquerda ou como se queira definir, precisa de análise e de propostas concretas desde e para essa metade da população que são as mulheres. A crise está sendo utilizada para regressar a posições patriarcais que se acreditavam superadas faz décadas. Assim, nos encontramos com o novo auge da teoria complementária dos sexos (com o papel subordinado das funções femininas); o regresso da hipersexualização da mulher (moda, propagandas, inclusive na política – tão subjetivo quando aparece uma política deitada sobre uma mesa de trabalho com o pente e a echarpe de um traje típico das espanholas no Vaticano); uma recuperação da "misoginia romântica"; a insistência na redução do papel da mulher dentro da família patriarcal em se responsabilizar pelos requisitos emocionais; a exaltação da maternidade e a mistificação do cuidado (com atrizes famosas indicando esta função), ambos elementos que ocultam a perda da responsabilidade pública ante os mesmos; a normalização da cirurgia estética, a imperturbável banalização da prostituição; o auge do fundamentalismo religioso e neoconservador (com o lugar que reservam às mulheres em seus mundos, frequentemente, nas piores expressões medievais), e, definitivamente, uma nova ocultação da enorme carga reprodutiva que carregam as mulheres antes de se incorporarem à precariedade laboral neoliberal.

Com esse panorama, onde está a esquerda? No caso da social-democracia não é fácil seguir considerando-a dentro desse paradigma emancipador (pense-se mais uma vez sua renúncia em superar o modelo capitalista). Outras esquerdas continuam sendo devedoras do autoritarismo próprio das origens absolutistas dos modernos Estados nacionais. Os âmbitos libertários, tão relevantes para os movimentos dos indignados, não contemplam a construção da alternativa.

Teóricos como Giddens – o autor de *A Terceira Via* – propuseram substituir a categoria esquerda pela de radical centrismo. Ficou, de certo modo, envergonhado de assumir a própria impotência. Um problema adicional está em que a social-democracia se parece muito com seus eleitores. O espaço da esquerda não é, portanto, simplesmente representar o povo. Deve-se discutir em seu seio a respeito de todos esses aspectos a caminho de um novo sentido comum. E essa discussão está agora mesmo na periferia dos partidos.

DIZEM QUE GRITOU "VIVA O CENTRO!" ANTES DE QUE O FUZILASSEM (MAS QUASE NINGUÉM ACREDITA)

> *Só há uma forma de saber se um homem é honesto: perguntando-lhe. Se diz que sim, já sabemos que é corrupto.*
>
> GROUCHO MARX

Ser de centro é renunciar a radicalizar – ir até a raiz – de qualquer conflito. A carteirinha de bom centrista se consegue reduzindo a intensidade da confrontação. Conflito capital e trabalho? Fora. Sempre existiu. Não há que exagerar. Conflito entre raças ou povos? Bem, você não negará que somos diferentes, é evidente que os do Sul são mais preguiçosos, que os negros precisam de alguém que mande neles, e que para alguns faz bem ser submisso. Conflito entre homens e mulheres? As mulheres, biologicamente, gostam do homem dominante. Que ele passou um pouco dos limites? Cara, um descontrole qualquer um pode ter!

Para ser centrista deve-se tirar a tensão dos conflitos. Deve-se despolitizar, deve-se buscar o consenso. No chamado "modelo de inquietudes duais" que se usa para a resolução de conflitos há dois eixos. Na horizontal, mede-se a importância dos resultados próprios. Na vertical, a importância que se dá aos resultados da outra parte. Em um lugar complacente (eixo horizontal à direita) se renuncia a exigir qualquer coisa e se entrega tudo a outra parte ("meu companheiro me maltrata,

4 - O QUE É A POLÍTICA? O QUE É A DEMOCRACIA?

mas o faz porque me ama"). O próximo passo se chama de inação. Nos deslocamos desde o eixo horizontal para a esquerda. Já não atendemos as exigências da outra parte, mas ainda assim não exigimos as nossas. Desse lugar, subimos no eixo das ordenadas até o ponto mais alto: seguimos sem atender as exigências do outro e, além disso, maximizamos as nossas. É um lugar de soma zero: tudo que tinha a outra parte agora nós exigimos. Somos os vencedores e a outra parte a perdedora. O último lugar é o de ganhar/ganhar: as duas partes maximizam seus resultados ("te quero, e você, me quer depois das surras?"). É evidente que este esquema marca uma viagem de consciência. Também que o último trajeto (ganhar/ganhar) é mentira: há restituição do dano? Se havia abuso antes por que não vai haver agora? O que aconteceu para que a pessoa que exercia despoticamente o poder já não o faça? O espaço ganhar/ganhar é um vício de linguagem que só serve para assumir teoricamente que as duas partes devem ceder um pouco. Como ganhar/ganhar é mentira, cedamos todos um pouco. Em vez de me bater todos os dias, me bata em dias alternados. Puro centrismo. Como dizia Habermas, a metade da culpa para Hitler e a outra metade para os judeus. Mas uma coisa é que nos conflitos se busquem acordos (para as mulheres maltratadas, deixar o lar do agressor produz uma angústia terrível se não há alternativa) e, outra, fazer desse acordo o lugar político pelo que luta. Para ser de centro você tem que entender – e compreender e, inclusive, apoiar – as razões da parte poderosa do conflito.

O ponto médio sempre depende dos extremos. Não é igual a equidistância entre a União Soviética e o fascismo do que entre Estados Unidos e Suécia. Ser de centro é, ideologicamente, a tentação de ser de nenhuma parte exigindo, como se fosse possível, o melhor de todas as opções. Ainda sabendo que não se podem somar opções que se negam mutuamente. O centro teve plausibilidade somente porque o bipartidarismo da política deu a possibilidade de pensar em formações ambivalentes. Mas ser farinha do mesmo saco, ou ainda, ser farpa do mesmo mastro, longe de solucionar os problemas do Estado de partidos é uma volta a mais da engrenagem que maquia as dificuldades. O centrismo é um passo a mais na despolitização da política, outra enxadada no túmulo cavado com a pretensão de enterrar os assuntos políticos sob soluções, presumidamente, técnicas.

O centro é o lugar dos que não querem problemas e, outra vez com a tentação da inocência, querem parecer melhores do que são. O centro é uma maneira cômoda de não tomar partido ou, no caso de que se tome, de fazê-lo sem muita força e convicção. O centro parece um lugar de justiça e, no entanto, se converte em um vergonhoso espaço de apoio aos carrascos. Quando há vítimas não pode haver negociação nem compreensão em relação aos poderosos. O centro teria sentido se a política precisasse da intervenção de um terceiro em uma discussão entre dois loucos. Mas não é o caso. Ainda que você pretenda pegar o melhor da água e do azeite, sempre terminam se separando.

Quando se analisa a ferida da escravidão, cabe a mais mínima justificação para os escravagistas? Pode-se tirar radicalmente o fato de que cada ano morrem no trabalho milhares de trabalhadores em cada país? Há um lugar para consenso entre as vítimas de uma fábrica em Bangladesh e os empresários que não escutaram as advertências e as queixas dos trabalhadores? Tem o agressor, o violador, o pedófilo, o autoritário, direito a que seus argumentos estejam à altura dos das suas vítimas? Como se é de centro diante das desigualdades, a perda do acesso à moradia, à saúde, à educação, a uma pensão, à universidade, diante do machismo, o racismo, da xenofobia?

Dizem que diante de um pelotão de fuzilamento, o réu, antes que os tiros perfurassem o seu corpo, gritou ao ar: "viva o centro!". Mas há profundas suspeitas acerca da veracidade desse relato. Ninguém é fuzilado por ser de centro.

TAREFA PARA PENSAR A DEMOCRACIA EM CASA IV
Choni[1], be good ou de fazer falar essa maioria silenciosa que sustenta aos governos

> *Bem no sul da Louisiana, perto de Nova Orleans, em meio a uma floresta entre os pinheiros, ficava uma velha cabana feita de terra e madeira onde vivia um garoto caipira chamado Johnny B. Goode que nunca havia aprendido muito bem a ler ou escrever, mas que conseguia tocar uma guitarra como se tocasse uma campainha.*
>
> CHUCK BERRY,
> Johnny B. Goode

Costuma estar correto que os governantes se parecem a seus eleitores. Mas não a todos. Parece que os mais ligados optaram por se desconectar do andamento do político, deixando a outros o encargo da coisa pública. Essa atitude displicente em relação aos assuntos coletivos

---

[1] N.T. Palavra em espanhol para se referir às mulheres, para o homem *cani*, que pertencem a determinado grupo social, o qual se assemelha no Brasil aos chamados "vileiros" ou "manos".

deixou o botão vermelho em mãos de gente que não se destaca nem pela sua prudência nem pela sua probidade nem pelo seu talento. Essa desconexão das pessoas a respeito da política contrasta com uma geração de jovens que tiveram acesso ao estudo e que, estando melhor preparados que os seus governantes, decidiram se afastar de tudo aquilo que cheire a Estado ou a gestão política. Seu engenho se consome em inventar astutos comentários na internet ou em consumir com olhar agudo inteligentes seriados de televisão e também programas de televisão-lixo nos quais leem o que os convém. O grosso dos governantes, ao contrário, com notas ruins no colégio, sem produção científica em nenhum campo do saber, estupidez verbal, falta de inteligência e dificuldades – e inclusive incapacidade – para sustentar um discurso sem ler. A falta de destrezas retóricas ou de leituras especializadas dos políticos não se deve a que venham do mundo do trabalho, o que também não é o caso. Simplesmente é porque são assim. É surpreendente a capacidade de expressão e de critério que muita gente tem e que somente possui estudos básicos.

Uma das soluções para esse cachorro que corre atrás do próprio rabo está em que os que têm critério reajam. Se os que manejam mais ferramentas decidem ir embora do seu país, aumentaram a perda (excetuando Europa e Estados Unidos, é algo que sofreu o resto do mundo durante todo o século XX). Deve-se dar atenção, pois, aos que não têm mais remédio a não ser ficar. Um recurso essencial, mal-usado, para a expressão da plena cidadania. A que exige, a que se indigna, a que pensa a médio e longo prazo, a que quer construir uma referência ideológica própria e não herdar daqueles que criaram essa destruição. Aquela que, talvez, não teve tantas oportunidades de estudo, a que é bucha de canhão da pior oferta das nossas sociedades, mas que, sem dúvida, está na categoria de gente decente. Ainda que muitos se empenhem em que não seja assim. Com a intenção de que, pelo hábito de chamá-los lúmpen, tratá-los lúmpen e dar de comer intelectualmente alimento lúmpen, não lhes resta mais remédio do que ser e atuar como lúmpen. Avisemos os navegantes da diferença histórica entre os trabalhadores pobres que fundaram a democracia na Grécia e os reféns do pão ruim e o péssimo circo subvencionados pelos césares na Roma do poeta Juvenal.

TAREFA PARA PENSAR A DEMOCRACIA EM CASA IV

As dúvidas são pertinentes. Pode-se mudar algo quando a maioria das pessoas, inclusive os desempregados, os que não têm estudos, os condenados a ser vileiros da periferia, súditos do último programa de televisão-lixo, *reggaetoneiros* e consumidores de álcool barato estão colaborando com seus carrascos para eternizar essa situação? Não tem garantida a impunidade os corruptos e os incompetentes da política quando a cidadania só aspira a ocupar esse lugar de privilégio ou a receber alguma das migalhas que caíam da mesa e menosprezam a moralidade pública como uma coisa dos fracos?

Há uma "linha abissal", como explica Boaventura de Sousa Santos, que separa um norte e um sul simbólicos. Os problemas do Norte se solucionam por meio da regulação. Esses mesmos problemas do Sul, por meio da violência. Claro que os trabalhadores têm dificuldades próprias da sua condição de assalariados. Mas se você é imigrante, se agravam (de fato, foram os primeiros a sofrer a crise). Do mesmo modo, se você é mulher, se você é negro, se você é analfabeto. Isso coloca em um mal lugar os trabalhadores do Norte, que podem estar submetidos a seus patrões e, ao mesmo tempo, ser carrascos do imigrante (ao qual humilham, exploram e odeiam), da mulher (a qual abusam, a que passam a mão, ofendem, igualmente exploram e batem) ou do qual está ainda mais abaixo que eles na escala social (o marginal, o mendigo, o viciado, o alcoólatra, o despejado).

Não há de início uma moral superior por pertencer aos grupos subalternos. É necessário converter essa subordinação em consciência. A decência que encontrou Orwell em Wigan Pier hoje está duas camadas mais abaixo. Deve-se ajudar para que floresça. A decência é capaz de conspirar contra o sistema inclusive quando está calada. A incorporação ao sistema o converte, ao contrário, no seu próprio capataz. A subsunção que disse um clássico. Mas há momentos nos quais os subordinados explodiram e fizeram vibrar a história. Há também momentos obscuros, nos quais os desempregados, os ressentidos, os antissemitas configuraram maiorias que deram o poder aos seus inimigos. Nessas coalizões, financiadas por grandes empresários, havia gente que pela sua condição de humilhados pela vida, pelo trabalho, pelo rico, podiam ter carregado a bandeira da transformação. No entanto, viram a solução em Hitler ou em Dollfuss.

Não há linhas retas que conectem, sem mais, a condição laboral e a resposta política, especialmente se todos os mecanismos ideológicos estão nas mãos dos que se beneficiam dessa situação. Franceses que votavam no Partido Comunista passaram a votar em massa na extrema direita de Le Pen. As classes se configuram na luta. Se o trabalhador precário sonha com ser quem pisa o pescoço de qualquer um para ser chefe, trabalha para os carrascos e sua condição de trabalhador não vale para nada na tarefa da transformação. O sonho consumista nos converte em nossos próprios executores e, o que é pior, os liquidadores dos que venham atrás, aos quais ensinamos a matar para sobreviver. Uma vez mais, empresários de nós mesmos, a luta é de todos contra todos e não se fazem prisioneiros.

Como bem aprenderam as praças dos indignados, hoje convivem diferentes trajetórias no mal-estar: os que sempre foram proletários (mais suscetíveis a ser bucha de propaganda e reféns da estigmatização das classes médias e altas que se consideram melhores) e as classes médias proletarizadas, que têm mais recursos intelectuais para se queixar dessa má sorte, mas estão no mesmo lugar de desespero que os atingidos de sempre. O relevante é aproveitar a janela de oportunidade para unir essas lutas, não para confrontá-las. O precário com estudos tem os mesmos interesses que a repositora sem estudos, que o eletricista ou o encanador (cada vez com maior perícia tecnológica). Às classes médias empobrecidas é mais fácil sempre buscar um bode expiatório – judeus, comunistas, socialistas, imigrantes – do que reconhecer que caíram na escala social por culpa do sistema. O sistema, com o qual você vivia bem, não pode estar fazendo esta malvadeza com você. A culpa tem que estar em qualquer outro lugar.

Os ingredientes para não fazer nada estão servidos: as conquistas no bem-estar alcançadas em algumas partes do mundo – na Europa, de maneira mais clara – o enfraquecimento das ideologias que buscavam superar o modelo, a desaparição das alternativas e a insistência nas bondades do que existe agem como blindagem do modelo. É o fim da história. O trabalhador que pede que o explorem, a prostituída que exige que a inscrevam na Previdência Social, o jovem que sonha em ir a um *reality show* no qual o humilharão ainda que pensará estar se transformando em alguém importante, a faxineira convencida de que pertence à classe média alta, o filho de trabalhador indo a uma universidade onde não ensinam nada a ele, mas dão um diploma de graduação para vender mais cara a sua mão de obra, o desempregado que não vai à manifestação, mas não falta na apresentação do novo ídolo do clube de futebol...

Mas esta não é toda a história. Onde os partidos já não estão dando respostas, paralisados pelo afundamento de seu ordenado mundo, estão as marés cidadãs, as lutas contra os despejos, os protestos contra a corrupção, as cooperativas de trabalho ou consumo, as milhares de manifestações contra a perda de direitos sociais, as greves em defesa dos postos de trabalho, os milhões de pessoas decentes cansando de tapar o sol com a peneira.

Não é simples. Daí a aposta por um "pessimismo esperançado". Se no século XIX e XX a classe operária se configurava como tal – referenciando-se em um imaginário compartilhado que apontava em direção ao futuro –, agora está recorrendo o caminho contrário até perder toda a identidade e, além disso, sem projeto. Não é estranho que cada um, de alguma maneira e em algum momento, caminhe com maior ou menor elegância como a mosca que, desesperada, bate e bate contra o vidro. Mas entregar toda a análise ao pessimismo seria sinônimo de derrota. E não é verdade que a decadência seja o único horizonte. Trata-se de olhar para trás buscando de outra maneira e de olhar para frente ousando de outros modos.

Quando o humilde sonda segundo seu próprio entendimento e conta com suas próprias forças contra injustiça, toca a música do tempo. Parece então que a história acorda, que todo o resto era um parêntese, e se abriu uma fenda que deixa ver por trás de uma paisagem refrescante e hostil. É o momento para que as feridas mal cicatrizadas voltem a se oxigenar e para que tudo que estava estancado se coloque de novo em cena. Para que, na repetida frase "de Marx" o qual nunca a disse, "tudo o sólido se dissolva no ar". Para que "tudo o estamental e estável se evapore". As memórias então se unem e se recuperam todas as juventudes esperançosas e se dinamita a saudade. Podemos esperar a Godot eternamente. Podemos cair na melancolia, como essas mãos que desenham mãos ou essas escadas que conduzem a escadas no pincel de Escher. Podemos assumir que tudo dá no mesmo ou que não há caminho marcado pelo destino que possa mudar a biologia dos mortais. Ou podemos sacudir os ombros da história. Só nas revoluções se convoca à morte com esperança. A luta contra desigualdade é o principal sentido da história. O resto é mofo, complacência, medo, estômago agradecido, maldade, assuntos humanos, tão humanos.

Esse relâmpago na noite é o que nos faz rir quando os gordos e ricos caem de bunda no chão nos filmes de Charlot, é o que nos presenteia esse instante de paz quando as coisas dão certo para o cara decente dos filmes de Capra, é o que nos faz exclamar "boa!" quando um peão ou um motorista de guincho ganha na loteria. E também quando os humildes se levantaram na história para que se lhes reconhecesse a cidadania, quando os comunas apostaram tudo em Paris, em 1871, cantando *A Marselhesa* e também canções provocantes, quando a gente se arma para parar os pés aos portadores de essências pátrias, unidades de destino universal e Reichs imortais, quando Galileu enfrenta a Igreja, Túpac Katari os conquistadores, Espartero a Fernando VII e Espártaco as legiões romanas. As lutas dos que são mais contra os são menos têm algo de verdade que transcende os séculos. É essa necessidade de saber que pode haver algo parecido à justiça. E que, ainda que não tenha um rumo necessário, dá esperança imaginá-lo e ainda mais construí-lo. É o sentido que precisamos os humanos, sabendo que temos data de validade.

Choni, be good. Sejam bons. Sobretudo com vocês mesmas. Desliguem a televisão, leiam algo ou leiam mais, mas desconfiem de quem os quer entretidos e não fazendo perguntas. Questionem-se se não haverá gente aproveitando-se da sua renúncia à política. Olhem como inimigos aos que os querem alienados a base de chibatadas de falsa felicidade e com projetos sem conteúdo. Vocês sempre estiveram nos momentos brilhantes da história. Deixem que se enganem os que os dão como perdidos. Contem-nos mais coisas. Desçam às praças. Cantem as suas verdades, duvidem das certezas que os repudiam. A gente decente sabe coisas que a princípio custa entender. Insistam. Sejam a trovoada depois do relâmpago.

5

A CARTELIZAÇÃO DOS PARTIDOS POLÍTICOS E A PROFISSIONALIZAÇÃO DOS MOVIMENTOS SOCIAIS

> *Instrui-vos porque teremos necessidade de toda vossa inteligência.*
> *Agitai-vos porque teremos necessidade de todo vosso entusiasmo.*
> *Organizai-vos porque teremos necessidade de toda vossa força.*
>
> ANTONIO GRAMSCI,
> Lema do jornal L'Ordine Nuovo

A CARTELIZAÇÃO DOS PARTIDOS OU QUANDO SE ENTENDEM MELHOR AS COISAS COM *O PODEROSO CHEFÃO* DO QUE COM MONTESQUIEU

A pergunta a respeito do que se deve fazer está muito relacionada com descobrir quem vai fazer isso. Se, durante os dois últimos séculos, tornamos a política sinônimo de Estado, o funcionamento do Estado se tornou sinônimo de partidos político ao longo do século XX. No que hoje se conhece como Estado de partidos, os partidos são uma espécie de associação que deixa, paulatinamente, de fazer parte da sociedade para se tornar parte essencial do próprio Estado. Um Estado que cada vez mais controla uma proporção maior do produto interno bruto de cada país e que prioriza a capacidade executiva do governo antes da qualidade democrática dos parlamentos ou o controle dos juízes.

A especialização dos partidos políticos possui correlação com maiores funções que, além disso, acontecem no âmbito de concorrência entre pessoas que querem ocupar esse mesmo posto de trabalho. No fim, os políticos se tornam especialistas que sobrevivem somente se fazem uso das chaves que compõem a vida interna do partido (toda uma sabedoria em que abunda a mediocridade, o sectarismo e a intransigência), se possuem conhecimento básicos do sistema jurídico (a política e as suas instituições são uma tempestuosa "maré legislativa"), se conseguem organizar e se organizar na teia econômica – que financiam a eles, aos seus partidos e permite que a sociedade continue funcionando – e se têm habilidades – ou relacionamentos – para construir um espaço midiático que transforme a sua pessoa em um "político conhecido". Uma parte da casta terá saídas na esfera política internacional, para o que será conveniente que saiba idiomas, mas que também não é condição indispensável. Uma das tarefas centrais dos secretários da organização dos partidos é colocar seu pessoal onde seja possível, onde desejam, onde convenha e onde seja mais útil para o partido e seus equilíbrios internos.

Os partidos políticos agem como organizações profissionais que necessitam maximizar seus votos para poder operar no sistema político. Uma grande coerência ideológica, uma bancada medida pelo padrão de honestidade e a capacidade, uma profunda simpatia cidadã que não se transforma em mandatos como deputado ou prefeito é um fracasso que condena à desaparição ou à existência testemunhal. Os partidos são organizações que buscam alcançar o poder político e para isso concorrem nas eleições.

Para isso, o melhor, antes de ter ideias próprias, é incomodar o mínimo possível a qualquer um. Isso leva necessariamente em direção ao "centro", esse local no qual aumenta a qualidade de centrista em proporção inversa aos conflitos que são criados, identificados ou procura resolver. Trata-se de encontrar um equilíbrio entre as características

5 - A CARTELIZAÇÃO DOS PARTIDOS POLÍTICOS...

mínimas que o definem como partido diferente dos outros e, ao mesmo tempo, conseguir uma indefinição que evite que cidadãos com outras sensibilidades renunciem à possibilidade de votar nele.

O atrito, além disso, acaba gerando carinho. A vida parlamentar é um interagir constante de pessoas que vivem do mesmo ainda que digam representar – e mesmo que seja verdade – interesses distintos. Por isso, dizia Maurice Duverger, um político de extrema-esquerda está mais próximo de um político de extrema-direita do que das suas próprias bases. Isso não evita que, quando algo ameaça esse jogo de cartas marcadas os principais jogadores façam um acordo para interromper a jogada, excluir a algum jogador que vem forte, dar um chute no tabuleiro ou dizer que a partir desse momento as cartas terão outro significado. A sensação cidadã de que nos parlamentos há muitos arranjos corresponde com a realidade. Ainda que não se possa considerar ingenuamente como más algumas experiências como a inglesa, na qual as brigas parlamentares substituíram as guerras civis há três séculos e meio.

A irrupção de uma nova situação política passa atualmente por compreender qual o instrumento por excelência da ação política do século XX. Os partidos também estão sujeitos a uma profunda crise de legitimidade e de capacidade.

Os problemas já são velhos. Nos anos sessenta, o politólogo alemão Klaus von Beyme resumiu severamente esses problemas em *Los partidos políticos en las democracias ocidentales*: (1) a participação dos membros do partido – os militantes – na formação da vontade partidária é escassa; (2) as convenções dos partidos, que se supõe que são a expressão institucional da soberania popular dos militantes, frequentemente são unicamente um mero órgão declaratório. As repercussões para fora das convenções se consideram mais importantes que a própria formação da vontade desde abaixo; (3) é comum a escassa mudança na titularidade dos cargos no partido, com oligarquias já mimetizadas com os mesmos, ao que deve se acrescentar a figura do delfim que continuará a tarefa do predecessor e, principalmente, não fará nenhuma auditoria; (4) os diferentes interesses ou as famílias dentro do partido constituem um gravame adicional no debate sobre a democracia interna; (5) o financiamento dos partidos é uma brecha que permite a irrupção de tendências centralistas e oligárquicas; e (6) o perfil social das elites dos partidos se mostra cada vez mais separado da base.

Mas aqueles que de maneira mais evidente desenharam o papel atual dos partidos políticos foram os politólogos Richard S. Katz e Peter Mair (*La emergencia del partido cártel*). A raiz desse afastamento – apontado já em 1992 – se devia ao paulatino abandono da sociedade civil por parte dos partidos e sua transformação em parte substancial do funcionamento do Estado. Ao mesmo tempo, o Estado começava a funcionar como um grande empresário, transformando a política em um emprego que requer qualificação e afasta a vocação inicial de serviço público. Por último, esse cargo público é desperdiçado se os meios de comunicação não prestam atenção suficiente aos partidos e a seus cargos. O conflito abre espaço à cooperação e a cooperação acaba criando um acordo de convivência. Dessa forma, todos os partidos com vontade de governar estão dentro do que chamam a cartelização do sistema de partidos.

As principais características desta cartelização da política afeta ao conjunto de partidos para além da sua atribuição ideológica na esquerda ou na direita. Em primeiro lugar, enfrentam a disseminação dos recursos políticos (a política implica hoje uma negociação aberta com muitos atores e não somente com os partidos). Outra característica, mais criticada que analisada, tem a ver com a profissionalização do exercício da política (os militantes, escassos, têm a possibilidade de se empregar no partido, de modo que sua relação com a liderança, como futuros funcionários da organização, tem uma dependência similar à do trabalhador com o patrão). Se a empresa-partido depende do sucesso, a eficiência e a eficácia internas levam a que a visão empresarial pese mais que a coerência ideológica. No mundo da informação é igualmente evidente a maior importância dos meios de comunicação, onde a militância apenas pode ser comparsa ou recheio no desenvolvimento midiático das campanhas eleitorais. O crescente custo da política reformula igualmente o assunto do financiamento, que hoje é estatal, direta ou indiretamente. Enquanto as quotas não são relevantes, o é o dinheiro recebido diretamente do Estado pelo desempenho eleitoral ou indiretamente através das redes de financiamento – legais ou ilegais – vinculadas ao uso do poder.

5 - A CARTELIZAÇÃO DOS PARTIDOS POLÍTICOS...

A hierarquização política dos partidos permite uma autonomia real da diretoria em relação às bases (os dirigentes são a cara do partido e, portanto, estritamente necessários). O *status* do militante se torna algo realmente ambíguo, em concorrência crescente com o simpatizante ou o eleitor aos quais, como filhos pródigos, são tratados melhor que os veteranos de carteirinha. É impossível entender a cartelização da política sem perceber a importância radical da mídia (a expressão "quarto poder" às vezes parece não honrar suficientemente a influência desenvolvida em boa parte do planeta pela mídia). As funções clássicas do Parlamento – controle do governo, representação da vontade popular e elaboração de leis – hoje são impensáveis sem os jornais, o rádio e a televisão. A importância dos meios de comunicação demonstra que onde ontem se reclamava o apoio de um sindicato para governar, hoje é necessário um meio de comunicação relevante. Definitivamente, os partidos são agentes do Estado, vivem dos seus recursos e os cidadãos se convertem em fatores externos do seu desenvolvimento.

Para que esta cartelização se cumpra é condição necessária o rebaixamento ideológico dos partidos que competem eleitoralmente com possibilidades de governar em algum dos níveis da administração. Esse rebaixamento ideológico desemboca no cinismo, no oportunismo ou no medo apontados como traços próprios do período. A fusão entre poder econômico-financeiro e empresarial – e poder midiático, converte aos meios nos gestores das regras do jogo dentro da sociedade do espetáculo. As regras do jogo assumidas pelo cartel se expressam na mídia. Como lugares de confrontação, os meios alternativos (canais locais, jornais e revistas, sites na internet, mídias comunitárias) são o único espaço possível de visibilidade daqueles que o cartel expulsa do jogo e marca como inimigos da democracia.

O anterior não significa que os partidos deixaram de ser o instrumento por excelência da democracia representativa. É conveniente, no entanto, esclarecer as críticas – e ponderá-las – com o fim de encontrar alternativas que refaçam esse instrumento hoje em dia insubstituível. Em síntese, as principais críticas aos partidos seriam as seguintes: (1) ausência de democracia interna, com uma grande oligarquização, fortes lideranças e anonimato dos militantes; (2) escasso poder real da militância na tomada de decisões importantes – o governo costuma ter mais poder que o grupo parlamentar que o sustenta e que pouca coisa pode fazer para exigir o cumprimento do programa. Em outros termos, as decisões políticas são tomadas fora dos órgãos do partido, frequentemente, inclusive fora do país; (3) baixa filiação e falta de interesse em incrementar o número de militantes ativos; (4) funcionarização dos militantes; (5) grandes despesas eleitorais e, em relação a isso, participação dos partidos nas teias de financiamento ilegal, com o resultado final de colusão entre a grande empresa, os bancos e os partidos financiada pelos contribuintes e plasmada em megaprojetos, resgates bancários e infraestruturas desnecessárias; (6) diluição da ideologia; tentativas de captar um número maior de votos e vontade de ganhar maior liberdade em relação a compromissos de transformação; (7) complexidade e globalidade dos assuntos tratados, o que leva à especialização e, com ela, à ininteligibilidade do discurso; (8) escassa flexibilidade para incorporar as novas exigências cidadãs ao se tratar de "empresas" com clientes bem definidos; por exemplo, dificuldades para satisfazer as demandas ao mesmo tempo do precariado e do operário tradicional; (9) escassa margem de manobra real para defender os interesses nacionais em uma economia internacionalizada, determinada pelos mecanismos financeiros, econômicos e políticos globais (FMI, Banco Mundial, OMC, UE); (10) funcionamento empresarial do partido, no qual dirigentes e empregados/militantes buscam principalmente manter um nicho eleitoral que permita sua margem de lucro ("elites extrativistas" como foram chamadas por Acemoglu e Robinson); (11) cooptação direta ou indireta do poder judiciário e dos mecanismos administrativos de controle, como os Tribunais de Contas, implicando esta partidarização da justiça (chamada erroneamente politização): a impunidade das cúpulas dos partidos; (12) colusão entre os partidos e os meios de comunicação que reduzem a política a desgostos interpartidários. Todos esses elementos têm como corolário necessário a declarada impotência dos partidos para buscar soluções fora da esfera de garantia de sua continuidade (a da democracia representativa e a economia neoliberal) com o resultado de um crescente afastamento de uma parte crescente da sociedade.

Criticar os partidos é, em quase todos os países, um esporte nacional. No qual as pessoas sempre esquecem que se há alguma coisa

5 - A CARTELIZAÇÃO DOS PARTIDOS POLÍTICOS...

parecida à sua cidadania são precisamente os seus políticos. É radicalmente fantasioso deixar os partidos tomarem conta do *hardware* da sociedade enquanto que os cidadãos se encarregam do *software*. Dito sem metáforas: é um luxo de desentendidos dedicar nosso tempo a um assunto particular – seja tão específico como a defesa de uma espécie animal ou de maior envergadura como a liberdade na internet – que implica como elemento de legitimação a dura crítica do papel das autoridades relacionadas, mas que, em nenhum momento, pensam como vamos substituir a função que esses partidos realizam na gestão do Estado. Isso faz que os movimentos sociais ou dos pequenos partidos sejam vistos como muito simpáticos pelos cidadãos, mas pouco confiáveis para entregar a eles a gestão do coletivo.

Outra das críticas fáceis aos partidos é que rompem, como seu nome indica, a unidade. Queremos todos realmente estar alinhados no mesmo local? Não é um problema de culturas católicas como a da Espanha o querer transladar a unidade religiosa para a vida política? É certo que as elites políticas costumam viver melhor que a média das pessoas a que representa, mas sempre é mais simples colocar a culpa em alguém do que assumir os custos da democracia (que ninguém disse que era barata). Há apenas meio século, os partidos eram um dos melhores instrumentos para informar à cidadania o decorrer dos acontecimentos e da interpretação "correta" do mesmo. Com a internet essa função ficou desvalorizada. Todas essas críticas às vezes são solucionadas com grande ingenuidade, pretendendo que um novo tipo de associações ou a democracia eletrônica substituíssem aos partidos. A curto prazo isso é impossível. A não ser que se apliquem métodos autoritários. De fato, a proibição dos partidos e dos sindicatos costuma ser uma das principais medidas que tomam as ditaduras.

Os problemas do afastamento entre os partidos e a cidadania são uma realidade, agravada em tempos de crise econômica, ecológica, institucional e moral, e adquirem aparências escandalosas em democracias pouco consolidadas como a espanhola, herdeira dos vícios da Transição. Pode-se melhorar a comunicação, a transparência, limitar a corrupção, escutar mais à cidadania, organizar primárias, garantir o voto secreto dos militantes e a democracia interna, conseguir leis eleitorais mais democráticas.

Mas por atuarem os nossos partidos em entornos capitalistas e ser representativos por definição – alguns poucos representam a todos -, os partidos vão continuar queixando-se dos problemas que acompanham à própria representatividade e ao funcionamento da economia de mercado. Um sinal de amadurecimento político é entender que não existem soluções mágicas. É evidente que trabalhar em uma cooperativa, na qual cada um recebe o fruto integral do seu trabalho, traz mais vantagens do que trabalhar para um empresário. Mas isso não tira a condenação que é o trabalho. Com a política acontece algo parecido. Só se fôssemos capazes de compartilhar um pouco a carga da representação entre todas e todos esses problemas se atenuariam.

Podemos, como bem viu Montesquieu, fazer valer a separação dos poderes. Isso melhoraria consideravelmente nossas democracias, pois ainda estão em nossas constituições os elementos que configuram o Estado social e democrático de direito. Dar já tudo como perdido no âmbito constitucional é um erro imperdoável. Aí está a Declaração Universal dos Direitos Humanos e a sua primazia como direito internacional. Mas, para fazer valer esses extremos, serão necessários parlamentares comprometidos com o povo, juízes comprometidos com o povo, governantes comprometidos com o povo. E um povo que exija esse compromisso. A alternativa a essa mobilização cidadã nos coloca no rastro do *O Poderoso Chefão,* quando Marlon Brando afirma: "nunca volte a falar o que você pensa quando você trata de negócios com estranhos".

Montesquieu ou *O Poderoso Chefão*? Participar é trabalhar demais. Quem está disposto?

OS MOVIMENTOS SOCIAIS: GUARDIÕES DO GENOMA DEMOCRÁTICO

O surgimento de movimentos associativos como alternativa aos partidos políticos é consequência e causa da crise dos partidos políticos. Uma crise na qual se encontram há mais de meio século e que, como acontece com a crise do capitalismo, parece que ela atinge mais aos modelos alternativos. Basta olhar para os Estados Unidos para perceber

5 - A CARTELIZAÇÃO DOS PARTIDOS POLÍTICOS...

que o sistema continua funcionando ainda que mais da metade da população não vote nas eleições. Pode se afirmar, no entanto, que uma nova ação coletiva está no horizonte, facilitada principalmente pelas possibilidades que abrem as redes sociais.

Como os movimentos sociais ocuparam lugares que antigamente ocuparam exclusivamente os partidos? As construções teóricas que explicam o surgimento de novos movimentos sociais delimitam a ação coletiva em quatro momentos: (1) a vivência ou o conhecimento por parte dos atores sociais de uma situação de injustiça; (2) a agência, isto é, o papel de alguns atores com a convicção de que a transformação social é possível por meio do movimento coletivo; (3) um antagonismo ideológico social entre um "nós" que quer transformar e um "eles" que quer conservar; (4) a abertura de uma janela de oportunidade que faça possível o trabalho político do movimento.

A noção de deliberação está intimamente ligada aos novos movimentos sociais, dos quais se transferiu para a discussão política. Não se trata somente de tomar uma decisão, por exemplo, por meio de formas de democracia direta, senão também, e quase de modo mais relevante, de formas de deliberação na busca alternativa de alternativas. Não pode ser de outro modo, pois a ideia de deliberação implica uma opinião pública informada, reflexiva, e colocada à prova por meio da própria discussão. Uma opinião pública consciente de que, ao dar voz a novos conflitos sociais, está pondo na agenda política o calendário da transformação social. O modelo clássico de centralismo democrático desenvolvido praticamente pela totalidade dos partidos políticos se baseia em que a informação flui de baixo para cima (mas não se escuta) e as ordens circulam de cima para baixo (e não podem ser questionadas). Essa burocratização da democracia não é válida nas novas sociedades reflexivas, as que refletem sobre o que acontece com elas e, portanto, onde o peso da tradição é menor. Esses novos atores, que querem ser sujeitos, se sentem diferentes, não querem ser encaixotados em metálicas envolturas conceituais, organizativas ou administrativas.

Os movimentos sociais não são substitutos dos partidos políticos e dificilmente os partidos ocuparão o lugar dos movimentos. O afastamento entre uns e outros se explica, em parte, pelo esquecimento da origem revolucionária dos partidos de massas, algo que já foi denunciado por Walter Benjamin no caso dos parlamentos, o que ajuda na sua degradação, mas também porque a necessidade de estruturas estáveis e especializadas desemboca em condicionamentos orgânicos que dificilmente podem ser satisfeitos pelos movimentos sociais.

As características dos movimentos sociais ajudam a entender a necessária coabitação entre estas duas formas de participação política: (1) expressam os déficits políticos estruturais que não são reconhecidos ou que são ignorados pelos canais políticos institucionais; (2) são uma peculiar representação de interesses, já que se preocupam com os setores sociais discriminados ou prejudicados que, geralmente, não comparecem ao circuito eleitoral e, portanto, não agregam valor quantitativo para os partidos; (3) são um contrapoder diante das forças sociais e políticas estabelecidas, com frequência entrincheiradas por trás dos meios de comunicação que fazem parte do sistema. Como têm pouco a perder, atuam como forças políticas com uma capacidade crítica ausente nos demais atores políticos; (4) frequentemente, propõem soluções imaginativas para problemas bloqueados pelas respostas tradicionais. Nesse sentido, fazem o papel de uma oficina de materiais do futuro, como aconteceu com a abolição da escravidão, o voto da mulher, a jornada de oito horas ou o respeito à natureza; (5) os movimentos são um campos de teste e aprendizagem da práxis democrática, à margem das capacidades, hierarquias, status, pressões etc., às quais estão submetidos os partidos – o voto – ou as associações – seus clientes; isto é, apostam mais pelas causas do que pelas organizações; (6) trazem a possibilidade de criar públicos globais e um deliberação transnacional capazes, por sua vez, de politizar uma emergente sociedade civil global.

Procurando traçar um paralelo expressivo – utilizado por Tomás Rodríguez Villasante –, podemos dizer que os movimentos sociais são a proteína P53 da sociedade política. Essa proteína, conhecida como "guardião do genoma", é a encarregada do apoptose ou suicídio celular. Sua tarefa consiste em identificar os caminhos não adaptativos das células, eliminando-as quando detectam uma anomalia. Sua ausência ou mutação gera necroses e malformações. O DNA acumula lesões graves quanto

5 - A CARTELIZAÇÃO DOS PARTIDOS POLÍTICOS...

esta proteína não funciona. Um P53 defeituoso pode permitir que as células anormais se repliquem, resultando em câncer. Ao contrário, sua presença e funcionamento correto detém a degeneração do ciclo celular. Sua função não é substituir a célula, mas impedir a metástase que se produz quando qualquer órgão ignora os limites que o conjunto impõe. Após se demonstrar que os partidos políticos são organizações que estruturalmente sofrem invasões "cancerígenas", a articulação desses anticorpos externos ou sensibilizadores se torna urgente. Hoje já não há razões para aceitar nenhum câncer resignadamente.

TAREFA PARA PENSAR A DEMOCRACIA EM CASA V

O macaco dissidente que se negou contundentemente a abraçar o capitalismo e bateu a porta ao abandonar sua jaula

Um experimento atribuído ao polêmico psicólogo norte-americano Harry Harlow foi afortunado nas explicações sobre os processos da aquisição de cultura. No ensaio, cinco macacos presos em uma jaula. No centro, uma escada e, acima dela, cachos de bananas. No teto, uma mangueira suspeita. Quando o primeiro dos macacos subiu pela escada disposto a receber a recompensa, uma ducha de água fria caiu sobre todos os macacos. Como isso acontecia sempre que algum deles pretendia subir pela escada, os macacos decidiram bater no ousado que, para conseguir uma banana, provocava a ira divina do castigo coletivo. No experimento, um dos macacos abandonava a jaula e era substituído por outro alheio à história. O recém-chegado, quando via as bananas suculentas se lançava velozmente escada acima. Antes de alcançar a recompensa recebia de quatro dos seus companheiros de jaula uma surra. O recém-chegado não entendia por que cargas d'água isso acontecia. Só conhecia a mensagem: não suba pela escada para pegar as bananas ou você vai receber uma surra.

153

No experimento, um segundo macaco era substituído e, como era de se esperar, o novato se lançava pelas escadas pelo manjar. Para surpresa dos pesquisadores, o macaco que não havia recebido a ducha de água fria, mas sim as porradas, se juntava à surra que davam no novo convidado. Assim até completar a total substituição dos macacos. No final, nenhum dos habitantes da jaula tinha recebido a ducha de água gelada, mas todos participavam pontualmente no castigo que recebia cada macaco recém-integrado. É provável que o último macaco que apanhou olhasse aos seus quatro companheiros perguntando por que estavam batendo nele. Os macacos por sua vez se olhariam entre si sem ter uma resposta – nunca tinham recebido a ducha de água fria –, mas algo sabiam sem dúvida nenhuma: "isto é o que há, as coisas são assim desde sempre, não pretenda inventar novas regras". Quatro macacos, sem saber por quê, batiam no ignorante que se incorporava ao grupo e pretendia fazer o mais lógico: pegar as bananas. Só aquele, se fosse o caso, que ignorasse essa aprendizagem conseguiria a liberdade para o grupo e, além disso, o alimento.

Quantos aspectos da nossa vida são normas aprendidas das quais não nos perguntamos? Ou, ainda mais: normas aprendidas capazes de frear nossa inquietude erótica diante do novo, o diferente, o extraordinário, o não escrito. Como explica Lakoff, sempre percebemos a realidade enquadrada. E, fora do quadro, a excessiva liberdade nos atordoa.

O sistema capitalista se caracteriza pela propriedade privada dos meios de produção. Não faz tanto tempo, o grosso da humanidade era dona de seus próprios meios. A despossessão e a expropriação de terras em grande escala criaram as bases de acumulação que viriam a construir um sistema que leva dez séculos se desenvolvendo, que teve dois séculos de auge e leva quase outro inteiro de declínio. Não obstante expulsar de suas terras os camponeses, foram feitas leis de pobres e vagabundos para obrigar a todo o mundo a entregar sua jornada aos donos dos meios de produção. A escravidão e as guerras fizeram o resto. Entregou-se para a equação entre a oferta e a demanda o quê produzir e sob qual valor (coisas das quais em nenhum momento se encarregou a Igreja), e as crises constantes que sofre este sistema se explicaram como naturais ou por culpa das interferências do Estado. Assim foi se normalizando que tudo se pudesse converter em uma mercadoria que garante algum lucro para alguém em um mundo guiado pela concorrência.

O sistema construiu um centro e o exportou a ferro e sangue para a periferia. Compartilhou algo do jogo, mas permaneceu com o monopólio, como explica Samir Amin, das cinco joias da coroa capitalista: o monopólio das tecnologias (o centro vê com maus olhos que outros tenham satélites ou servidores de internet); o controle do acesso aos recursos naturais em qualquer canto do planeta (veem com maus olhos que os povos defendam sua água, suas riquezas, sua biodiversidade); o controle do sistema financeiro global (veem com maus olhos que se criem bancos do Sul ou formas financeiras desconectadas do centro), o controle dos meios de comunicação e as redes de informação (veem com maus olhos que se criem agências de notícias alternativas, que qualquer rede seja livre, e ficam com sangue nos olhos quando os Manning, os Assange ou os Snowden descobrem suas armações), e o monopólio de fato das armas de destruição em massa (não veem com bons olhos que outros países se armem, ainda que os Estados Unidos sejam responsáveis por 25 por cento do orçamento internacional de despesas com armamento).

Não é estranho que as grandes revoltas contra o modelo foram feitas em nome da luta contra o imperialismo e a superação do modelo econômico: a Revolução Russa, a Revolução Chinesa, a descolonização africana e asiática, as revoluções cubana e nicaraguense e, hoje em dia, os processos da Venezuela, Equador ou Bolívia. O sistema capitalista, recorrentemente, tenciona a corda que só se rompe quando convocados os povos para construir outro modelo menos danoso. O problema é que esse puxa-e-solta sempre povoa a história com muitos cadáveres.

O modelo da democracia liberal e da economia de mercado é o único sancionado pela academia, partidos, a mídia, a igreja e o senso comum de cada época. Fora dele, ruína, abismo, castigo. Quem vai querer subir atrás das bananas? Arrancar a mangueira pode ser uma primeira decisão. Procurar os responsáveis pelos experimentos, outra. Por fim, desmantelar os falsos argumentos. Diga-me quem te insulta e te direi quem tu és. Quando os cães ladrem, poderemos dizer isso de que avançamos. Sair da jaula batendo a porta com força.

6

O ESTADO QUE PODE TUDO: ANTES LHE MATAVA, AGORA NÃO DEIXA VIVER...

Não é tão poderoso aquele que arrebata quanto aquele que dá.

MARCEL MAUSS,
Ensaio sobre o dom

O que faz possibilita que as elites dos países pobres contribuam mais para o enriquecimento das elites dos países desenvolvidos do que para as classes necessitadas de seus próprios países? Como é possível que no contexto atual da crise os ricos sejam cada vez mais ricos sem que isso provoque manifestações extremas de protesto da cidadania? A que se deve que a corrupção pague um preço diferente nas urnas conforme a ideologia do partido? Quais mecanismos são responsáveis para que, ao mesmo tempo em que nos declaramos profundamente preocupados pelo meio ambiente, não tenhamos comportamentos realmente ecológicos no nosso cotidiano? Qual a relação exata que há entre a riqueza do Norte e o empobrecimento do Sul? Qual é a causalidade existente entre as desregulações levadas a cabo por governos liberais, ou social-democratas, e a crise financeira? É o desenvolvimento um produto da democracia ou a democracia um produto do desenvolvimento? É compatível democracia com capitalismo?

Por trás dessas não-perguntas está a renúncia intencionada a assumir que há interesses sociais contrapostos, que nas sociedades marcadas pelas desigualdades existem conflitos latentes ou explícitos que se ativam quando os atores implicados enunciam suas intenções. Graças a essas não-perguntas, temos um começo de explicação a partir das ciências sociais de como é possível que no ano de 2009 os representantes políticos dos principais países desenvolvidos do planeta falassem em reconstruir um capitalismo com rosto humano e apenas um ano depois colocaram em andamento em seus países o plano de ajuste mais severo que se teve notícia desde o fim da Segunda Guerra Mundial. Escuridão demais. O medo (o *shock* recomendado por Milton Friedman no Chile de Allende, como bem explicou Naomi Klein) convida à paralisia cidadã. Quais mecanismos fazem com que as coisas sejam desse modo?

POR QUE OBEDECEMOS? A PERGUNTA MAIS RELEVANTE DA CIÊNCIA POLÍTICA

Quando Maquiavel utilizou o inovador conceito *stato* em *O Príncipe* não fazia mais do que incorporar à reflexão teórica um conceito que já tinha vida própria na Florença de finais do século XV. Necessitava um nome novo para definir uma forma de organização política que não se podia apreender com os velhos nomes. Do contrário, continuaria utilizando o conceito de *res publica* ou, inclusive, de *pólis* para se referir à organização política que começava a surgir na Europa da sua época.

Como seu nome indica, o Estado é algo que está posto, que tem lógica de permanência. Não se trata de uma organização política fugaz, mas, ao contrário, estabeleceu ou busca estabelecer protocolos com pretensão de validade no tempo (a raiz "*st*" de Estado é a mesma que a de estar, estabilidade, estátua, instituição ou estrutura). Para isso, e como requisito para sua existência, tem que garantir a paz interna e externa, pondo o fim à guerra civil e defendendo as fronteiras. Ao mesmo tempo – garantia dessa paz interna –, deve construir uma ordem de dominação que cumpra os requisitos econômicos, políticos, normativos e culturais que espera essa coletividade, isto é, que sejam o decantado que fica assentado das sempre conflitivas relações sociais. Essas não são eternas e

6 - O ESTADO QUE PODE TUDO: ANTES LHE MATAVA...

a-históricas, senão que terminarão variando conforme se veja afetado esse decantado pelos conflitos atuais e se substitua por outro, movido pelos desajustes sociais permanentes e o impulso de emulação que caracteriza os seres humanos. Esse decantado, sujeito à perseverança do que já existe, toma forma nas instituições, que deixam uma forte marca no curto prazo. O Estado é movimento histórico congelado em suas estruturas.

O Estado que queira ter sucesso, portanto, precisa encontrar obediência aos seus mandatos, pelo que deve estar dotado de algum tipo de legitimidade assumida pelos indivíduos, como insistiu Max Weber. É importante entender isso. Desde seu nascimento, o Estado é representativo, isto é, os que gerem a administração estatal ordenam a todos os que estão sob sua jurisdição. Desde que começaram a existir os Estados nacionais – desde finais do século XV, os que são menos mandam aos que são mais. Para controlar a população e o território, a obediência é essencial, daí que não basta a mera força, mas também é importante o consentimento. Não há Estado sem algum tipo de acordo. Resumiu Carl Schmitt com seu realismo implacável: "o *protego ergo obligo* é o *cogito ergo sum* do Estado"; isto é, que se com o "penso logo existo" nasceu a filosofia moderna, o "protejo logo obrigo" é a origem do Estado moderno. Ao ser o Estado representativo, será sempre mais simples se reunir com aqueles que representam alguma coisa do que com as pessoas comuns. Ao ser um monarca, um presidente ou um chefe de Estado, será sempre mais fácil – e no curto prazo mais produtivo – se reunir com os trinta empresários que mais contribuem para o PIB do que com milhões de trabalhadores – a não ser que o faça com seus representantes, com os pequenos comerciantes – outros tantos – ou, no caso extremo, os cidadãos de outros lugares – o fará com seus respectivos governantes.

No entanto, em seu desenvolvimento histórico, essa forma de organização serviu como instrumento de dominação ao serviço do desenvolvimento hegemônico capitalista, opção triunfante, *urbi et orbi*, nos últimos séculos. Os conflitos que há por trás da história do Estado só podem ser explicados em termos de interesse social – grupos organizados ao redor de benefícios comuns e visões compartilhadas – não de conflitos individuais. Em outras palavras, interesses, principalmente, de classe, como insistiu Marx. O Estado poderia ter conseguido outros contornos em seu desenvolvimento histórico, sem esquecer o imperativo representativo, mas tomou a forma que conhecemos, algo nada estranho se entendemos que os dois âmbitos de onde tirou suas referências, o exército e a Igreja, iam construir um aparelho mais preocupado com as elites do que com as bases.

Entender que poderia ter tido outros desenvolvimentos nos permite compreender que hoje, ainda que com dificuldades, o Estado poderia ser um instrumento para a emancipação. Entender que se desenvolveu da maneira como o fez e não de outra nos permite constatar que a memória que traz consigo, nas entranhas de suas engrenagens, é uma memória de classe. O Estado sempre é um reflexo de como se resolveram os conflitos históricos no passado e qual resposta dá no presente às exigências sociais. Como no passado sempre triunfaram as classes altas, qualquer tensão para o Estado a partir dos humildes hoje gera necessariamente problemas de adaptação. É mais fácil passar um camelo pelo buraco de uma agulha do que todos os juízes, os generais, os diretores-gerais, os catedráticos da universidade, os bispos ou os presidentes de empresas públicas se tornem leitores noturnos de Marx e Bakunin, admiradores de Che Guevara e de Rafael del Riego e radicais confessos com uma férrea vontade de alcançar, o quanto antes, a emancipação do povo e a libertação de suas correntes.

O Estado é a máquina mais perfeita para se conseguir obediência. A pergunta mais relevante da ciência política é exatamente essa: por que obedecemos?

As razões da obediência política têm a ver com quatro elementos. Em primeiro lugar, com a coação. A ameaça do recurso à violência física ou simbólica, cujo monopólio é do Estado, ainda que possa também vir de outras instâncias de legitimação (a Igreja ou grupos organizados). Em segundo lugar, a crença na legitimidade do poder. Essa, observada em tipos ideais, pode ser tradicional – referente a uma ordem que vem do passado, tais como as monarquias, líderes religiosos, clãs –, ou carismática – referente a uma qualidade extraordinária que se atribui a quem manda. Historicamente era militar, mas hoje em dia pode ser científica – vinculada ao dinheiro ou ao conhecimento científico ou jurídico –, ou legal-racional – própria da nossa época, e que exige que os governantes cumpram com

6 - O ESTADO QUE PODE TUDO: ANTES LHE MATAVA...

os procedimentos acordados para poder exigir obediência. O terceiro pilar da obediência tem a ver com os critérios que definem nessa sociedade a inclusão cidadã e a partilha dos bens públicos entre os diferentes membros da mesma. A inclusão corresponde ao acesso à economia, à política, ao sistema normativo e à identidade cultural. Por último, mas não menos importante, está a rotina: o controle da monotonia e a eliminação ou estigmatização das alternativas. Como faz quase cinco séculos denunciou Étienne de La Boétie em *"A Servidão Voluntária"*, é no costume que se deve procurar a chave de porquê uma única pessoa pode mandar sobre todo um país.

Uma sociedade organizada sobre esses princípios opera com o que Gramsci chamou de "bloco histórico", a soma de reprodução econômica, superestrutura jurídica, simbólica e estatal, liderança política e uma consciência compartilhada. O que ocorre na economia de uma sociedade fica refletido nas leis, no aparato do Estado, o que defendem os policiais e os militares e está nas instituições. Além disso, se ensina na escola, se observa nas peças de teatro e nos filmes, e sanciona aos domingos o padre em sua homilia. Um controle político e social que faz que tudo corra perfeitamente.

A hegemonia é a probabilidade que tem as classes dominantes de controlar as classes dominadas. Se fosse o contrário, a hegemonia estaria ganha pelos dominados. Mas, para isso, necessitariam de mais força e, dizia Gramsci, os intelectuais comprometidos. Se os de baixo rompessem com o senso comum construído pelos de cima, se abriria uma "crise de hegemonia". Os mandatos dos de cima poderiam não ser obedecidos pelos de baixo; atentemo-nos que na ciência política quase sempre falamos da "probabilidade" de que as coisas aconteçam: é uma ciência humilde. Se os policiais – e no caso os militares – não estivessem dispostos a realizar mais nenhum despejo, parece complicado que, com uma cidadania consciente, o Estado pudesse continuar mantendo uma estrutura imobiliária de apartamentos vazios, gente expulsa de suas casas e bancos resgatados. Falaria de "revolução". E as forças da Santa Aliança viriam apoiar a propriedade privada. Escreveu Gramsci: "se a classe dominante perdeu o consentimento, ou seja, já não é mais 'dirigente', mas só 'dominante', detentora de mera força coativa, isso significa que as grandes massas se livraram das ideologias tradicionais, não acreditam naquilo que antes acreditavam etc. A crise consiste exatamente em que morre o velho sem que possa nascer o novo, e nesse interregno ocorrem os mais diversos acontecimentos mórbidos".

Por tudo isso, e para além de debates superados, não se pode reduzir o Estado ao seu corpo administrativo, mas também não se pode ignorar sua condição institucional capaz de estruturar e administrar vastos territórios. Da mesma forma, não há que se deixar de lado sua condição de organização dirigida por pessoas (burocratas, funcionários, militares) que se articula em uma sociedade concreta com a que interage de modo constante e se influenciam mutuamente. Diferenciamos, para entender, mas a realidade está muito travada para que se possam tornar reais as diferenciações apontadas pela teoria.

Ao redor do Estado temos que considerar muitos elementos. Temos a nação como discurso cultural coletivo, vinculado ao território e à sua história, e que contém os relatos compartilhados e outorga a ideia de continuidade e transcendência ou permanência, e que em geral se alimenta de mitos, ainda que a cidadania precise acreditar neles como verdadeiros em uma das formas mais repetidas de autoengano. Estão aí os parlamentos, a burocracia, o governo, os juízes, os militares, os grupos sociais com interlocução social e política. E todas essas relações que esses espaços, pessoas e protocolos têm com a sociedade em que atuam. É simplista dizer que o Estado responde aos interesses de uma classe. Acima de tudo porque as classes já não são mais unidades homogêneas. O Estado responde aos interesses de quem possa torcer-lhe o braço. E esses são muitos e não são sempre bem-vindos.

A QUEM O ESTADO ESCUTA?

É ao governo a quem corresponde dirigir em cada tempo a capacidade coativa do Estado. A multiplicidade de estruturas, lógicas, instituições e objetivos que denominamos Estado está constantemente à escuta para a tomar decisões. Convém fazer uma rápida revisão, sem ordem de importância e com múltiplas variações e relações entre si na sua concretização real, das lógicas e atores que influenciam nas decisões que afetam o Estado.

6 - O ESTADO QUE PODE TUDO: ANTES LHE MATAVA...

O governo de Hitler foi capaz de mudar o Estado alemão, da mesma forma, ainda que em outra direção, que o governo trabalhista de Lloyd George mudou o Estado britânico. No esvaziamento do Estado social na Espanha são tão responsáveis os governos de Felipe González e Aznar quanto os de Zapatero e Rajoy, com os pontuais apoios dos grupos nacionalistas catalães e bascos. Os grupos que tomam as rédeas do Estado, a menos que saiam de uma situação revolucionária e mantenham um sólido apoio popular, costumam criar as condições favoráveis para a expansão desse grupo – que hoje costuma ser uma mistura dos interesses do partido com os daqueles que os financiam e seus meios de comunicação – embora, e essa é outra constante, sempre anunciarão que suas decisões são feitas em nome do interesse geral.

Vemos que qualquer Estado atualmente obriga o governo correspondente a pagar as dívidas anteriores e a pagar a folha de pagamento dos funcionários públicos, as pensões, os seguros de desemprego, as obras públicas ou as dívidas contraídas, principais dotações orçamentárias que consomem a capacidade de despesa, e não nos esqueçamos que os militares não gostam que não paguem seus soldos e, diferentemente de outros funcionários, têm armas.

Ao mesmo tempo em que um governo pode aprovar o resgate bancário com dinheiro público e endurecer os requisitos para obter uma pensão, outro pode mudar as leis para aumentar os auxílios públicos para moradia e educação. Do mesmo modo que um governo pode mudar uma constituição para eliminar a autorização judicial das escutas telefônicas, endurecer os requisitos para obter a nacionalidade ou garantir o pagamento da dívida por cima dos direitos sociais (como fizeram o PP e o PSOE com a reforma do artigo 135 da Constituição espanhola), outro pode impulsionar políticas públicas redistributivas de participação popular, vincular o Estado a certas formas ou outras de integração regional, onerar os imóveis desocupados ou renacionalizar os serviços públicos anteriormente também privatizados por um governo.

Separar o estado da sociedade, autonomizando-o, só serve para se submeter com impotência aos mandados daqueles que decidem seus movimentos. Ignorar que o Estado tem sua escolha estratégica, isto é, sua capacidade para se dar melhor com os que representam o poder que com aqueles que só tem poder quando são milhões; sua memória vinculada a sua trajetória histórica (na Espanha, o peso da religião, o escasso desenvolvimento capitalista, a construção do Estado por agregação durante a Reconquista), e os interesses próprios dos seus funcionários, só serve para cair na confusão de pensar que basta chegar no governo para controlar o poder. Como repreendeu Lenin a Kautsky em 1920: "Kautsky incorre por descuido nesse pequeno erro em que sempre incorrem todos os democratas burgueses: entendem por igualdade real a igualdade formal (...). Não pode haver igualdade entre os exploradores, que durante muitas gerações se distinguiram pela instrução, a riqueza e os hábitos adquiridos, e os explorados, que, inclusive nas repúblicas burguesas mais avançadas e democráticas, constituem, em sua maioria, uma massa bruta, inculta, ignorante, atemorizada e não coesa. Durante muito tempo, após a revolução, os exploradores continuam conservando de fato, inevitavelmente, enormes vantagens: mantém o dinheiro (não é possível extinguir o dinheiro do nada), uns ou outros bens móveis, frequentemente valiosos; conservam as relações, os hábitos de organização e administração, o conhecimento de todos os 'segredos' (costumes, procedimentos, meios, possibilidades) da administração; conservam uma instrução mais elevada, seus estreitos laços com o alto escalão técnico (que vive e pensa de modo burguês); conservam (e isso é muito importante) uma experiência infinitamente superior no que diz respeito à arte militar etc. (...). Além disso, uma parte dos explorados, pertencentes às massas mais atrasadas de camponeses de classe média, artesãos etc., segue e pode continuar seguindo os exploradores, como demonstraram, até agora, todas as revoluções, inclusive a Comuna (...). Essa verdade histórica é a seguinte: em toda revolução profunda, a regra é que os exploradores, que durante muitos anos conservam de fato sobre os explorados grandes vantagens, opunham uma resistência ampla, perseverante e desesperada".

Saber a quem o Estado escuta nos ajuda a entender que sua condição de relação social o torna um instrumento essencial para a transformação social; um instrumento muito perigoso para essa mesma transformação social e um instrumento determinante, quando está em outras mãos, para

6 - O ESTADO QUE PODE TUDO: ANTES LHE MATAVA...

alcançar a transformação social. Para entender a complexidade estatal, vejamos todas as instâncias às quais o Estado "escuta":

1) Aos que têm a capacidade de declarar, na expressão de Carl Schmitt, o Estado de exceção, isto é, aos poderes fáticos que têm a capacidade de utilizar de maneira generalizada a violência física: exército nacional ou estrangeiro, banqueiros, mercados e setor financeiro, patronal, líderes carismáticos com capacidade de mobilização, redes midiáticas, máfias, paramilitares, grupos terroristas...

2) À Constituição e as leis vigentes. Às interpretações judiciais. Às leis internacionais.

3) Às estruturas administrativas com os seus regulamentos, práticas habituais, instâncias etc., que têm a força adicional do costume e a tradição e que, inclusive depois de uma revolução, continuam estando aí.

4) Aos interesses particulares organizados ou com a capacidade de exercer pressão, com especial relevância para a combinação de interesses econômicos e midiáticos, que unem a sua capacidade própria à de influenciar a cidadania. Esses interesses podem fazer parte de alguma das diversas famílias que compõem o governo.

5) Às pressões regionais, locais ou de qualquer outra organização territorial interna.

6) À cidadania organizada que exige questões de interesse geral, na qual as vozes tomam força se se repetem como um eco multiplicado, ou elementos identitários, por exemplo, comunidades nacionais.

7) À opinião pública, expressada de forma direta (greves, manifestações, formas próprias de comunicação) ou indireta (enquetes, meios de comunicação).

8) A ícones morais estabelecidos (igrejas, associações, pessoas de prestígio, intelectuais), aos paradigmas científicos e aos discursos hegemônicos que pretendem reconciliar o Estado com o bem-estar coletivo; isto é, que encarregam o Estado do papel de conciliação ética da sociedade.

9) À própria subsistência do aparelho estatal, isto é, das pessoas que o integram e que têm na administração seu *modus vivendi*. Esse aparelho estatal funciona com uma lógica sistêmica baseada nos referenciais teóricos da imparcialidade e do interesse coletivo, pois necessariamente tem que pensar, para permanecer atualizado, em garantir a ordem mantida no sistema de dominação. Isso faz com que o Estado jogue sempre além do curto prazo (a não imediatez da administração da justiça é exemplo claro disso) e se preocupe em assegurar a legitimidade da ordem.

10) Aos partidos políticos, especialmente os que mantêm o governo, assim como seus complexos equilíbrios que se transladam para a gestão pública.

11) Aos sindicatos, especialmente quando têm a capacidade de convocar greve ou influência no voto.

12) Às pressões internacionais, seja de outros governos, seja de instâncias supranacionais.

13) Às necessidades imediatas de financiamento e, a partir disso, quem possa conceder esse financiamento, especialmente os bancos, as instituições financeiras internacionais e os mercados internacionais, tanto de bens e serviços como de capital.

14) Às peculiaridades das elites que comandam em seus diferentes âmbitos, que podem estar moldadas em alguma ideologia, ter firmes convicções religiosas ou podem tomar decisões consultando astrólogos, videntes ou necromantes, como ocorre frequentemente.

15) Às empresas privadas, as quais se entregou a gestão dos assuntos públicos e que possuem tanta autonomia que funcionam como um "estado" dentro do Estado e são capazes, inclusive, de uma queda de braço com a administração (basta pensar na subcontratação de questões militares, de espionagem ou de segurança).

É importante entender que o Estado real, aquele que concretamente possui cada país, é seletivo nas suas políticas, tem predisposição para se inclinar, por essa herança ancorada nas suas estruturas, a defender o que

6 - O ESTADO QUE PODE TUDO: ANTES LHE MATAVA...

já não existe, a escutar mais certos interesses do que outros, a reproduzir mais determinada lógica do que outra. Historicamente, os interesses mais escutados não foram os das massas, mas sim os das classes minoritárias que, não obstante, conseguiram tomar conta da hegemonia social e fizeram aparentar como interesse geral seus interesses particulares e consolidá-los mediante a obediência.

Mas não está escrito que isso não possa mudar. No centro de toda a reflexão surge a política, isto é, a definição e articulação – por um, vários ou todos – dos comportamentos coletivos de obrigatório cumprimento em uma comunidade. Não é só a economia – evidentemente, de radical relevância –, nem os valores – que estão por trás de muitos comportamentos –, nem os pressupostos jurídicos – igualmente essenciais. Trata-se da política como gestão da *pólis*, que tem a obrigação de integrar todos os elementos em busca de uma síntese funcional para o curso da sociedade.

O que o Estado fizer sempre dependerá do resultado dos conflitos sociais e da capacidade desses conflitos de fazer do instrumento estatal uma ferramenta para a organização social.

Se é verdade que o Estado está predisposto a uma direção determinada, não existe, pelo contrário, nenhuma predeterminação "necessária" para que uma ou outra direção seja destino inexorável. O Estado não é uma pessoa que pode fazer o que quiser. Tem uma autonomia delimitada por todos os setores aos que escuta e pelas lutas sociais passadas e presentes, e está condicionado, nas sociedades capitalistas, por uma lógica metabólica central: garantir a propriedade privada e a margem de lucro que permite a reprodução do sistema. Essa autonomia lhe permite trabalhar para aqueles que consigam se tornar hegemônicos em uma sociedade.

Quando a sociedade se relaxa, a estrutura estatal, como qualquer estrutura, pode dedicar mais tempo e recursos a sua própria reprodução. Mas isso só será consequência desse relaxamento social. Não é possível, como propõe o liberalismo, que sejam os representantes que se encarreguem da coisa pública sem que se vejam prejudicados, cedo ou tarde, os interesses da maioria. Votar a cada quatro anos não é suficiente. Um Estado independentizado do controle da sociedade termina, como estrutura que é, tendo comportamentos privados. Algo que se agrava quando o Estado, como ocorre na globalização, atende a aspectos cuja complexidade e obscuridade – muitas vezes intencional – exigem um conhecimento que não é de fácil acesso. Por último, a democracia volta a se esvaziar e os cidadãos voltam a ser "passivos" (de fato, cada vez decidem sobre menos coisas nas eleições), de modo que na distribuição de papéis os políticos se encarregam da coisa pública e a cidadania se dedica ao consumo e ao entretenimento, ao pão e circo, ainda que com quantidades decrescentes de pão e um circo de péssima qualidade.

Por conta do descarrilamento de um trem Alvia em Santiago de Compostela, no qual faleceram setenta e nove pessoas, médicos demitidos pelo Estado e bombeiros em greve contra o Estado interromperam seus protestos e acudiram em socorro das vítimas do acidente. O trecho onde ocorreu o acidente foi construído por uma empresa que apareceria nos documentos do caso de corrupção daquele que foi tesoureiro do Partido Popular por duas décadas. Sempre se soube que a curva era perigosa, pois obrigava a uma forte desaceleração após uma longa reta. Tanto os responsáveis do PSOE em seus dias, quanto os do PP aceitaram o traçado para economizar dinheiro. A alta velocidade, muito cara, tinha se convertido em um cartão de credibilidade eleitoral. O importante era inaugurar trechos e mais trechos. Todas as cidades queriam um trem de alta velocidade parando em sua porta. O trem não tinha, também por questões de economia – ou por mera estupidez –, mecanismos extras de frenagem. O presidente do governo enviou um telegrama de condolências às vítimas e seus familiares em que misturava o acidente ferroviário com um terremoto ocorrido naquelas datas na China. Escárnio nacional. A população dos arredores de imediato se dirigiu às ruas com cobertores, lençóis, desejos de ajudar. Fácil demais jogar toda a culpa no maquinista, apesar da sua imprudência homicida. Por um lado, a suspeita de que não estavam se fazendo bem as coisas. Por outro lado, a gente decente chorando pela gente decente. Política contra política.

TAREFA PARA PENSAR A DEMOCRACIA EM CASA VI

Matemática da raiva. Ponha-se na frente do espelho e recite em voz alta: "e um dia desses vamos fazer as contas..."

E um dia desses vamos somar os assassinatos da gente que morre quinze anos antes do tempo porque durante a sua vida não teve trabalho fixo, nem previdência social, nem moradia digna, e foi deixando para depois ir ao médico porque agora não era uma boa hora; e vamos somar os assassinatos da gente que tira a própria vida porque os bancos dizem que são economicamente inviáveis e os serviços sociais se desmantelaram para continuar enriquecendo os banqueiros insaciáveis; e vamos somar as mortes em vida das pessoas das quais lhes tiraram as esperanças porque não deixaram que estudassem nem fizessem planos para o seu futuro; e vamos somar os assassinatos das crianças que não puderam se desenvolver porque não havia em casa comida suficiente para cuidar do seu sono e alimentar suas brincadeiras; e vamos somar os assassinatos da gente que morreu em empregos precários, sem segurança laboral, impelidos por patrões avarentos ou gerentes enlouquecidos; e vamos somar os assassinatos das mulheres que perderam a vida porque o sistema não lhes deu outra possibilidade do que ser submissas, fracas ou prostitutas, e não encontraram olhos em que se apoiar quando estavam caindo; e não vamos deixar de somar as mulheres que morreram porque padres inquisidores, homens reacionários e políticos hipócritas e hostis negam o direito ao aborto e obrigam regressar às catacumbas da clandestinidade as mulheres pobres que decidem interromper sua gravidez; e vamos somar os assassinatos da gente que não resistiu a respirar o ar sujo de nossas cidades, beber a água poluída de tantos locais, comer a escassa e comida podre que deixaram os comerciantes; e vamos somar aqueles que o mar engole querendo atravessar em barcas de papel o Estreito de Gibraltar, fugindo da miséria que o Norte criou em seus países e também daqueles que deixam seu sangue nas fronteiras que separam os ricos dos pobres; e vamos somar os assassinatos de gente que caiu baleada, ou atingida por mísseis, bombas e gases vendidos por traficantes de armas e provedores de guerras. E não podemos esquecer de somar as mortes dos assassinados por fascistas que querem tomar novamente as ruas, nem tampouco desses assassinos de escritório que dizem que os movimentos sociais são terroristas e os apontam como objetivos para que seus filhotes raspados terminem o trabalho. Somando e somando.

Então, com tantas mortes na consciência, a boca vai se encher de ódio, os pulmões de terra e as mãos de justiça, e vamos ficar ainda mais bravos quando nos digam que somos nós que estamos semeando a luta de classes. E então não vão encontrar florestas tão profundas, nem mares tão fundos, nem montanhas tão altas em que possam se esconder e escapar de tanta raiva como nos fizeram acumular e tanta humanidade que nos roubaram. Porque já não há água bendita que lave a indecência que estão semeando. Porque nem eles merecem ter o poder de derrubar tudo, nem nós merecemos ser a caçamba golpeada que suporta todos os entulhos. O mal governo requer a resposta decidida dos cidadãos que querem um bom governo. E vamos somando e somando e somando...

7

VIVER EM SOCIEDADE: ROBINSON CRUSOÉ E A CIDADE QUE LEVAMOS POR DENTRO

A premeditação da morte é a premeditação da liberdade.
MICHEL DE MONTAIGNE

TRAPACEAR A MORTE

Vivemos em sociedade para trapacear a morte. Tudo que fazemos – tudo – tem, de modo consciente ou inconsciente, a vontade de torcer, dilatar, justificar, reconduzir ou interiorizar esse fato inevitável. No desenvolvimento da nossa condição de *Homo sapiens* fomos desenvolvendo neurônios muito especiais capazes de, em conjunto, permitir que pensemos em nós mesmos. Também que nos permitem imagina para frente ou para trás no tempo. Por isso, do mesmo jeito que a perspectiva de uma viagem ou de um encontro produz prazer, adivinhar a morte nos deixa inquietos. Dificilmente saberíamos com certeza o dia e a hora que o nosso cérebro e o nosso coração deixarão de funcionar. Necessitamos do grupo para sobreviver e fizemos da necessidade do grupo a razão última da vida social. O grupo tem sua tarefa e, no caso de fracassar, ou seus membros falecem ou precisam se incorporar a algum outro grupo. A natureza não é especialmente amável com os fracassos.

Para que uma ordem social seja tal, goze de estabilidade e cumpra a razão de ser da vida em comum (a boa vida apontada por Aristóteles) deve de ter êxito na hora de pôr em prática e reproduzir quatro sistemas de interação plenamente reais que atuam como o cimento social que diferenciaria uma sociedade de um grupo de seres humanos sem vínculos compartilhados (mesmo que esse grupo raramente exista, a não ser depois de uma catástrofe). Esses elementos que constroem a vida social são os laços que dão a razão de ser da vida em comum. Sem esses liames, desaparecerá a sociedade, ficando no seu lugar indivíduos isolados. Dão-nos assim um instrumento, um mapa para checar os nervos sociais e saber onde estão os elos mais fracos da cadeia.

Em primeiro lugar, a economia, articulada sobre a base da divisão técnica do trabalho (cada um se especializa em uma tarefa) e a reprodução das condições materiais de existência (extrair da natureza as bases para reproduzir a vida). É o subsistema de máxima necessidade e de mínima criatividade; é o mais ligado à materialidade da vida, aquele que sempre precisa ter uma resposta imediata e no qual a capacidade de inventar está mais limitada. É o âmbito mais inclemente com o fracasso: ao não ficar garantida a subsistência material, os membros da sociedade morreriam, procurariam outro entorno social mais favorável ou se mudariam para um grupo social mais bem-sucedido. É na subsistência material e na reprodução (a base familiar) na qual se criam os laços sociais mais imediatos. Quem não se beneficie das bases econômicas de uma sociedade com toda certeza acabará por se sentir alheio às obrigações da vida social. O fundamento do econômico é a satisfação das necessidades de uma comunidade. Uma economia que não permite a reprodução material de um grupo não está cumprindo sua lógica específica.

Em segundo lugar, temos a estrutura política, encarregada de expressar e articular as metas e comportamentos coletivos que essa comunidade humana deve assumir e cumprir obrigatoriamente no seu desenvolvimento histórico. Toda sociedade tem política. Em outras palavras, em toda comunidade humana permanente existem laços políticos, criados pelos objetivos comuns, que costumam estar representados historicamente por algum tipo de liderança. Em termos teóricos poderia se prescindir do líder, mas a experiência histórica demonstra que a

7 - VIVER EM SOCIEDADE: ROBINSON CRUSOÉ E A CIDADE...

praticamente a totalidade das comunidades humanas, principalmente depois de nos tornarmos sedentários após a revolução neolítica, organizaram algum tipo de liderança que atua como referencial para a integração do grupo.

O que diferencia a política de outras metas coletivas é que as metas que se definem são obrigatórias. Por isso a guerra é a forma máxima da política, a situação na qual mais são obrigados os membros de uma comunidade a seguir as ordens coletivas. A outra expressão máxima, que ainda não conhecemos, seria uma sociedade em que a politização de cada cidadão fosse tão absoluta que impediria os conflitos graças a uma forte autocontenção. O substrato do político é a probabilidade de que se cumpram as metas e comportamentos coletivos, é a "exigibilidade" de sujeição aos comportamentos coletivos. Por isso, por trás do político, sempre está o poder e o conflito.

A terceira coluna da sociedade é o sistema normativo, o conjunto de laços que garantem a coesão do grupo, a base comum para nos relacionarmos. Aqui estão, em primeiro lugar, as regras obrigatórias e coercitivas da linguagem compartilhada (falar é uma forma de comportamento moral porque introduz o respeito às normas como forma de possibilitar o diálogo), bem como os demais códigos que possibilitam as tarefas de integração (códigos jurídicos, mas também normas sociais, religiosas etc.). O sistema normativo está baseado na reciprocidade. É a esfera do moral, o espaço em que o comportamento é guiado pela confiança no cumprimento por parte dos demais dessas normas. É o social da sociedade, sua essência. A probabilidade de que os outros se comportem da mesma maneira que nós nos comportamentos. Ninguém obedeceria às normas se os demais tampouco o fizessem. Haveria uma profunda desvantagem. Seríamos os alimentos dos aproveitadores. Deixaríamos de ser antepassados de alguém.

Por último está a base cultural, como referências expressivas coletivizadas que permitem aos indivíduos se dissolverem em uma identidade que os transcende. A cultura costuma estar articulada ao redor de uma religião comum e em códigos expressivos e simbólicos compartilhados tais como a língua (porta-voz das tonalidades da cultura), o passado compartilhado, os mitos nacionais ou as referências simbólicas. É o âmbito de máxima criatividade e mínima necessidade; por isso é o de maior importância e se situa no extremo oposto da economia. Principalmente, busca dar resposta à certeza que tem o ser humano a respeito da finitude da sua vida. Vivemos em sociedade, definitivamente, para morrermos menos e morrermos melhor. É tornarmos transcendente o morrer, uma faculdade estritamente humana, que busca formas de *reconectar* a situação atual com a origem e um depois. Daí a religião em primeiro, porque reconecta, e depois a nação – ou a pátria ou a comunidade, porque dão sentido de continuidade –, sejam os grandes metafóricos dessa transcendência. Aí também é onde se entende a força do nacionalismo, especialmente nos momentos de globalização, quando a superação de fronteiras gera um estranhamento do mundo que provoca um retrocesso compulsivo e pendular às certezas do clã. A pátria, no final das contas, é o barco que nos leva, consciente ou inconscientemente, da eternidade passada até a eternidade futura, é o local onde estão enterrados os próprios mortos, a moradia que nos espera e dá tranquilidade aos vivos. Aí é onde deve-se entender a irracionalidade que produz, a violência que desata no frágil ser humano quando sente o nome da pátria manchado.

Quando alguém participa de uma ordem social, o faz bem de maneira voluntária, porque considera justo ou obtém algum benefício, ou bem porque se veja obrigado a isso, por exemplo, cumprindo com as leis ou mandatos sob ameaça de sanções, ou entregue a uma rotina que não se questiona. O normal é que o ser humano, como *animal social*, entenda seu mundo desde as coordenadas das quais se socializou, de modo que se afastar delas para se observar desde fora é um exercício nada fácil. Lévi-Strauss nos ajuda a entender isso: em um cemitério de Paris, um homem negro coloca sobre um túmulo alimentos diversos, pão, frutas, água. Alguns túmulos mais longe, um homem branco observa aquilo e se aproxima com ironia para perguntar: "o seu parente vai sair para comer essa comida?", ao que o homem negro responde: "quando o seu saia a cheirar e ver as flores que você trouxe o meu sairá para comer essa comida". A partir da própria cultura se é incapaz de entender que as flores, como os alimentos, são metáforas que significam o mesmo: as dificuldades que têm os seres humanos para aceitar que a vida acaba, pretendendo uma continuação no além.

7 - VIVER EM SOCIEDADE: ROBINSON CRUSOÉ E A CIDADE...

AS MENTIRAS DE ROBINSON CRUSOÉ

Talvez uns dos mitos mais conhecidos da literatura seja Robinson Crusoé. Seu autor, Daniel Defoe, quis fazer com esse romance publicado em 1719 uma alegoria puritana, na qual o jovem burguês Robinson desafiava a seu pai e a Providência e por isso era castigado com sucessivos naufrágios. Mas o que realmente saiu do escritor inglês foi o modelo mais depurado do utilitarismo do capitalismo selvagem. Por acaso não fica claro a ideia de que Robinson sobrevive na ilha graças a sua habilidade, ficando claro que a sociedade não é necessária? Com Robinson à mão, quem precisaria de alguém? Como muito, algum *Sexta-feira* para lembrar a superioridade eurocêntrica do homem branco e sua "carga" civilizatória (na expressão de Kipling). Em 1972, Michel Tournier daria a volta na história e em *Sexta-feira*, que inclusive assume o título de novo protagonista, sendo o nativo quem ensinaria o esplendor de outra cultura para o cansado e derrotado europeu.

Como demonstrou Karl Polanyi em *A grande transformação*, o mercado capitalista teve que se desfazer de todos os laços sociais para poder impor sua falácia autorreguladora. O capitalismo necessita uma sociedade em que não tenham mais remédio do que vender a sua mão de obra no mercado de trabalho ao preço que este lhes ofereça. Enquanto no feudalismo se impunha um modelo de extração de caráter político (os súditos entregavam parte do seu trabalho para o senhor feudal pelo pacto de vassalagem), o capitalismo independentiza política e economia utilizando a grande falácia de um mercado no qual todos são supostamente iguais. O Estado, a política, não precisa intervir, pois a oferta e demanda, a economia, se encarrega de tudo. A produção e os preços são indicados pelo mercado. Sociedade? Para quê? Apesar de todos os véus, Marx observou com a clareza de quem estava vivendo as mudanças e percebia as novidades mentirosas. No seu *Contribuição à crítica da economia política* escreveu:

> As robinsonadas não expressam, de modo algum, como imaginam os historiadores da civilização, uma mera reação a um excessivo refinamento e um retorno a uma vida primitiva mal-entendida (...). Estas antecipam, ao invés disso, a sociedade burguesa que se preparava no século XVI e que no século XVIII caminhava a passos gigantes em direção a sua maturidade.

Nesta sociedade de livre concorrência, o indivíduo aparece livre dos laços da natureza, que em épocas anteriores da história fizeram dele uma parte integrante de um conglomerado humano determinado, delimitado.

Não basta uma leitura livre de preconceitos da história do famoso náufrago para ver que Robinson sobrevive na ilha porque é um animal social. No romance, em um momento que a maré está baixa, consegue chegar ao barco em que havia naufragado e tirar dele tudo o que permitiria a ele sobreviver na ilha: o rifle, a pólvora, a corda, a faca, as sementes... Além disso, sabe como usar tudo isso. Não é, por acaso, tudo isso possível por que é um *Homo sapiens* socializado em York? Teria sobrevivido realmente se tivesse sido criado entre lobos? Em um momento em que o barco balança quando sobe a maré, Robinson fica em dúvida entre pegar uma caixa de dinheiro ou um caixa de ferramentas. É óbvio que pega as ferramentas. Valor de uso e valor de troca. O dinheiro só serve para comprar o tempo dos outros. Também tenta fazer um barril para água durante vários anos, mas sem sucesso. Não estava socializado sobre isso. Se tivesse ocorrido o mesmo com os demais aspectos, teria realmente sobrevivido à natureza? A divisão do trabalho tem sido a grande organizadora da vida social. Não é raro que no romance apareça Sexta-feira, mão de obra escrava que se oferece ao europeu em virtude da sua "superioridade moral".

A globalização sem regras para todos, isto é, a globalização sem pólis é como uma ilha deserta: não há responsabilidades, pois não há habitantes. Uma terra ilimitada é como um deserto. A mercantilização de tudo, incluindo os seres humanos, tratados como clientes e não como cidadãos, é uma desertização do planeta. As praças públicas, locais de encontro entre iguais, são substituídas por um enorme mercado ou bazar (como previu o filme de Ridley Scott, *Blade Runner*) onde só se é consumidor e vendedor, caçador ou caçado. Os cidadãos do mundo, como novos Sextas-feiras, ou se submetem ou nem sequer serão considerados como escravos. A utopia neoliberal é o sonho de alguns poucos que dominam a muitos com um roteiro excelente em que, no final, como nas grandes tragédias, necessariamente morre muita gente.

7 - VIVER EM SOCIEDADE: ROBINSON CRUSOÉ E A CIDADE...

INCAPAZES DE PREVER, ASSUSTADOS PELA INCERTEZA

"Meus pais – dizia Mark Twain, o autor de *Um ianque na corte do Rei Artur* e de *Tom Sawyer* – não eram excessivamente pobres, nem excessivamente honrados". Essa humorística frase nos lembra que não é muito fácil ficar rico trabalhando. Quando alguém não é rico organizar a vida requer previdência. Levei muito tempo para entender porque em Caras as pessoas faziam fila para comprar uma passagem de ida e uma passagem de volta no metrô (ao invés de uma única de ida e volta). Convivendo acabei descobrindo. Faziam isso caso economizassem, da maneira que fosse, a viagem de volta. Quando não se têm muitos recursos, deve-se economizar. Um dos edifícios mais altos do centro de Caracas tem o nome de uma seguradora: *"La Previsora"*. Prever é um objetivo da vida social.

As origens da seguridade social tinham esse nome: institutos de previdência. Para não ter que inventar a cada dia o próprio sustento. Incerteza que ameaça regressar à Europa com a crise econômica e o desmantelamento do Estado social. Quando a sociedade não provê, a vida se transforma em um acaso. Desde criança, enquanto jovem, na maturidade e na velhice. Estar incluído socialmente significa não arriscar tudo todos os dias, ter algumas certezas, poder fazer planos. A provisão social não se pode conseguir de maneira individual porque, quando se deixa as relações ao mercado, alguns ficam com o que é dos outros (não é um jogo limpo, senão utilizando a força do exército, da polícia, dos juízes ou da Igreja). As primeiras associações de trabalhadores foram proibidas, perseguidas, reprimidas. As leis dos pobres obrigavam a trabalhar e, quando isso não foi suficiente, se recorreu à escravidão. Cercaram-se os pastos comunais e se proscreveu a ajuda mútua. Isolados, não restou outra alternativa do que vender a força de trabalho ao preço que oferecessem. E disseram que todos éramos livres para aceitar ou não. Todos somos livres também para ir morar embaixo de uma ponte. Mas só alguns fazem isso dessa liberdade.

Os povos sem previdência, os que saem quase todo dia para inventar tudo, são mais felizes que os povos com seguridade social. Ficam felizes com qualquer coisa. Um pequeno presente faz o seu dia. E a concorrência não é mercantil, mas tem lugar de forma mais terrena. Cada qual tem sua vantagem pessoal e todos são mais iguais entre si. É, de qualquer maneira, uma felicidade infantil. Aquela de quem não imagina uma alternativa real – e retorna ao sonho da Cinderela, com um golpe de sorte, a providência finalmente se deu conta do humilde servo–, Os acidentes são vistos como inevitáveis – ou enviados por Deus. Se a natureza – ou o Estado – dá alguma coisa, você a pega. Vivem a incerteza, mas já renunciaram à angústia. Povos que precisam acreditar em santos ou heróis. Por que temos mais e somos mais infelizes tem a ver com atribuirmos demasiada importância a um determinado tipo de coisa nesse aumento de bens? Como alertou Erich Fromm, ser não é o mesmo que ter. Perdemos a direção, e os balbucios de transcendência ficaram com a religião. Quando a revolução saiu de cena, o mundo ocidental, a vitrine política da velha Europa, se converteu em algo satisfeito e entediante.

No desenvolvimento das sociedades ocidentais, fomos construindo âmbitos que iam se separando da religião – a ciência, o direito, a economia, a vida sexual – e iam construindo a sua própria lógica. O que a religião foi deixando, o Estado e o mercado foram pegando, transformando em leis ou mercadorias. E isso gerou novos problemas. As mulheres ganharam liberdade sexual se libertando dos padres, dos maridos e dos pais, para terminar sendo reféns do mercado – basta ver as cifras de prostituição e pornografia – ou do Estado quando precisa diminuir liberdades para manter determinada ordem – casamentos homossexuais, eutanásia, aborto. Silvia Federici reconstruiu o papel das mulheres no mundo ocidental em virtude das necessidades da economia. As mulheres se tornaram bruxas, organizadoras de orgias, doutas em ervas abortivas, fornicadoras do diabo, mestras de assembleias de feiticeiros, putas e libidinosas apenas quando o desenvolvimento capitalista precisou que a mulher retornasse para o lar para ter os filhos que Deus mandasse e que a revolução industrial ia precisar.

Há uma cidade que levamos por dentro. É um reflexo daquela construída afora. Às vezes devem se derrubar muitos muros reais para voltar a construí-los. Na memória, ficam as plantas do trabalho coletivo, do otimismo de quando as cidades foram erguidas, da esperança de uma

7 - VIVER EM SOCIEDADE: ROBINSON CRUSOÉ E A CIDADE...

cidade mais luminosa. Longe dessa lógica de fronteira que construiu Hollywood, onde as grandes superfícies ocultavam os conflitos ou se resolviam com uma escopeta. Os humildes sempre se aproximaram da cidade. Quando não deixam, eles as circundam. Vêm celebrar rituais de identidade – às vezes só nos estádios. Toda cidade tem uma memória de quando o povo saiu a tomar as praças. De quando a gente decente recuperou os seus espaços.

TAREFA PARA PENSAR A DEMOCRACIA EM CASA VII
Uma proposta indecente ou porque o medo tem que mudar de lado

Uma oferta de emprego se anunciava no site de empregos Infojobs em julho de 2013: "precisa-se recepcionista *freelance* para atender central telefônica desde sua casa, preferivelmente mulher, para empresa de *call center*. É requisito diploma do Ensino Médio e duas linhas telefônicas em casa. Contrato de autônomo. 450 euros brutos. Jornada completa".

Quando da greve geral de 1988, uma pichação foi feita na entrada da Faculdade de Ciências Políticas da *Universidad Complutense de Madrid*: "torne-se empresário: o governo dá os escravos". Olhando para trás, esse contrato de emprego juvenil, que causou então a primeira greve da democracia espanhola, hoje parece um texto radicalmente garantista. Ofertas de emprego como a anterior – mais da metade do dinheiro que se oferece é o que custa a contribuição como autônomo da previdência social – demonstram a total impunidade. Se é possível serem lidas em um país, Espanha, que é a quarta economia da zona do euro, podemos imaginar como funciona o mundo do trabalho no restante dos continentes?

Quem faz essa proposta indecente é porque usufrui da impunidade. Não tem medo. Só quando o poder teve medo tratou com respeito os trabalhadores, os subalternos, os de baixo. Assim foi na história. Quando o medo muda de lado, a democracia tem uma oportunidade. Mas o medo dos poderosos também pode se transformar em uma contrarrevolução. Assim foi desde o Termidor francês em 1794. O vitimismo contrarrevolucionário e a especial sensibilidade diante da perda de *status* outorga-lhes uma enorme força. No século XXI, a América Latina que começou a caminhar por outros rumos emancipadores foi a que tinha renunciado à luta armada. Para que o medo mude de lado e sirva para a emancipação, as classes médias não devem ter medo da mudança. Ódio contra ódio, o poder tem tudo a ganhar.

Nas revoluções são importantes aqueles que têm capacidade de aumentar a base social da mudança. Evidentemente, políticos, oradores, jornalistas, professores, profissionais e ativistas. Mas também comediantes, cantores, dramaturgos, poetas, mímicos, músicos, pintores. As verdadeiras revoluções da história foram também explosões de criatividade. A daqueles que podem conseguir apoios para a mudança sem fazer do medo um escudo ao serviço dos privilegiados.

Para que o medo mude de lado é necessária muita inteligência, não simplesmente força bruta. Ao invés de falar sem mais da fraqueza na correlação de forças, entrar nas rachaduras do sistema. Ao invés de gritar enfurecidos, colocar-se em uma situação de vitória que gera otimismo. Ao invés de dar ao povo o que o sistema de partidos já não pode dar, aumentar a aposta e construir um modelo mais decente que exija corresponsabilidade. Não resistir, criar. Transbordar as rodovias do poder com novas estradas mais amáveis. Juntar para dialogar com as três almas da esquerda – revolução, reforma, rebeldia – para ver se essa comunhão convoca novos espíritos santos. Se a esquerda revolucionária sucumbiu ao culto à violência, se a esquerda reformista sucumbiu ao culto às instituições, se a esquerda rebelde sucumbiu ao culto da indisciplina e ao desprezo daquilo alcançado, o necessário encontro entre estas três almas da esquerda reinventa as formas de luta e clama pôr fim ao seu divórcio.

Não se trata de fundir as lutas em uma só, de maneira que uma bandeira oculte as outras e desanime algum setor. Ao invés de fundir as

TAREFA PARA PENSAR A DEMOCRACIA EM CASA VII

lutas, sincronizá-las. Buscar conflitos de alta intensidade que permitam escalar as demandas (educação, saúde, não pagar a dívida, renda mínima, reformas eleitorais, um processo constituinte), acompanhá-las, colocar umas ao lado das outras, traduzi-las. Renunciar às chantagens da urgência, às ameaças dos mercados e aos pedidos infinitos de generosidade e paciência dos que não são generosos e nunca têm paciência. Construir um imaginário alegre. Saber que um processo constituinte conquista mais corações do que dez greves gerais. Não ofender o senso comum das pessoas. Não fazer ninguém acreditar no conto do vigário da maior consciência ou do maior tempo que levam as lutas. Ajudar as pessoas para que se incorporem, não dar broncas, não ofender, saber que as rachaduras balbuciam o futuro. Ir, humildes, do concreto ao que é maior. Encontrar os pontos comuns naquelas lutas com capacidade para somar esforços.

    A saída da crise vai somar necessariamente estruturas representativas, próprias da forma de Estado, e estruturas de democracia participativa. Os meios próprios de cada âmbito que hoje apenas se cumprimentam, vão ter que aprender a conviver. Os partidos com os movimentos, a administração com a autogestão popular, a organização com a flexibilidade, a economia social com as grandes empresas, a voz experiente com a voz sentimental, o voto com o escracho, a ocupação do espaço com a greve, o trabalho de base com a articulação das redes, a lógica horizontal da deliberação com a lógica vertical da representação, a eficácia executiva com a democracia deliberativa. Mas está claro que, nessa convivência, corresponde à democracia participativa uma maior capacidade de prospecção. É a que ainda não demonstrou a sua ineficácia. Se é o momento de se equivocar, é agora a hora de fazê-la somar e não subtrair. Se ocorre uma polêmica em uma organização entre formas de voto individual ou de voto delegado, é hora de apostar pela horizontalidade do voto de cada pessoa. Se a discussão é entre uma liderança ou um porta-voz consolidado ou novos dirigentes que surjam das bases, deve-se apostar por processos que permitam as mudanças sem que signifiquem uma catástrofe. Se a discussão é entre ampliar as redes ou se aprofundar na própria identidade, é a hora da abertura. Não porque haja marcos teóricos que garantam o resultado desse olhar, mas sim porque o anterior está devastando o mundo e quebrando as poucas democracias que tinham sido capazes de se levantar.

A novidade dos métodos e do diálogo exigirá muita discussão e um "ativismo de alto risco". Nenhuma grande façanha – tirar um ditador do poder, conseguir a gratuidade de um bem público, democratizar o ensino, o direito das mulheres ao próprio corpo – foi uma carta outorgada. São direitos arrancados dos que detêm o privilégio. Não entender assim é ingênuo e condena ao fracasso. As democracias liberais desconsideraram as principais ferramentas de transformação postas ao serviço dos cidadãos. Uma previsível greve, uma manifestação encarrilhada, um comparecimento parlamentar ferido pelos regulamentos, os aumentos da abstenção, do voto em branco ou do voto nulo, já não paralisam os circuitos de reprodução do sistema. É hora de pôr em prática ações não violentas que impeçam sua reprodução e detenham suas rodas dentadas. Umas que ajudem a continuar somando vontades, outras que operem realmente na paralisia. Nem na Tunísia, nem no Egito, nem no Brasil se alcançaram vitórias sem pressão real. Quando a rua cede, o passado regressa.

É tempo de esforços extras que permitam a cada movimento fazer uma tarefa de tradução (expressar a própria luta na linguagem de outras lutas para fazer inteligíveis as razões da briga) em benefício de encontrar o ponto de encontro com outras formas de transformação social e política. Só assim se entenderá que os escrachos são formas de desobediência civil – como foram ontem as lutas pelo sufrágio -, que buscam expressar a violência e a impunidade dos que se beneficiam das desigualdades e dos aparelhos do Estado que as amparam. Entender-se-á que impedir um despejo é uma forma não menos democrática que votar quando se quer propor a discussão a respeito da redistribuição de renda. Entender-se-á também que não é possível o autogoverno, nem a ação convencionada, sem acordos firmes a respeito da necessidade de formas de representação (se trata de perder o medo de "ser grandes"). Aprender-se-á igualmente que começar por dividir e redistribuir os próprios recursos em momentos de crise é uma boa maneira de começar a definir o modelo que se busca (cooperativas e refeitórios nos bairros, assessoria legal, formação, intercâmbio de bens e bancos de horas – com creches, ensino de idiomas, de informática, de agricultura ou jardinagem, de atendimento a viciados etc.), sem esquecer que a articulação por parte do Estado da saúde, da educação ou das pensões não foi uma graça concedida, mas sim uma conquista de cem anos de lutas e que, por isso, se trata de um bom objetivo a se reconquistar.

Mudar o medo de lado. Conseguir que o esforço de indignação se converta em vontade política. Saber que mais moscas se apanham com mel que com fel. Lembrar o lema: somos maioria, somos alegria. E ter muito claro que já não vivemos em um tempo em que ninguém virá a solucionar por nós todos os desafios que enfrentamos.

8

DEMOCRACIAS DE TÃO BAIXA INTENSIDADE

AS PIORES TEORIAS DA CONSPIRAÇÃO SÃO AQUELAS QUE EXISTEM: A SANTÍSSIMA TRILATERAL

No último trecho do século XX se tornou popular, inclusive no pensamento crítico, a rejeição das "teorias da conspiração". Uma parte da crítica era bastante razoável: Nostradamus, pirâmides, extraterrestres, judeus em quartos escuros, árabes em quartos escuros, velhos brancos em quartos escuros, múmias, reuniões secretas, ricos em cadeiras de rodas perto do calor de uma lareira entre montanhas e neve, vilões de todo tipo tramando causar um dano desnecessário. Em geral, na política ninguém causa dano desnecessariamente. Há por trás uma motivação, um interesse, uma lógica. Quando, junto com essas, descartamos qualquer teoria da conspiração, ficamos sem ferramentas para analisar o planejamento próprio do sistema capitalista, especialmente das grandes corporações. Não são a mesma coisa as profecias de Nostradamus e os relatórios da *Brookings Institution* ou do *Council on Foreign Relations*.

As petrolíferas olham para o futuro e controlam os mercados de energias alternativas. Monsanto, a multinacional dos transgênicos, contratou repetidas vezes a empresa de mercenários Blackwater (logo chamada

Academi). Seus primeiros contatos com essa empresa – tristemente famosa pelo seu comportamento assassino no Iraque – tiveram como objetivo se infiltrar em organizações dos direitos humanos, ecologistas, grupos contra transgênicos ou contra os testes em animais. A empresa de segurança, composta por antigos trabalhadores da CIA e de mercenários de outros serviços secretos, trabalha para grandes consórcios: Barclays, Deutsche Bank, Chevron. Grandes empresas e exércitos particulares de mãos dadas. Bill Gates comprou uma parte significante da Monsanto. Ao mesmo tempo, financia com a fundação que tem junto com a sua mulher projetos educativos em todo o mundo. A moral não tem muito a ver nem com essas empresas, nem com essas fundações. O objetivo é aumentar as vendas.

Ainda que seja legítimo, costuma ser um erro olhar moralmente o que tem explicações óbvias. Diminuir a crítica somente para assuntos morais fragiliza o argumento. O empresário que pisa no concorrente não costuma desfrutar de fazer isso (a não ser que estejamos na presença de um doente patológico). É uma questão de sobrevivência. É o mafioso dando uma palmadinha amável no rosto da sua vítima enquanto diz: "não é nada pessoal: são apenas negócios". A lógica econômica permite prever comportamentos. A moral distrai. Os que tramaram a rede de corrupção imobiliária nos Estados Unidos sabiam que isso teria, cedo ou tarde, vítimas. Não se orgulhavam disso, nem contavam quando chegavam em casa para suas filhas enquanto afagavam suas tranças loiras. Transformavam-na em balancetes contábeis lucrativos. O problema é que as contas falam conforme quem as lê. Os contos são mais evidentes. Quando as contas são avassaladoras, vêm os relatos. O neoliberalismo foi um diagnóstico, um remédio e, principalmente, um relato. O da sua inevitabilidade e o da ausência de alternativas.

Em 1973 foi criado a Trilateral, primeiro governo mundial na sombra de uma globalização que começava. Era uma organização executiva que continuava a tarefa deixada pelo Colóquio Walter Lippmann em Paris em 1938 e com a criação da Sociedade Mont Pèlerin em 1947. Os três pilares da construção dogmática do neoliberalismo. O Estado nacional era funcional para o capitalismo keynesiano: garantia a reprodução econômica – inclusive a margem de lucro das empresas – no âmbito das fronteiras nacionais. Quando o capitalismo precisou romper com as amarras dos

8 - DEMOCRACIAS DE TÃO BAIXA INTENSIDADE

mercados nacionais, dinamitou as costuras dos Estados nacionais, mas ao mesmo tempo precisou construir o que Williamson chamou de Estado transnacional, ou seja, o âmbito institucional que deveria se encarregar da nova gestão dos interesses globais no sistema. Daí nasce o novo olhar do Fundo Monetário Internacional, do Banco Mundial, da Organização Mundial do Comércio ou do Banco de Compensações Internacionais. Aí nasce a Trilateral.

Criada pelo banqueiro David Rockefeller, seu aparelho de inteligência estava ligado ao grupo mais influente da política estadunidense desde os anos sessenta (Brzezinski, Kissinger, Huntington, Fukuyama, e no âmbito econômico, Hayek, Friedman e os monetaristas). Não porque quisessem fazer o mal, mas porque o bem-estar dos Estados Unidos – e do grupo a que eles pertenciam – tinha prioridade. Não se vive em uma mansão com piscina, carros, empregados e muito tempo livre se alguém não te financia. A Trilateral ficou conhecida através de um relatório escrito por Samuel Huntington, Jori Watanuki e Michel Crozier, publicado em 1975: *A crise da democracia*. O programa máximo do modelo neoliberal. Visto atualmente vemos que se cumpriu cem por cento. Não acreditamos nas conspirações nem nas bruxas, mas que existem, existem.

As propostas que a Trilateral recomendava para o mundo constituíam o programa ideal do neoliberalismo, nos quais os Estados nacionais deviam silenciar, mudar sua substância pluralista e democrática alcançada no período pós-guerra (da hegemonia social-democrata), para dar espaço para as formas de governo supranacional que garantiriam, principalmente, o comércio mundial sob a égide das privatizações e a competitividade extrema. A discussão, nesse momento, estava deixando de ser com a União Soviética e se enfrentava, de maneira crescente, com os chamados países do Terceiro Mundo e com as dissidências internas dentro do bloco ocidental.

A esse programa político, impulsionado por Zbigniew Brzezinski, seria possível ver cumprido com folga apenas duas décadas depois. A Trilateral identificou quatro disfunções nas democracias contemporâneas: (1) a deslegitimação da autoridade e a perda da confiança na liderança; (2) a sobrecarga do Estado, relacionada com a maior participação cidadã nos assuntos políticos; (3) a falta de agregação dos interesses cidadãos (o que leva a uma grande divisão social) e o declive e fragmentação dos partidos políticos; (4) a limitada visão nacionalista daqueles Estados que escutam as pressões populares somente no que diz respeito às relações internacionais. Trata-se, justamente, daqueles elementos a que a nova esquerda se referia, coincidindo com parte do diagnóstico, para concluir com a necessidade de superar o capitalismo e a modernidade e o estatismo anexados a ele. Pelo contrário, as propostas neoliberais se orientaram não a entender a crise como oportunidade, mas sim como risco a ser eliminado.

Mas não deve se entender que as propostas da Trilateral sejam alguma espécie de *Os Protocolos dos Sábios de Sião* – balela antijudaísmo escrita com excessos por russos ressentidos para gerar ódio contra essa raça. Muito pelo contrário, as propostas da Trilateral estão cercadas de razoabilidade, além de vir acompanhadas de uma retórica sobre o bem comum que, mesmo sendo difícil de acreditar, permite apresentá-la com honorabilidade democrática. No entanto, é na sua tese principal – desencorajar a participação cidadã e liberar o Estado da sua responsabilidade redistributiva – na qual devem ser enquadradas e entendidas.

As propostas as quais convidava a Trilateral, como programa político de reconstrução neoliberal do sistema-mundo, passavam por reequilibrar a relação entre governabilidade e democracia (nesse momento reforçando a governabilidade, fortemente desestabilizada pelo que chamavam de "excesso de democracia"). Era necessário, portanto, superar a democracia direta ou representativa naqueles lugares em que a governabilidade exigisse. Para isso, era preciso assumir que o governo das sociedades complexas requer um incremento dos recursos materiais e da autoridade política à disposição dos governos, com o consequente enfraquecimento tanto do controle judicial quanto do Parlamento. Continuava a lista: melhoria das condições gerais de vida da sociedade por meio do crescimento econômico (não da redistribuição fiscal ou por meio do gasto público), sempre sob o controle estrito da inflação. Caberia aos sábios (economistas e planejadores) estabelecer como se chega ao ponto no qual a governabilidade da democracia depende da expansão constante da economia. Necessidade de lideranças fortes, quer pessoais, quer institucionais: o vazio de liderança deveria ser preenchido por

8 - DEMOCRACIAS DE TÃO BAIXA INTENSIDADE

lideranças institucionais fortes antes de ser com lideranças carismáticas pessoais, menos controláveis. Naqueles lugares em que não existisse outro poder com capacidade de exercer as tarefas executivas, seriam os presidentes a desempenharem essas tarefas executivas para garantir a governabilidade; desconfiança diante dos funcionários públicos (base do Estado social); descentralização da administração, por um lado reforçando os poderes locais, e por outro evitando o monopólio dos especialistas (de uma burocracia estatal comprometida com o público) que pudesse alimentar os sonhos utópicos, as posições radicais e a oposição ao Estado; conversão dos Parlamentos em órgãos especializados e técnicos e não em órgãos ideológicos; aceitação da relevância dos partidos políticos como canalizadores e agregadores das preferências públicas, como selecionadores de elites e como fornecedores de informação (evitando que essas funções se desenvolvam em outros locais ou em canais antissistema, colocando-se em risco a governabilidade democrática capitalista). Em outras palavras, os partidos tinham que se converter em órgãos de gestão, mais do que de discurso político (criador de conflitos); nesse sentido, os partidos deviam converter-se no local por excelência do consenso, o espaço de agregação sistêmica, conseguindo assim cumprir com as funções contraditórias de representar interesses particulares e de agregar interesses na coletividade. Tratava-se de conseguir compromissos amplos ao mesmo tempo que se defendiam os interesses do grupo.

Diante da incapacidade de conseguir ambos os aspectos por parte dos partidos dos notáveis, cabia incorporar essa função dupla aos partidos das massas, democratas cristãos – logo liberais – e social democratas; nessa linha, deveriam se suprimir as leis que proibiam o financiamento dos partidos pelo Estado e pelas grandes empresas e particulares. Devia igualmente diminuir a influência dos jornalistas nos meios de comunicação. Era necessário acabar com o que denominavam *abuso* no exercício da liberdade de expressão, isto é, os jornalistas não deviam fazer jornalismo investigativo. Eram necessárias normas administrativas que protegessem as instituições sociais (inclusive as empresas) e aos governos contra o excessivo poder da *mass media*. Essa proposta seria reconduzida a um local mais cômodo: comprando os meios de comunicação particulares e convertendo os meios públicos em órgãos do partido do governo dentro do jogo bipartidarista.

Era igualmente necessário reconduzir as universidades a posições funcionais para a reprodução do sistema. Tratava-se de reduzir os recursos financeiros colocados à disposição das universidades públicas que geravam "excedentes de graduados" em relação às vagas de emprego disponíveis. Para evitar a frustração e que as universidades se tornassem celeiros de dissidentes, era vital programar a redução das pretensões profissionais daqueles que recebem uma educação superior. O ciclo se completava aumentando os recursos à disposição das universidades particulares.

No âmbito laboral, se propunha combater nas empresas a pressão a favor da autogestão ou da participação dos trabalhadores na diretoria, bem como as nacionalizações impulsionadas pela esquerda, pois são contrárias à cultura industrial neoliberal e às limitações da organização empresarial, além de ter fracassado – reforçavam seu argumento – nos locais em que tinham sido colocadas em prática. Era um requisito também moderar a participação dos trabalhadores nas decisões cruciais das empresas. Em compensação, devia se dar, pelo contrário, mais atenção às condições de organização do trabalho, com o fim de evitar o ressentimento e a frustração; a crescente precarização é um novo passo, uma vez alcançados todos os demais objetivos. Para isso, poderiam ser colocadas em prática novas formas de organização do trabalho que evitassem as "táticas chantagistas" e as pressões inflacionárias. Igualmente, se buscaria restaurar o *status* e a dignidade do trabalho manual, prestando-se atenção também aos trabalhadores imigrantes na Europa com o objetivo de que não surgisse um conflito racial como nos Estados Unidos. Os direitos tais como greve, proteção, saúde, sindicalização, negociação deveriam se manter na medida em que fossem compatíveis com o novo modelo.

Por último, como não podia se dar como garantido o funcionamento efetivo do governo democrático nos países da Trilateral, era necessário criar um Instituto para Reforçar as Instituições Democráticas, financiado com fundos privados, e, onde fosse possível e apropriado, também com fundos públicos. Essa organização internacional, semelhante às já existentes na área militar – OTAN – e na econômica – FMI, BM, GATT e Comunidade Econômica Europeia –, deveria prestar atenção urgente aos problemas críticos que estavam confrontando as democracias, isto é, a

8 - DEMOCRACIAS DE TÃO BAIXA INTENSIDADE

excessiva vontade de mudança que se dava por trás do "excesso de democracia", a falta de autoridade do Estado, da Igreja e demais instituições de liderança, as pressões dos países do Terceiro Mundo e a sobrecarga material dos Estados ocidentais por conta das demandas sociais. Tratava-se de estabelecer uma coordenação das potências ocidentais que permitisse uma resposta política e ideológica similar à que permitia a principal organização militar ocidental, isto é, a Organização do Tratado do Atlântico Norte. Qualquer um que não assumisse essas propostas poderia fazer parte da lista de organizações terroristas. Esquema fechado.

Conforme se aproxima à pauta modernizadora, o modelo se afasta de uma pauta democratizadora:

a) A redução do Estado em nome de sua eficiência, confundindo Estado eficaz com Estado mínimo, espaço pelo qual se introduz a separação neoliberal de política e economia e se trocam direitos sociais por políticas de caridade.

b) A tecnificação da política, rompendo a força transformadora inicial tanto de partidos quanto de parlamentos, assim como sua privatização ao unir o político a interesses privados e a pessoas individuais com capacidade de controlar os aparelhos partidários.

c) Controle dos meios de comunicação. Por volta de 1975 ainda se fala de uma ingênua diminuição da influência dos jornalistas – ingênua em vista da atual situação da comunicação – o que dá conta de alguns meios relativamente livres, justamente aqueles que descobriram o caso Watergate ou denunciaram os exageros da invasão do Vietnã.

d) Incapacitação intelectual dos setores populares impedindo seu acesso à universidade e acabando com suas pretensões profissionais que poderiam servir como sementeiro de insatisfação.

e) Freio da democracia econômica. Trinta anos depois, parece ficção científica falar em participação dos trabalhadores na diretoria das empresas.

f) Controle administrativo, ideológico e militar da democracia em prol de limitar a participação cidadã, entendida como "excesso de democracia", e de articular modelos legitimados por meio da formalização democrática que permita o funcionamento pacífico do sistema. A unidimensionalidade, denunciada por Marcuse nos anos sessenta, convertida no padrão democrático. O que a ciência social conservadora – Popper, Berlin, Hayek – ia chamar de "sociedade aberta". E quem a criticasse de "inimigo".

Como oposto à ideia de transformar a sociedade, se oferece o princípio da resolução de problemas concretos, ocultando, mais uma vez, a agenda oculta: eliminar tudo aquilo que distorça o funcionamento de um mercado em reconstrução dominado pelas grandes corporações. O resultado é que o que se conhece como crise do político, na verdade, é crise da política democrática. Recuperava-se a tese aristotélica do excesso de democracia, segundo a qual a democracia se degenera no governo do povão e gera ingovernabilidade. Ao mesmo tempo, retomava-se a metáfora orgânica do *corpo* social que implica a existência de uma cabeça, o elemento central, e extremidades, membros inferiores e, portanto, amputáveis em caso de gangrena, que levam a uma concepção da ordem social alheia aos conteúdos críticos.

Em agosto de 2013 surgia nos meios de comunicação uma denúncia de que a empresa sul-coreana *Electrical Distribution System-Kyungshin-Lear* obrigava seus trabalhadores em Honduras a usar fraldas para economizar o tempo de ir ao banheiro. Os argumentos da empresa, expressão clara de uma democracia de baixa intensidade, são facilmente reproduzíveis: se não somos competitivos, teremos que fechar a empresa e nos mudar para outro lugar. Em 2009, houve um golpe de estado em Honduras, o primeiro dos consentidos pela administração Obama. O motivo principal do golpe que derrubou o presidente constitucional Mel Zelaya foi sua intenção de aumentar o salário mínimo e a sua aproximação com a ALBA (organização supranacional impulsionada pela Venezuela). Democracia contra competitividade. Ganhou a competitividade. Evidentemente, sob o manto da defesa da democracia. Depois viria Líbia, Síria, Egito. Obama nunca fechou Guantánamo, mas encarcerou o soldado Manning e obrigou Snowden e Assange a pedirem asilo fora dos Estados Unidos. A estátua da Liberdade continua acenando a quem chega a Nova Iorque. O presidente Obama continua sendo prêmio Nobel da Paz.

8 - DEMOCRACIAS DE TÃO BAIXA INTENSIDADE

O FASCISMO SOCIAL: UMA FORMA ELEGANTE DE MARCHAR A PASSO DE GANSO

O resultado dessas políticas resultou no que Santos chamou de "fascismo social": "não se trata de um retorno ao fascismo dos anos trinta e quarenta. Não se trata, como naquela época, de um regime político, mas de um regime social e de civilização. O fascismo social não sacrifica a democracia diante das exigências do capitalismo, senão que a fomenta até chegar ao ponto em que já não é mais necessário, nem sequer conveniente, sacrificá-la para promover o capitalismo. Trata-se, portanto, de um fascismo pluralista, e, por isso, de uma nova forma de fascismo".

Podemos entender que os fascismos sociais acabaram convertendo-se, pelo menos para uma parte importante dos cidadãos, em senso comum. São o fascismo do *apartheid* social: assumir que há pessoas que não estão protegidas pelos direitos da cidadania, sejam marginais, mães solteiras, imigrantes, dependentes químicos, pobres; o fascismo do Estado paralelo, que assume que o Estado tem um comportamento diferente – por exemplo, as promotorias ou as agências anticorrupção – conforme se trate de um ou outro cidadão; o fascismo paraestatal, o que privatiza âmbitos importantes da vida social e deixa que em alguns âmbitos sociais atuem outros grupos de poder como máfias, redes de corrupção, paramilitares etc.; o fascismo territorial, que trata de maneira diferente áreas de um mesmo país, declarando, em alguns, de maneira formal ou informal, Estado de exceção, perseguições civis, batidas policiais etc.; o fascismo populista, que constrói enormes bolsões de exclusão ao mesmo tempo que tem um discurso xenófobo, nacionalista e de justificação das desigualdades; o fascismo da insegurança, que cria grandes bolsões de inquietação, de impossibilidade de previsão social, de violência latente, de ameaça e de medo que detém o clima democrático e incita à mesma violência com que paralisa; e o fascismo financeiro, o mais virulento e que pode excluir, aniquilar e esquecer países inteiros sob os inclementes canhões dos mercados, as dívidas e as obrigações financeiras.

O alemão Carl Joachim Friedrich, o mais relevante constitucionalista alemão do pós-guerra, atento aos perigos do totalitarismo, viu nos Estados Unidos os mesmos riscos de cair pela ladeira por onde seu próprio país tinha deslizado nos anos trinta. Sempre viu como antídoto contra o totalitarismo o músculo cidadão, o qual devia se sustentar junto a instituições robustas – que o seriam sempre que fossem sustentadas por esses cidadãos. Educado na compreensão da política como conflito, sabia que a *bondade* de um regime tinha muito a ver com o seu sucesso ou seu fracasso:

> As revoluções – escreveu em *Gobierno constitucional y democracia* – são rebeliões que triunfaram. No caso de fracassar, seus fomentadores teriam sido – com raras exceções – executados por traição, isto é, pela tentativa de derrubar o poder estabelecido; coisa que correntemente se equipara com alta traição. E como o poder constituinte somente pode funcionar onde não existe ordem estabelecida, o declinar, e eventual desmoronamento do mesmo viriam precedidos sonoramente da multiplicação dos atos traidores. Todos os atos constituintes que, nesses últimos anos, tiveram significado, digamos, por exemplo, o estabelecimento da Quarta República na França, da Itália, ou da República Federal da Alemanha, a da Índia, e de outras novas nações que emergiram, foram precedidos por um período revolucionário no qual os atos de traição não só foram numerosos, mas de honra também. Os traidores e criminosos contra um regime são os heróis daquele que o sucede.

As democracias de baixa intensidade são regimes formalmente democráticos, mas socialmente fascistas. Empacotadas na aparente embalagem da existência de partidos, eleições e meios de comunicação, mas que albergam taxas de desemprego, sem-tetos, doentes, desnutridos, ignorantes e precários que obrigam a falar do "genocídio silencioso" que ontem afetou boa parte do planeta e hoje aterrissou na desconjuntada Europa.

As revoluções não são ruins por si mesmas. São só quando fracassam. E revolução, como dizia Lula, o ex-presidente do Brasil, às vezes é que as pessoas possam comer três vezes ao dia. Diga-me quais são as dificuldades para levar adiante as tuas necessidades e te direi os contornos da tua revolução.

TAREFA PARA PENSAR A DEMOCRACIA EM CASA VIII
O tempo se acaba: água e terra para quando não possamos comer dinheiro

Estava comendo um iogurte ecológico, satisfeito por estar fazendo a minha pequena parte do consumo responsável, lembrei de olhar o rótulo. Tudo era ecológico, estava testado, atrás tinha garantias sanitárias de todo tipo. A promessa de desfrutar de um iogurte sem pesticidas, antibióticos, metais pesados, bactérias mortais e alguma outra beleza que povoa o mundo industrial dos laticínios me parabenizava pela minha decisão. Como garantia de todo o processo, iogurte era produzido por uma cooperativa belga, e o compromisso cívico dos belgas (principalmente com os belgas, com a África é outra história) era outro elemento a seu favor.

No entanto, algo não ia bem. Comer um iogurte belga em Madri? Qual era a pegada ecológica de um simples iogurte de baunilha? Quantos quilômetros percorridos? Quanto combustível, quantos gastos de transporte, o que acontece com as câmaras frigoríficas? Compromisso meio ambiental em um iogurte ecológico? Aí entendi que, com a evidente exceção das cooperativas de produção e consumo locais, a distribuição de produtos ecológicos não tinha por trás um compromisso com o meio ambiente, mas sim com uma alimentação saudável. Em geral, esses produtos costumam ser muito mais caros. No final, o consumo ecológico nos meios tradicionais de distribuição (outra coisa são as cooperativas de consumo) é mais uma peça na estrutura que o ecologismo coerente quer superar. Há uma economia da comida ecológica que não divide as pessoas entre ecologistas e consumidores, mas entre pessoas que podem comer saudável porque podem pagar caro e o resto dos cidadãos. Foi o meu último iogurte belga em Madri. No meio de tantas contradições, um pequeno passo no compromisso que Gandhi chamava *swadeshi* (melhor consumir as coisas dos locais mais próximos) e mais uma confirmação de que a propaganda é uma das principais ferramentas políticas que sustentam o modelo.

O crime de lesa-humanidade é aquele que usurpa a condição essencial das pessoas como *Homo sapiens*. Cegos pela ansiedade consumista, vamos construindo, paulatinamente, e nem sempre sendo conscientes disso, um imenso campo de concentração caracterizado pela degradação dos ecossistemas e a contaminação da biosfera. Destruídas as possibilidades de uma relação equilibrada com o nosso entorno, ficamos condenados a esse roubo absoluto da nossa humanidade: o desenraizamento, isto é, a ruptura dos laços sociais e a quebra dos laços com o meio ambiente, exemplificado com o crescente êxodo para grandes cidades. Só há um ecossistema que caracteriza um bem comum compartilhado por todos os seres humanos. Nada nos liga tanto como irmãos do que a defesa deste bem comum. Aquele que polui o ar suja a todos nós e suja a si mesmo. É evidente que se a terra é um patrimônio comum e necessário para todos os seres humanos, ninguém pode manchá-lo. A defesa coerente do meio ambiente nos leva a mudar o regime de propriedade daquilo que afeta o meio ambiente. Na realidade, nos situa em posições revolucionárias.

Em nenhum outro lugar é tão evidente: ser decente com o meio ambiente leva a posições revolucionárias em nome da solidariedade com os outros e com as gerações futuras, isto é, leva à ruptura dos esquemas mentais. Em nenhum outro momento, como na defesa da terra, os diferentes paradigmas do planeta se encontram, dialogam, aprendem mutuamente. Um ocidental nunca entenderia que a terra é a herança que deixam os filhos aos pais (Não é ao contrário, perguntas?). Mas para um indígena, para aquele que a terra é a "mãe Terra" (a *Pachamama*) essa afirmação é óbvia. Aqueles que ainda não nasceram têm direitos sem ter

TAREFA PARA PENSAR A DEMOCRACIA EM CASA VIII

obrigações – ainda não estão aqui – e nesse nos obrigar a garantir seus direitos nos deixam a terra como herança. Se o mundo acabasse agora? Valeria a pena viver a vida? A angústia dos filmes apocalípticos nos dá a resposta.

O produtivismo da razão moderna, da lógica capitalista e do impulso estatista está chegando ao seu zênite. A generalização de um modelo apresentado como de sucesso leva, no seu seio, o mais cruel coveiro. Já sabemos que só existe um planeta Terra, entretanto, para estender o nível de consumo ocidental para os 6,2 bilhões de seres humanos seriam necessários, segundo diferentes cálculos, cerca de três a seis globos terrestres. Mas existe somente um. O ecológico significa pensar o todo como uma casa em comum. A fotografia do planeta Terra a partir da *Apollo 8* devolveu a nossa responsabilidade. Mas o estatismo, a modernidade e o capitalismo tem uma lógica guiada pelo imediatismo e a linearidade que, inclusive, apesar da força gráfica da solidão da Terra representada desde o espaço, continuam apontando o rumo em direção a cenários mais que preocupantes.

A reivindicação da política passa, necessariamente, por entender que o problema tem que estar em outro lugar. Essa chave deve se encontrar no próprio capitalismo e na lógica produtivista da modernidade. Valores de uso contra valores de troca; o ritmo expansivo do capital, perante a condição finita do planeta; a finitude do ser humano e sua multiplicação, graças à publicidade, como consumidor voraz que gasta o que não precisa; a rapidez do consumo de energia contra os séculos necessários para sua criação; a fragmentação individual contra a complexidade global; a racionalidade industrial contra a racionalidade a longo prazo; o ciclo do capital contra o ciclo da terra; a acumulação privada contra o interesse coletivo – são todos elementos que fazem incompatíveis essas duas lógicas.

Além disso, o capitalismo tem também os seus ciclos, acelerados pela sua própria miopia. Ao se ver sempre forçado a acelerar os seus ritmos, a cada certo espaço de tempo acontece uma catástrofe, que é a forma que o capitalismo tem de eliminar os seus "resíduos": afundam-se os mercados, cresce o desemprego, as mercadorias não são vendidas e muitos seres humanos pagam um alto preço por esse ajuste. Com a globalização neoliberal esses processos se agravaram. Não se trata de um desenvolvimento que encurta o mundo porque elimina as fronteiras: o encurta porque, com a sua capacidade de devastação, cada vez resta menos mundo. A natureza é sábia (certeza provada por milhões de anos) e, além disso, não precisa do ser humano.

Definitivamente, se a proposta emancipadora dos séculos anteriores buscava que a mão de obra deixasse de ser mercadoria, o século XXI incorpora o destaque da sustentabilidade (por outro lado, um princípio evidente nas mulheres) à sua bandeira. A natureza, é urgente reconhecê-lo, não é uma mercadoria. Se a democracia do século XX utilizou a tese da abundância, a democracia do século XXI trabalhará com a tese da moderação. Esta nova concepção de democracia exige uma nova cultura que incorpore a frugalidade, um menor consumo de energia em todos os seus aspectos, o uso de fontes de energias não poluentes, maior austeridade permanente (a austeridade real, decente, tão distante do "austericídio" que propõem os tóxicos centros financeiros internacionais). Pensa com prudência o desenvolvimento tecnológico existente, pois foi impulsionado com uma lógica que se mostrou prejudicial para a sobrevivência da humanidade. Se a ciência não é neutra, seu desenvolvimento também não tem sido. Suspeitar da ciência (não negá-la) com a intenção de desconstruí-la, torná-la humilde e logo recuperá-la para o anseio ilustrado da emancipação.

Nossa palavra "mundo" significa o conjunto de todas as coisas e pessoas. De todas. A palavra *"world"* vem de *verr* (homem) e *old* (tempo). Não pode ser nem um tempo de feras, nem um tempo de deuses, pois ambos são falsos. Em ambos existe um excesso ou um déficit de sentido, que em nada contribuem para a boa vida ou para a sobrevivência. Podemos escutar outras culturas quando falam não de viver melhor, mas sim de viver bem. A boa vida. Elevar novamente o ser humano à altura da terra.

9
NÃO SABEMOS O QUE QUEREMOS, MAS SABEMOS O QUE NÃO QUEREMOS: O MOSAICO DA NOSSA DEMOCRACIA

> *Primeiro te ignoram, então riem de você, depois eles lutam contra você. Então você vence.*
>
> MAHATMA GANDHI

ACABOU-SE O TEMPO DOS REMENDOS

Em tempos de crise econômica, a compatibilidade entre o capitalismo e a democracia torna-se um questionamento. Só recuperando a desobediência e a ingovernabilidade pode se reconstruir um pacto social que assuma uma democracia de alta densidade e seus objetivos. Os destroços do Muro de Berlim caíram sobre toda a esquerda, que ficou sem alternativa apesar de se ter distanciado do Gulag soviético. O "cliente" tomou o lugar do "cidadão", a "racionalidade da empresa" expulsou a "ineficiência do Estado", a "modernização" substituiu a "ideologia", o "privado" se valorizou acima do "público", e o consenso deslocou o "conflito". O filme dessa década foi *Crimes e pecados* (1989) de Woody Allen: os predadores ganham, os solidários perdem e uma glória sem peso na consciência acompanha o sucesso dos vencedores. Ainda faltavam décadas para que *Inside Job* (Oscar de melhor documentário de 2011, que narra a loucura desses anos) fosse filmado. Os que denunciavam os riscos dessa mudança eram acusados de estraga-prazeres.

Já faz quase quatro décadas que a direita percebeu que era impossível a universalização da democracia e a expansão do capitalismo. Expôs sua receita e a repetiu até que se converteu em um novo senso comum. O pensamento crítico cartografou o novo território, mas não encontrou força política que defendesse seu programa. A esquerda social-democrata abraçou o neoliberalismo sob o guarda-chuva da Terceira Via. A esquerda não social-democrata se "social-democratizou" e começou a entoar o canto repetido do retorno ao Estado social perdido (o qual ontem criticava). A direita está há quatro décadas fazendo as suas tarefas de casa. A esquerda apenas acertou quando se converteu no "partido das reclamações". Não é de se estranhar a precarização generalizada do trabalho nessas décadas. Na realidade, ninguém moveu um dedo para evitá-lo. Consubstancial ao tom melancólico da reflexão sobre a pós-democracia, se insiste em um passado idílico que não corresponde à realidade. Nas palavras de um dos principais formuladores do conceito de "pós-democracia" como democracia perdida, o inglês Colin Crouch:

> A pós-democracia pode se entender dessa maneira (...) o abandono das atitudes excessivamente respeitosas com o governo, em especial no trato dado aos políticos pelos meios de comunicação; a insistência de uma abertura total por parte do governo; e a redução dos políticos a uma figura mais parecida a um feirante do que um governante, sempre tratando de adivinhar os desejos dos "clientes" para manter o negócio de vento em popa.

A crítica à "pós-democracia" costuma cair na procura de um capitalismo com rosto humano. Algo que não passa de mais um oxímoro da época. O vazio real da democracia, para além do olhar nostálgico de um passado idealizado, se expressa de maneira crua na persistência ou aumento das desigualdades, no aprofundamento da brecha entre o Norte e Sul, na devastação do meio ambiente, no desemprego e a precariedade laboral, na permanência de "zonas marrons" nas quais o Estado não atua e onde a violência urbana e contra as mulheres é regra, no oligopólio dos meios de comunicação, na ausência de reformas agrárias, na exclusão, na feminização da pobreza, no incremento das doenças, na diferente expectativa de vida em razão do posicionamento social e o acesso aos bens públicos, no aumento do orçamento em repressão e na aposta pela guerra como solução de conflitos. Definitivamente, se vincula com assuntos que tem a ver com o diferente lugar que se ocupa no âmbito da produção e a reprodução social, tanto nacional quanto internacional. A pergunta pertinente não é, assim, se a cidadania se afasta dos partidos políticos, mas sim como é possível que a ideia de democracia, depois de uma guerra com mais de 50 milhões de mortos feita em seu nome, tenha se visto tão maltratada nas sociedades ocidentais do Norte e, a partir daí, no restante do planeta. A pergunta pertinente, pois, diz: é compatível a democracia com o capitalismo?

A DEMOCRACIA INDIGNADA

O impulso social por trás da Praça Tahrir do Egito, o movimento dos indignados na Espanha, #yosoy132 do México, Ocupa Wall Street em Nova Iorque, os protestos na Praça Syntagma de Atenas, o movimento estudantil chileno, as manifestações de *Que se lixe a Troika* de Portugal, os protestos no Brasil por ocasião da Copa do Mundo de futebol ("Já temos dez estádios de futebol; agora queremos um país"), as manifestações no Peru contra as desigualdades, as reclamações contra o extrativismo na Bolívia e no Equador, são todas reclamações que implicam uma reivindicação da democracia e do Estado. É também a surpresa diante do novo olhar do Papa Francisco, que parece valorizar a possibilidade de virar do avesso a Igreja católica, enquanto dá sinais de necessitar escutar mais os indignados do que os indignadores. Não é tarefa fácil para uma só pessoa, ainda que seja o Papa.

O impulso da democracia indignada deve funcionar como uma solução superadora do momento anterior. Nada mais equivocado que pretender retornar a um passado idealizado a partir da indigência atual de nossas democracias. Deve se notar que, como ensinou o instrumental marxista, o capitalismo resolve suas crises recorrentes incrementando os âmbitos mercantilizados. Essas crises foram resolvidas historicamente postergando os problemas que surgiram durante o período do pós-guerra para o futuro: para as gerações posteriores, para o meio ambiente e para os países do Sul. Hoje, essa válvula está fechada. Por isso regressa para Europa na forma de uma maior exploração.

Não se trata, pois, nem de recuperar o passado (o Estado keynesiano ou fordista do pós-guerra), nem de negá-lo (substituindo-o por uma rearticulação sobre as bases do mercado). A democracia do século XXI deve dar conta das críticas ao Estado social e democrático de direito, realmente existentes, realizadas durante décadas e a partir de diferentes posicionamentos: desde o pensamento liberal (quando criticou o paternalismo, a ineficiência, o clientelismo); desde o marxismo (sua reclamação sobre a manutenção da exploração, da alienação, do enfraquecimento da consciência crítica cidadã); desde o ecologismo (o produtivismo avassalador da natureza e da lógica destruidora e curto-prazista do capitalismo); desde a crítica geracional (a hipoteca transmitida aos que vêm depois); desde o pacifismo (a rede militar-econômica, o keynesianismo de guerra, a violência); desde o feminismo (o patriarcado, a desigualdade de sexos, a carga adicional do trabalho reprodutivo); desde a crítica pós-moderna (o afogamento da individualidade e da diferença, a homogeneização cultural, as hierarquias); ou desde a periferia mundial (o incremento das diferenças Norte-Sul, o neocolonialismo). Por isso, também se devem revisar criticamente as respostas tradicionais dadas pelos Estados do pós-guerra às demandas cidadãs. A experiência do século XX deve ser incorporada. A ação coletiva deve assumir como eixo da sua reflexão uma noção clara do que quer conservar, o que quer desenterrar e o que precisa construir.

As funções tradicionais desempenhadas nas democracias liberais pelos partidos políticos já não são patrimônio exclusivo dessas associações, ainda que continuem sendo responsáveis diretas pelo funcionamento estrutural do Estado. Se os partidos foram a ferramenta por excelência na construção dos Estados sociais e democráticos de direito, no século XXI as próximas etapas emancipatórias vão ter como sujeitos intermediários novas formas. Por tudo isto, as novas formas de democracia devem incorporar o valor menos utilizado do político durante a segunda metade do século XX e que, por sua vez, é o que mais informação traz consigo: a cidadania crítica organizada na pluralidade de movimentos sociais em

9 - NÃO SABEMOS O QUE QUEREMOS, MAS SABEMOS...

busca da organização política perdida ou nunca encontrada. Ao se quebrar com a lógica linear, surgem o que Prigogine chamou "estruturas dissipativas", esse ponto em que o gelo se rompe e, dessa fratura, surgem novas formas incalculáveis com a informação disponível. Mas, por isso mesmo, nada mais prudente que tentar obter o máximo de informação possível com um olhar astuto e atrevido. Tempos de audácia intelectual. O cálculo infinitesimal deve se aplicar à vida política, entendendo que, apesar da transformação poder operar com bifurcações inesperadas, não deixará de ser certo que as transformações são fruto da tensão entre o existente, sua crítica e a oferta de realidades alternativas.

Escreveu Bertrand Russell que um otimista é um idiota simpático, enquanto que um pessimista não passa de um idiota antipático. São tempos, sem dúvida, para o pessimismo, porque toda uma civilização está ruindo e os escombros costumam cair nas mesmas costas. Mas se deleitar no pessimismo é assumir a derrota. O momento histórico exige opor ao "pessimismo da inteligência" o, nas palavras de Gramsci, "otimismo da vontade". Ser "pessimistas esperançosos" e também "otimistas trágicos" para, com Boaventura de Sousa Santos, "deixar de esperar sem esperança". Aí retorna com força a utopia, esse armazém de cócegas intelectuais da gente decente.

A utopia como o motor que impulsiona a transformação social em direção definida pelas aspirações de uma cidadania formada e consciente. Mas uma utopia que, do mesmo modo, rejeita o mito do Estado e o mito do mercado, não constrói o mito da sociedade civil como espaço mágico onde a realidade humana brinca de esquecer sua condição (um otimismo movimentista que parece acreditar na mão invisível das redes sociais). Uma utopia que tenha bem colocados os pés no chão. Na metade de uma época marcada pela confusão, o espaço de convivência estará marcado não tanto pelo o que a cidadania sabe que quer, mas sim pelo que sabe que não quer. Não se trata, portanto, de um olhar melancólico para o passado, mas de uma resposta audaciosa à altura da crise sistêmica que consolidou o declínio do Lehman Brothers. Não menos democracia, mas sim mais democracia. Não menos conflito, mas sim mais conflito.

As turbulências na Europa estão trazendo, como todas as épocas de crise, um grande esclarecimento. Cada uma das eleições, na decadente

Europa, demonstra que há uma divergência entre o marco institucional vigente e as necessidades populares. A União Europeia – incluídos os partidos social-democratas –, desqualificam opções como a do Syriza na Grécia. Não parecem toleráveis processos eleitorais em que se confrontam, na verdade, modelos diferentes. O leque democrático restringe o âmbito de decisão a questões anedóticas. A retração da democracia europeia às exigências dos mercados, representados pela Alemanha, não somente está esvaziando de conteúdo social o constitucionalismo europeu, senão que está retornando a situações próprias dos anos trinta que convidam a preocupação.

É bem sabido que, na *Cinderela*, um príncipe volúvel e um tanto destrambelhado, recorre aos pés de todas as mulheres do reino tentando pôr o sapatinho de cristal que tem em suas mãos e é tesouro do seu desejo. Além de príncipe, portador de patologias próprias de quem não mistura seu sangue, os personagens mais terríveis do conto são as meio-irmãs de Cinderela. As ambiciosas jovenzinhas têm tanta vontade de fazer caber o sapatinho impossível que uma delas corta o dedão, outra o calcanhar, para o fazer servir. Apesar disso, não serve para nada, pois o príncipe, ao ver o sangue, se horroriza e foge.

Ao corpo social acontece o mesmo. O poder tem sapatos de cristal que não são senão moldes que não se ajustam sempre aos desejos da sociedade (aí também estão os partidos políticos). Especialmente quando ocorreram mudanças. É verdade que as sociedades podem se converter nas meio-irmãs da Cinderela. Daí a importância dos meios de comunicação: são os responsáveis por levar às sociedades a automutilação. Mas basta dar outro nome à realidade para atirar longe o sapato. Basta, como está acontecendo com a queixa dos indignados, alguém que grite: "que dor!". A pedagogia da dor da qual falava Paulo Freire é o primeiro passo para redenominar a nossa realidade de maneira emancipatória. A partir daí, se defender é um ato legítimo.

SABER AS COISAS DE OUTRO MODO: EM DIREÇÃO À REINVENÇÃO DA POLÍTICA

As revoluções, é verdade, nunca esperam os teóricos. É certo que o movimento indignado – representado na Espanha pelo 15-M –

9 - NÃO SABEMOS O QUE QUEREMOS, MAS SABEMOS...

demonstrou um modo diferente de começar a operar politicamente. Dizia Anton Domènech, citando Marx, que o movimento "não sabe mas faz". E, além disso, funciona. Em seus dois anos de vida modificou a agenda política, ressuscitou de cada um dos seus anunciados falecimentos, mobilizou a cidadania crítica que já tinha renunciado em acreditar na esfera pública e reformulou o olhar daqueles que, sem jogar a toalha, tinham cada vez menos argumentos para povoar o doente pátio da transformação social. Nessa vontade de ressurreição, o 15-M veio contar outra vez que há pessoas que estão no caminho revolucionário sem sabê-lo. Foi suficiente para essas pessoas darem o salto da dor ao conhecimento. Por ter pensado nas causas da dor, ter apontado os culpados e ter se disposto a repetir quantas vezes fosse necessário, não estão dispostos a aguentá-la. O revolucionário pedido de "democracia real já".

O principal risco do movimento indignado é se desanimar. Querer dar a resposta em apenas alguns anos a um sistema que leva cinco séculos espalhando seus tentáculos por cada canto da vida social. Não é necessário. Cada manifestação é uma tessela em um grande mosaico que vai se construindo cada vez que se diz "não" ao sistema e se dá uma alfinetada nessa lógica predadora do capital, do Estado e da modernidade. Só o desenho final dará sentido ao conjunto. Mas cada tessela é parte da nova democracia. Basta que a reclamação cumpra os princípios que permitem identificar a desobediência civil: reclamar sem violência, o que se pede não é uma exigência particular e egoísta (qualquer um deve poder se beneficiar nas mesmas circunstâncias), e em que está disposto a aceitar as consequências dos próprios atos. O movimento indignado é pura desobediência civil, a mesma que está por trás da dignidade política das nossas democracias.

Cada um de nós deve começar a tarefa de tradução de cada briga, em busca do significado global que dê, pouco a pouco, o sentido em movimento do quadro. Por isso, a principal conquista do movimento indignado foi dinamitar a "autorização política", isto é, quebrar esse silogismo falacioso que afirma: "democracia é votar, os governos eleitos são democráticos, os governos podem fazer o que quiserem até as próximas eleições porque são democráticos". Com a perda da autorização, e enquanto o movimento constrói seu programa, nenhum governo tem um cheque em branco. Ainda que tenha uma maioria absoluta nas eleições. Vimos na América Latina presidentes fugirem de helicóptero do palácio de governo. Será a vez agora da Europa?

Claro que há ingenuidade nos novos movimentos. Aquela que acompanha todo gesto generoso. Por isso atrai tanta simpatia. Os partidos, ao contrário, perderam a credibilidade quando a militância passou a significar algum tipo de vantagem. Material ou, talvez, somente simbólica (às vezes por meio da tradição familiar que gera afinidade). Vimos que pertencer a um partido é fazer parte um grupo com regras disciplinares e, frequentemente, clientelistas. Quando alguém fala de algum partido – do mesmo modo quando alguém fala de uma igreja – costuma ter uma vontade proselitista. Ao contrário, o 15-M parece trazer à tona a máxima zapatista: "para todos, tudo; para nós, nada". Quando se fala do 15-M ninguém está vendendo a sua mercadoria. Quando se convida alguém a algum movimento indignado, se tem a sensação de que se está convidando alguém a algo que sente fazer parte. Não querem seu voto, não querem seu dinheiro, não querem seu adoutrinamento, não querem sua imolação, não querem sua submissão a líderes ou siglas. Querem que você acorde. Quando foi a última vez que um partido pediu para que o povo acordasse?

Há alguns anos, perguntando para os alunos do Curso de Ciências Políticas sobre o último livro de política que tinham lido, uma aluna respondeu: *O Pequeno Príncipe*, de Maquiavel. Essa resposta, que então nos fez rir, hoje nos ajuda a pensar. Porque o livro do movimento bem pode ser *O Pequeno Príncipe* de Maquiavel: uma mistura sábia de ingenuidade e sensatez. Ingenuidade para sair do cinismo do partido e do sarcasmo do sistema. Sensatez porque são tempos de abrir as consciências sabendo das limitações que caracterizam a crise de civilização. Os fins de ciclos capitalistas sempre desembocaram, depois da fase financeira, em guerras. Com o atual desenvolvimento das armas, esse cenário não é possível de ser pensado sem medo.

É verdade que o 15-M uniu o grosso da população – todos intuem que há bastante probabilidade de que o sistema acabe caindo sobre suas próprias costas, inclusive os eleitores da direita – mas não deixa de ser certo que são os mais votantes nas eleições, os militantes de partidos e sindicatos,

9 - NÃO SABEMOS O QUE QUEREMOS, MAS SABEMOS...

os que ficam em casa, do que os comprometidos com o movimento indignado. Estão assentadas as bases para que sejamos mais os que estamos dispostos a dedicar parte de nosso tempo a mudar as coisas, mas falta atualizar esse momento.

Daí a importância das assembleias nos bairros, de continuar convocado protestos – que começaram a entender que têm que ser necessariamente globais – de levar a possibilidade aos bairros de que seus problemas sejam escutados. De aproveitar os momentos eleitorais para fazer ouvir outras vozes. É o momento de incrementar a consciência fazendo também a tarefa de tradução: para que os movimentos dialoguem entre si; para que os movimentos falem com os partidos; para que os partidos falem entre eles. Mas as urgências eleitorais não devem afogar o longo suspiro de nenhum movimento indignado. Estamos falando de pôr em prática um novo contrato social e isso necessita muitas vontades cheias de credibilidade. A vontade que sobreviveria ainda que qualquer engenharia eleitoral tirasse o oxigênio da criança que está crescendo.

O melhor cenário eleitoral a curto prazo seria, em qualquer caso, um mal resultado para as pretensões emancipatórias. E esse cenário eleitoral será, aliás, patético se não for capaz de dar uma resposta ao povo cansado de mentiras e que quer se atrever a reinventar muitas coisas. É tempo de que a mulher de César, o César, e todos os que os acompanhem não sejam apenas muito bondosos, mas também que o pareçam. Aquele que é generoso de verdade, dê um passo à frente e dois para trás. Ou alguém pensa que sem um apoio das maiorias é possível uma mudança na nossa malha política? Quando muito algum remendo que acabará gerando mais frustração do que soluções.

Os indignados que marcharam rumo a Madri no verão de 2011 recebiam em cada pequena cidade o "caderno de queixas" de uma cidadania que havia visto inundados todos os canais de diálogo. Ainda que desconhecendo seu programa, seus líderes, sua estrutura, as pessoas das cidadezinhas sabiam que o diagnóstico dos indignados era correto. O movimento foi juntando todas as críticas sobre os buracos do sistema há mais de uma década. Convocou o outro mundo possível dos fóruns sociais mundiais, reclamando que os direitos humanos incluam o direito ao trabalho, à saúde, à educação e ao desenvolvimento da vida digna. A possibilidade de uma vida decente. Voltou a dizer ao FMI que cinquenta anos são suficientes, responsabilizando as imobiliárias e os bancos pelos apartamentos vazios e os despejos, atacando as ofensas dos partidos contra o Estado de direito e a separação dos poderes, dizendo que, além de votar, quer fazer política, não tolera mais mentiras, é mais inteligente que a televisão e sabe coisas que já não passam em nenhum programa. Evidentemente, não tolera que se faça da guerra um instrumento de resolução de conflitos. Entende que os paraísos fiscais são prisões para a humanidade e querem prédios de vidro para que a corrupção não se esconda. Aprendeu a tecer na rede a inteligência coletiva (não deixando essa sorte aos Bill Gates da vez) e sabe, caso faltem forças, que ontem houveram outros que lutaram a luta da sua vez, e reclamam essa memória como parte de um fio comum de emancipação. E sabem muito bem que os sistemas eleitorais e os privilégios de autorregulação dos partidos acabam com a possibilidade de representar uma sociedade muito mais plural que a que representa o Parlamento. Ainda mais quando a suposta sede da soberania popular está artificialmente organizada como um assunto de dois grandes partidos que compartilham o substancial e diferem em questões importantes, mas que não afetam a estrutura do sistema. Todo esse mosaico, de repente, junto. Política indignada.

AS GRANDES INSTITUIÇÕES DA POLÍTICA INDIGNADA: REVOLUÇÃO, REFORMA E REBELDIA

A mudança social se manifesta como uma rachadura que surge em uma grande parede. Não se pode ver só a rachadura ou só o muro supostamente íntegro. A rachadura assinala a possível tendência, mas a parede também faz parte das obrigações sociais. Pode-se trabalhar ao mesmo tempo na parede e na rachadura?

No caso da Espanha, o 15-M e o que veio posteriormente – marés cidadãs, revisão dos partidos da esquerda e dos sindicatos, *Plataforma de Afectados por la Hipoteca* etc. – fui a intuição mais democratizadora desde que na Transição se viu, com a derrota da ruptura, que tudo estava, como disse *El Caudillo*, amarrado e bem amarrado. Foi – e ainda é – uma intuição

9 - NÃO SABEMOS O QUE QUEREMOS, MAS SABEMOS...

brilhante que exigia "democracia real já" porque o que existia não era democracia e a solução urgia. Uma intuição para saber que o esgotamento do modelo capitalista não tem outra solução, dentro do próprio sistema, do que converter os seres humanos em mercadoria. Outra saída para submeter os seres humanos às exigências do "economicamente viável", no qual as pessoas deverão brigar para não serem despedaçadas no interesse de outras mercadorias mais valiosas para os vencedores do modelo. Voltar a ser mão de obra descartável para obter mercadorias (minerais, recursos energéticos, alimentos, repouso e lazer) desde que seja rentável para alguém. Converter-nos em concorrentes por recursos escassos (água ou petróleo) e ser retirados de circulação para não ter gastos (foi o FMI que lembrou que viver muitos anos é oneroso para as finanças). Os seres humanos transformados em mercadorias cujo direito à vida ou à morte ditaria a oferta e a demanda definidas pelo mercado e aprovadas pelos políticos. Uma sociedade que quisesse sobreviver haveria que inventar o 15-M: "não somos mercadorias nas mãos de políticos e banqueiros".

A outra grande intuição, negada aos partidos políticos, tem a ver com a cartelização da política que vimos. Tempo demais reprovando os líderes políticos nas enquetes cidadãs, longe da vontade popular, excessivamente autorreferenciados, excessivamente parecidos entre eles, excessivamente especializados em uma lógica burocrática. Os partidos políticos pareciam – e ainda parecem – de outra galáxia. Uma galáxia malvada. Quando saiu de sua boca o "não há nada o que fazer", a resposta não podia ser outra que "não nos representam". Como expressou *El Roto*: "os jovens saíram às ruas e repentinamente todos os partidos envelheceram". Não se trata de que a rua silencie os partidos ou que alguma forma de aclamação substitua os procedimentos eleitorais. Trata-se dos partidos cumprirem realmente com suas funções e serem, em toda a sua extensão, democráticos e responsáveis. Algo muito longe da realidade, exceto naqueles locais em que a memória histórica permitiu construir uma identidade.

Os movimentos indignados têm que beber das três fontes da emancipação: reforma, revolução e rebeldia. E isso significa que terão diferentes tempos dentro do seu "modo de fazer". Pode se compartilhar o diagnóstico e se experimentar diferentes soluções. Não há nenhum problema que alguns insistam mais nos aspectos organizativos, que outros procurem superar algum aspecto concreto, outros que sirvam de ponte com os partidos políticos dispostos a reinventarem a si mesmos. O importante é que não esqueçam de onde vêm. A resiliência do movimento é sua vacina. Resistir sem mudar sua essência – sua metodologia participativa, seu pluralismo, sua irritação diante de qualquer injustiça, seu impulso das ruas, sua inventividade, sua capacidade de diálogo, seu frescor, sua aposta pela transparência – ante qualquer ataque, novo cenário ou ameaça traumática.

A articulação dos três impulsos emancipadores marca um caminho pelo qual pode caminhar o futuro do movimento. Um desses é o reformista, simétrico em relação à ordem existente, gradual, caracterizado pelo seu compromisso na gestão do institucionalmente alcançado e que frequentemente é fruto de revoluções anteriores; por exemplo, na conquista revolucionária do sufrágio universal ou a igualdade perante a lei. O impulso revolucionário, frontal, marcado pela urgência e que constrói a sua proposta em oposição à moldura institucional atual, orientando-o com um programa de máximas que não hesita em exercer um contrapoder de força. Por último, sem qualquer intenção hierárquica, está o impulso rebelde, tangente em relação ao que existe, de ritmo flexível, que vai além das formas políticas consolidadas do século XX e que incorpora as novas liberdades dos novos sujeitos. Essas três fontes seguirão caminhos separados, mas se saber-se-ão perto uma da outra; irão entrecruzar-se, darão preferência em cada momento conforme estejam as situações, se reforçarão entre elas, se adaptarão às situações históricas e a correlação de forças, ainda que também se obstruirão, competirão e se ferirão mutuamente.

A decadência da linearidade também deverá afetar esses três espaços, e os representantes das mesmas deverão se sentir parte de uma transformação que exige um diálogo com as outras pautas da emancipação social. Porque o velho nunca termina de ir embora, nem o novo termina de chegar. Porque a tese sempre faz parte da síntese, esses três impulsos devem aprender a se encontrar na pergunta de emancipação e fazer o contrário do que desenvolveram durante o século XIX e XX: se atentar ao que os une e não exacerbar o que os separa. Uma ideia central dessa nova maneira de entender a política.

9 - NÃO SABEMOS O QUE QUEREMOS, MAS SABEMOS...

O mero reformismo sem horizonte transformador torna-se simples gestão do presente que reforça o existente. Possui boa velocidade de cruzeiro, pois está fundamentada em estruturas testadas, permitidas e sustentadas pelo sistema, mas precisa de faróis que orientem para que a sua condição reformadora não se torne um lastro conservador ou reacionário. O sistema capitalista sempre está transpassado por contradições internas irresolúveis, que não se vislumbram se não se olha para a origem e para o futuro. Longe de solucionar os problemas inerentes do capitalismo, a fase atual de globalização neoliberal os acentuou e a mera gestão dos problemas não é, senão, uma forma de justificação. Acrescentemos que a social-democracia abandonou este impulso reformista, fazendo parte em muitos países desse impulso neoliberal e, portanto, mais da contrarreforma autoritária que da reforma emancipadora. A fase neoliberal e o processo de desconstitucionalização (na expressão de Luigi Ferrajoli) deixa o reformismo em uma péssima posição e, ao não refletir sobre o contexto atual, pode facilmente se deslizar para posições reacionárias. Se já não o fez.

Por outro lado, a atitude estritamente revolucionária, com seu programa de máximas, não outorga respostas reais para o existente (costuma cair no sectarismo), ao mesmo tempo em que nega o valor daquilo já alcançado. É sempre mais real no discurso do que na prática; a realidade exige prazos maiores para as transformações. Por isso, a discussão entre reforma e revolução, que foi central durante o século XX, deve dar lugar a um elemento que mesmo tendo sido silenciado não é menos importante. Reformismo e revolução discutem com formas institucionais hoje profundamente transformadas que pertencem a um mundo anterior – o do trabalho e dos Estados nacionais, o do fordismo e os partidos políticos, o da família tradicional e a certeza vital, o dos recursos ilimitados – e a uma consciência em retirada: a da identidade única ligada à nossa condição laboral e nacional. E, por isso, ambos precisam se articular com o tangente, o flexível, a liberdade individual e coletiva maximizada, a irreverência e a risada: o pensamento rebelde.

Não em vão, a rebeldia, recuperada com o triunfo mundial da mensagem zapatista ("mandar obedecendo", "para todos tudo", "os rebeldes se encontram entre eles"), não é senão a alma libertária que perdeu todas as batalhas (Bakunin contra Marx; Rosa Luxemburgo contra Lenin ou Kautsky; Trotsky contra Stalin, o anarquismo, durante a guerra civil espanhola, contra o comunismo). Se o reformismo e a revolução implicam em uma discussão sobre estruturas, a rebeldia incorpora a energia, novas bifurcações no caminho da liberdade. Se reforma e revolução querem tomar o poder, tomar de assalto o Estado, a rebeldia desafia o poder negando-lhe a centralidade que até então teve. Assume-se a crise dos grandes relatos apostando-se por universais concretos. Se reforma e revolução procuram representar o movimento, a rebeldia insiste em descabeçar constantemente a liderança do múltiplo, negando a possibilidade de uma "vontade geral rebelde".

As formações políticas revolucionárias, as que apostam em mudar as estruturas mentais e as estruturas sociais, não poderão ignorar o novo espaço no qual se joga a transformação política, de tal forma que deverão reformular sua exigência militante, sua inflexibilidade ideológica, seu sacrifício do agora obscuro pelo "amanhã luminoso". Deverá, portanto, assumir os ensinamentos do zapatismo quando reclamava "um mundo em que caibam muitos mundos". Mas a rebeldia também deverá resolver o problema da falta de estruturas e de lideranças, superar o problema das ondas do mar, condenadas a existir só quando tem vento. Nos primórdios do século XXI, já foi evidente tudo isso, com especial clareza, ainda que a partir de diversos comportamentos, nos casos da Bolívia, Equador, Peru, México, Argentina e Venezuela. Vale também ressaltar como, no caso da Europa, as manifestações contra a guerra do Iraque, as mais massivas em décadas, não se traduziram em articulação política ou social, nem em qualquer caso, um fator determinante para frear a guerra. Onde quer que olhemos, encontramos a necessidade de conjugar esses três impulsos transformadores caso se trate de adentrar no caminho emancipador.

Se reforma e revolução devem aprender a olhar para frente, as formações rebeldes deverão aprender a conjugar as suas diferenças com a necessidade de pontos de encontro, de localizar articulações que acabem com a sua cacofonia sem apagar sua identidade diferenciada, que solucionem sua miopia diante das estruturas e sua facilidade para desaparecer quando desaparece o impulso, que encontrem um ponto de consenso entre sua pretensão de hegemonia social e a negativa de trabalhar com hierarquias. O trabalho em rede, característico dos movimentos rebeldes, deve,

9 - NÃO SABEMOS O QUE QUEREMOS, MAS SABEMOS...

inclusive mantendo sua oposição à construção de centros, se esforçar para encontrar o mínimo denominador comum compartilhado com as outras formas de emancipação social (a necessidade da tradução). E os três continentes deverão saber que os demais existem e que é necessário que existam. Trata-se, portanto, de reconstruir de novo a "totalidade concreta".

A esquerda só empolgou quando se atreveu a brindar um mundo diferente, sempre pouco concreto. "Liberdade, igualdade e fraternidade" na Revolução Francesa, "terra e liberdade" na Revolução Mexicana, "pão, paz e trabalho" na Revolução Russa ou "pátria, socialismo ou morte" dos processos cubano e venezuelano. Por acaso hoje pode se virar a jaula de ferro do consumismo sem emocionar aqueles que foram chamados para serrar as grades?

A política indignada foi capaz de alcançar o impossível para qualquer Internacional anterior: convocar as primeiras manifestações globais contra o modelo capitalista. Maio de 68 durou três meses. O 15-M, apesar dos anos que passaram, continua em curso. E foi capaz de, para além do G-7 ou do G-20, convocar um G-90; em tantos países quantas pessoas saíram para as ruas em 2011 para recuperar a democracia onde essa nasceu: nas praças. Um momento destituinte. Uma pergunta, não uma resposta, que cresce na sua capacidade de concentrar indignação; que parece desvanecer, mas que continua aí acumulando forças; que desativa eleitoralmente a eleitores da esquerda conformista e dá maior espaço para a direita que não se comove. Mas que vai, gota a gota, influenciando as consciências. De repente, acontece algo e caem os regimes. Vai devagar porque vai muito longe.

Ante o choque da crise, a reação popular diante da ditadura dos mercados está fazendo caminhos diferentes dos tradicionais. A emoção dos movimentos indignados parece essa generosidade que surge nos desastres (no terremoto do México, Fukushima ou nos desmoronamentos depois das chuvas). Então são suspensos os egoísmos. Trata-se de lutar pelo básico. Daí nasce o otimismo. São por acaso melhores os livros de autoajuda ou o guia das vanguardas? A alegria da indignação transborda os diques dos partidos, dos sindicatos, das instituições. Os torna mais úteis quando quebra as constrições do sindicalismo para defender a educação ou a saúde pública. Os desafia quando é a própria cidadania que vota e a que compartilha a visão dos movimentos. Pede-se-lhes muito e muito rápido aos indignados e indignadas. "Corre, disse a tartaruga; atreva-se, disse o covarde", como canta Sabina.

Quando um raio cai durante a noite, o campo se ilumina e se torna visível o que estava oculto. Não bastaria entreabrir os olhos. Há demasiados véus. É uma questão de sensibilidade. A emoção faz com que a dor se converta em sabedoria, a sabedoria em querer, o querer em poder e o poder em fazer. Um jovem que se ateia fogo porque tiraram o seu meio de sobrevivência, alguns estudantes que acampam no meio da cidade, pobres que enfrentam aos ricos no coração dos seus cofres, um despejo em que se veem as lágrimas, presidentes que nos olharam nos olhos e logo nos enganaram. Só a sensibilidade pode convocar a razão ausente. Só a emoção pode acabar com a clausura do pensamento fruto do excesso de informações, o afã consumista, o medo do futuro, a negação do passado e a ansiedade diante da incerteza e o castigo. Se o sistema só entende objetos – uma hipoteca não cumprida, uma vaga universitária cara, um velho, um doente, um imigrante que aumenta o déficit, um interino que aumenta a dívida, um protesto que irrita os bancos –, a sensibilidade põe em seu lugar as pessoas.

Governar amanhã? Os movimentos indignados teriam que assinar, como o Lenin de 1917, onerosos tratados de paz se chegassem ao governo. Perderiam território, pagariam consertos, limitariam seu voo. Irá se exigir da política indignada aquilo que dificilmente podem fazer atualmente, inclusive, os partidos críticos? No entanto, não se exaurem nessas controvérsias. Não é a resposta definitiva para a esclerose do capitalismo neoliberal e da democracia representativa: é o diagnóstico de sua enfermidade. Por que ficar doente com eles? Não é um partido, nem agora deveria sê-lo. Um partido é um meio para um fim. O movimento é um fim em si mesmo: uma grande conversa que, por saber o que não quer, vai acabar sabendo o que quer. A política indignada nasce como pergunta, não como resposta.

No entanto, tem que enfrentar também a hora da verdade do poder político para que não seja mera fumaça purificadora. Claro que precisa começar a pôr fim em alguns assuntos. Mas sem imitações que condenariam

9 - NÃO SABEMOS O QUE QUEREMOS, MAS SABEMOS...

o movimento a repetir os erros do passado. Sem líderes, sem programa, sem envergadura, o risco de desaparecimento no refluxo do movimento está aí.

A crise do sistema e a impossibilidade de encontrar soluções internamente continuarão alimentando a busca. Estrutura não significa verticalização. É hora de uma implicação social mais horizontal. Deve-se reinventar a governança, esse conceito que convida a pensar que o Estado já não é suficiente para monopolizar o político, e torná-la democrática. Decisões políticas nascidas da discussão, executadas pela organização e supervisionadas por uma discussão que vem de baixo. É o momento, do mesmo modo, de reinventar lideranças – que não é o mesmo que líderes – em todos os cantos da vida social. Lideranças que se movimentem no novo senso comum que significa a reinvenção da política. Reconhecimentos que acarretem diálogos permanentes com grupos de trabalho, mas que economizem os enormes custos de energia que traz consigo a horizontalidade da assembleia, que de jeito algum desaparece, mas sim que deixa de discutir sempre o mesmo e cumpre suas regras, seus compromissos de auxílio e seus consensos.

Há, além disso, decisões urgentes na gestão de um país que exigem conhecimento. Se se ignora esta realidade, aquilo que há de redemocratização no movimento indignado nunca terá apoio das maiorias deste país. É um grande avanço ser um estado de espírito. Mas se as propostas significam um salto no escuro, nem mesmo aqueles a quem lhes restam poucas coisas vão dá-las. As pessoas podem estar desesperadas, mas isso não as torna estúpidas. Lideranças e reconhecimento, não um messias; propostas e programas, não catequização; organização e pautas, não seitas, prisões, nem gramáticas que condenam a se calar.

Diante da liberdade exigida em 68, o coração da queixa hoje se volta para a igualdade. A natureza destruída, o futuro incerto, a violência quotidiana – as diferenças que se tornam cada vez maiores em todo o planeta. Daí a força da camaradagem no movimento indignado. Também por isso a relevância das redes sociais, por sua horizontalidade, pela sua relação entre iguais que se reconhecem e tratam como tais. Quem acredita em vanguardas clássicas está com a visão equivocada. Aquele que não entenda que são necessários referenciais comuns que ajudem a moderar as pretensões da cada um, também se equivoca. A complexidade do mundo exige explicações pedagógicas, mas firmes. Daí vão surgir essas novas lideranças que vão ser um referencial para as soluções, não porque sejam vanguardistas, nem pela sua força para exigir, mas sim pela sua capacidade de convencer e de diminuir a incerteza.

Na reinvenção da política confluem veteranos castigados pelo sistema e também classes médias irritadas que, pela primeira vez, se sentiram tratadas como cidadãos do século XIX. Existem sujeitos políticos tradicionais ao lado de novos sujeitos que reclamam seu espaço: trabalhadores que se sentem como tais, mas que também carregam sentimentos e subjetividades ecologistas, pacifistas, cristãs, feministas, imigrantes, estudantis, internacionalistas... Na violência se reconhecem e se reinventam. A luta contra o autoritarismo durante o século XX gerou um tipo de partido político. A guerra fria, outro. Da indignação sairão modos diferentes de se organizar politicamente. O relevante será ver em qual medida se produz uma viagem de ida e volta consoante ao movimento que distingue com sua marca as formas de fazer política. Não novos profissionais, mas novos movimentistas que saibam como conjugar o melhor do conhecimento, do compromisso e da organização.

Diante de um capitalismo rígido e cada vez menos tolerante – nada líquido, com perdão de Bauman – o movimento indignado articula inteligentemente sua oposição. O sistema sabe se defender quando é negado ou combatido, mas não sabe o que fazer quando se vê desbordado. Essa foi a estratégia do movimento em todos os lugares. Deixar de pernas para o ar as teorias daqueles intelectuais ignorados pelos povos insurgentes que afirmam: "se a realidade não se parece com a teoria, pior para a realidade". Uma realidade teimosa e irreverente que, com perdão dos intelectuais consagrados e com o favor dos poetas, semelhante ao relâmpago que não cessa. É a inteligência do movimento de preferir a criatividade à tocha, de preferir a surpresa da ação ao invés de cair na estratégia da violência: aí, com certeza, ganha o Estado.

Os movimentos indignados agitaram as águas dos depreciados regimes parlamentares, lembrando que nossas democracias de baixa

9 - NÃO SABEMOS O QUE QUEREMOS, MAS SABEMOS...

intensidade não satisfazem nem as necessidades nem os sonhos das multidões. Ajudaram a entender que há outros olhares e que um mundo em que caibam muitos mundos é uma nova exigência dos que estão mais interessados naquilo que os une do que naquilo que os separa. Encontrar a forma de somar, aí onde o pensamento crítico e a prática transformadora se acostumaram a subtrair. Reinventar-se para deixar claro aquilo que se oferece como alternativa ao modelo capitalista e à crise neoliberal, dizer qual é sua posição contundente diante do desastre do meio ambiente ou ao direito de outros povos e das gerações futuras a ter uma chance. Manter sua capacidade de resiliência (recobrar sua essência diante dos ataques e mudanças) ao mesmo tempo em que busca incidir, além disso, nas consciências e nas posses. Essa nova política indignada sempre foi um grande Parlamento popular que serve para politizar aos que não estavam e também para repolitizar os que já vinham trabalhando na coletividade. Agora que o poder quer impor um maior silêncio, por que não manter esse diálogo que ajuda a nos reconhecermos? O movimento indignado nasceu como Parlamento da rua. E na rua tem que se reencontrar.

    Caminha o movimento indignado rumo algum horizonte conhecido? A utopia com os pés no chão que precisamos tem que aprender que só há pureza na santidade do céu, enquanto que na terra habitam seres humanos que se empenham em não se comportar sempre como anjos. Contar com eles é tão exaustivo quanto necessário. Deverá prestar mais atenção ao mundo laboral, e dedicar mais esforços para articular formas de economia social que ajudem no drama do desemprego. Evitar que se mercantilize a inteligência social e reinventar esse conhecimento para torná-lo público. Saberá – certamente com dor – que há contradições que só se resolverão quando existam atratores sociais (lideranças amáveis) que gozem de muito reconhecimento, os únicos no curto prazo capazes de conseguir que cada qual abaixe sua bandeira para que se veja a bandeira comum. Atratores com reconhecimento que ajudem a continuar construindo a participação, lideranças inimigas do proselitismo que devem nascer em todos os cantos da vida social: nas ciências humanas e na literatura, no movimento ambientalista e na filosofia, na ciência e na medicina, nas religiões e no direito, na economia e na música, no feminismo e no pacifismo, na ciência política e no sindicalismo, na tradução e na poesia, no teatro e na agricultura. E também na política. Evidentemente que também na política.

Lideranças nascidas das próprias lutas, capazes de reduzir a incerteza social porque entendem o problema a partir da prática e são capazes de representar e expressar soluções.

É evidente que não há soluções na Espanha que não sejam similares às que tomam outros países ao nosso redor, especialmente Portugal, Grécia, Itália. O mesmo é válido para África e já está colhendo grandes sucessos na América Latina. Deverá aprender que, dos muitos protestos, será útil escolher alguns para dar mais atenção, especialmente aqueles com capacidade de gerar problemas na sala de máquinas do modelo vigente. Poderá olhar para outros processos de outros locais – por exemplo, para entender que o Fórum Social Mundial, que foi a concretização do movimento indignado da América Latina, assentou as bases das mudanças que logo ocorreram no continente –, mas sem esquecer que cada povo exige as suas próprias soluções.

Como a principal das lições – a que esteve clara desde o começo –, a política deverá contar com o apoio das maiorias, sem as quais não conseguirá nada. Então pensará que uma das formas na qual tudo se reúne é em um processo constituinte. Onde todos e cada um dos membros da comunidade não poderão fugir da sua parcela de compromisso na solução dos problemas coletivos. Um processo constituinte que, por definição, é revolucionário, é reformista, é rebelde; que não confunde suas obsessões com o diagnóstico; que constrói um sujeito comum frente ao fragmento; que aprende a ter confiança nos outros como forma de caminhar para a convergência; que entende que as desigualdades são reais enquanto que nossos preconceitos são culturais; que prioriza as lutas para ir do concreto ao abstrato; que exige como uma conquista da humanidade a Declaração dos Direitos Humanos, e exige como próprias as garantias constitucionais conquistadas após duzentos anos de lutas; que sabe que o coletivo nos engrandece e que a autogestão nos educa; que defende a igualdade quando a desigualdade nos prejudica e a desigualdade quando a igualdade nos descaracteriza; que já não acredita nas lógicas verticais, autoritárias, patriarcais, eurocêntricas e tristes; que comemora a alegria da diversidade;

9 - NÃO SABEMOS O QUE QUEREMOS, MAS SABEMOS...

que acredita que comover é mover junto; que não aceita o horror de não fazer nada ou o bocejo de sempre fazer o mesmo.

O senso comum conservador é um sedimento em repouso há muito tempo. Pensar que o ser humano é egoísta e ruim por natureza, dar por certo que o particular funciona melhor que o público, acreditar que a obrigação acaba sempre consigo mesmo, assumir a aversão diante das alternativas, sentir a felicidade nos fetiches do consumo e o dinheiro, confiar nas soluções tecnocráticas, acreditar que os especialistas são os que realmente sabem, abominar do conflito, desprestigiar o diferente, acreditar ser superior aos diferentes, estigmatizar os imigrantes, assumir que o peixe maior tem direito a comer o menor, interiorizar que o local é pior que o global, dar por certo que os recursos são inesgotáveis, acreditar que o real é o que o espetáculo diz que é real... Todo um entrelaçado muito sólido que, no entanto, está naufragando. Não tanto porque se põem em questão seus axiomas ou exista uma alternativa, mas sim pela mais prosaica razão: já não funcionam.

Estamos diante de uma crise integral das democracias liberais representativas, incapazes de incluir a maioria da população. O esgotamento do sistema e a incapacidade dos atores políticos em propor soluções integradoras é mais que evidente. A política indignada foi ganhando posições, enfraquecendo os argumentos oficiais e corroendo a apatia da maioria silenciosa. Mas continua sendo muito forte o desejo de retornar a um passado feliz em que todos os problemas atuais existiam, mas estavam fora da consciência das maiorias. Estão dadas todas as razões para a desobediência, mas ninguém sabe quando essa indignação pode se transformar em um novo senso comum que construa uma política decente.

É um momento de apelar, precisamente, à gente decente. A que não está disposta a se dar por derrotada antes de ter lutado a batalha. A que quer refazer os fios do comum. A que quer deter os sem-vergonhas. A que, em alguns anos, quando perguntem: "e o que você fez para mudar as coisas?", faz sentar em uma cadeira aquele que fez a pergunta e começa a contar-lhe: "olha, isto foi o que fiz..."

TAREFA PARA PENSAR A DEMOCRACIA EM CASA IX (A ULTIMA)

Um copo de vinho ou de cerveja, os estatutos da mulher e do homem, fazer do que é comum algo de todos

> *Quando os caminhos terminam, começa a viagem.*
>
> GYÖRGY LUKÁCS

De nada serve a soberania individual se não pode falar com a soberania dos outros. Os desiguais são repreeensões constantes e justificadas e uma ameaça disfarçada de culpa. Quando não há um igual ao nosso lado, o ser humano se perde e nessa solidão se perde e condena "como um cometa sem seu manto, morrendo de frio". Sem os outros somos um menos que ninguém, uma freada na evolução, um espelho sem reflexo; o eu que não é suficiente para dar conta deste nós que nos constitui como humano e que, no momento final, aprovará as grandes perguntas e respostas. Quando quem somos se desvanecer, restará a nossa humanidade.

Se não tivesse nascido fora da ilha, se não soubesse das ferramentas, se não pensasse com as palavras de seu idioma materno, Robinson nunca teria sobrevivido na desabitada ilha. Somos indivíduos responsáveis de nossos problemas, mas as barbaridades cometidas por outros seres humanos entram no saldo devedor da espécie. E nos pertencem.

    A solidão buscada não é mais do que a sala de espera dos outros. Você não pinta um quadro se a sua cabeça não estiver dialogando com quem possa entender esses traços. Você faz uma demonstração matemática para logo a esconder. Você não descobre a vacina contra a malária e depois queima a fórmula. Você não sabe que vai morrer e corta as árvores ou envenena a água. "E eu irei embora – escreveu Juan Ramón Jiménez. E os pássaros continuarão cantando; e minha horta permanecerá, com sua árvore verde e com seu poço branco". Quando não estivermos, alguém continuará desfrutando da beleza de estar vivo. Os que vierem depois crescerão sobre nossos erros e acertos. Não se escuta uma música que não faça vibrar o ar compartilhado. Você não cavalga pelo precipício de um poema e desconsidera compartilhá-lo. Se assim fosse, talvez estivesse louco. O abismo, que também pode continuar existindo, lhe dará mais lucidez.

    Em *La ciudad de cristal*, contava Auster, um intelectual perdia a razão querendo inventar uma nova língua. Empreendimento absurdo. Só se pode recriar uma linguagem a partir das palavras que você conhece. Além disso, só há motivo para fazê-lo se for para nos comunicarmos melhor. Ao contrário, reflete a loucura de quem, por não precisar de ninguém – nem sequer da linguagem herdada -, termina devorando-se a si mesmo ou recriando-se em suas próprias fezes. Metáfora de um modelo econômico que nos põe ao serviço dos mercados, que nos transformam em mercadorias e sacrificam o político. Que nos coloca em uma vitrine para que os compradores nos escolham. Que nos convida a transformar a nossa vida em uma empresa cuja sobrevivência dependerá de sermos o suficientemente competitivos. Assumimos isso, e do mesmo modo que não brigamos com ninguém pelos raios e trovões que estalam a noite, ficamos sem poder perguntar por que nos agridem os nossos contemporâneos. Dizem que o mercado é natural e que é melhor não tocar nele. Assim, sem sujeitos, não há um inimigo a quem enfrentar. Por outro lado, também não há adversários, antagonistas, rivais com projetos opostos, mas sim meros competidores ou sócios. Todos reféns do cálculo econômico. Sem projeto que não seja consumir. Sem fome de sentido.

TAREFA PARA PENSAR A DEMOCRACIA EM CASA IX (A ÚLTIMA)

As coisas que importam na vida não são simples mercadorias esperando que alguém as converta em valor de troca. O verdadeiro pintor, sob o risco de não vender seus quadros, não busca a beleza fácil, mas sim expressar uma consciência que desvele, que se atreva a entender o verdadeiro lugar das pessoas e dos objetos com um significado profundo. Muda as coisas do seu lugar habitual para nos conectar com o oculto. É o que acerta em colocar um olho morto ou uma lâmpada de esperança em um ângulo inédito, uma criança sem futuro ou um cavalo quebrado no centro da cena, uma mãe arrasada ou um girassol enlouquecido, com uma exatidão que não é a da anatomia nem a do espaço, mas que estabelece uma ligação com lógicas ocultas que vão cavalgar no tempo.

É tão complicado transladar à política as coisas que valem a pena? Pedimos que a sociedade nos deixe transformar os acontecimentos – referências de consciência e comemoração – as minúsculas esquinas do cotidiano. O frívolo e o eterno. Não morrer de fome nem de vulgaridade. Habitar naquilo que é maior que nós e colaborar na criação da sua estrutura sendo nós mesmos. Um projeto sem sentido. Portanto, coletivo. Desmercantilizado. Politizado. Escreve Guille Viglione:

O primeiro trago de cerveja. Explodir com os dedos bolhas de plástico. Como cheiram os bebês. Ir para a cama e se dar conta de que você não tem que ligar o despertador. Tirar os sapatos depois de um dia duro. O lado frio do travesseiro. Passear descalço pela praia. Cheiro de pão recém feito. Dar uma boa notícia. Lençóis limpos. Que uma criança pegue em sua mão quando andam na rua. Recomendar algo a um amigo e que ele goste muito. Que toquem na rádio aquela música que você sempre escutava. Dormir enquanto lê. Café recém feito. Cozinhar para a família e que te elogiem. O cheiro que deixa uma chuva de verão. Terminar um bom livro. Encontrar em um bolso dinheiro que você não sabia que tinha. Receber uma carta escrita à mão. Colocar novamente chinelos de dedo depois do inverno. A risada contagiosa. Que a sua filha durma enquanto você faz carinho nas suas costas. Apontar um lápis até deixá-lo bem afiado. Chegar na hora apesar de sair atrasado. Lembrar daquilo que você tinha na ponta da língua. Presentes feitos com suas mãos. Abrir um livro novo e sentir o cheiro de tinta fresca. Que alguém ache engraçado as suas piadas ruins. Perder tempo. Saber a letra toda de uma música. Terminar algo e sorrir.

Não é a mesma coisa levar no mercado o que sobra do que produzir somente com a intenção de trocar o produto para acumular dinheiro. O melhor multiplica-se quando é oferecido. É certo que um pedaço de pão só pode se comer uma vez, mas um pensamento compartilhado se multiplica. Costumamos receber tanto quanto damos. Fazer o contrário do que se espera se torna um projeto político. Se os problemas das nossas sociedades são a mercantilização de cada canto de nossa existência, a precariedade das nossas condições de trabalho e vida, a desconexão com o entorno e dos outros, a privatização da existência e a concorrência como a racionalidade da época, um programa político alternativo é montado, precisamente, com todas essas coisas que negam essas lógicas. Pequenas tesselas a caminho de um grande desenho que surgirá como um mosaico da emancipação quando for o momento. Se a política enferrujada não sabe o que fazer, nós temos um mapa com os tesouros cartografados. À altura de cada um. Pequenos passos infinitos. Escondidos na sabedoria coletiva. Em uma vizinha, na pessoa que passa ao seu lado na rua, naquela pessoa que está na frente na fila, nesses companheiros com os quais não costumamos conversar, nas pessoas que julgamos antes de conhecer.

Outras pessoas, anônimas, começarão a completar a lista e continuarão propondo: "que lhe sorriam de volta na rua. Comer um sorvete de olhos fechados para que o calor lhe abrigue e o frio lhe reconforte. Os ataques de riso no lugar mais inoportuno. O trinar dos pássaros ao entardecer. Sentar-se na sacada para contemplar a vida. Que o seu filho de três anos beije sua testa. Colocar os pés na água gelada de um rio. Andar descalço. Um abraço de verdade sem pressa. Uma boa conversa, sem pressa. Observar uma tempestade escondido atrás de uma janela. Imaginar. Viajar. Evitar as multidões e outras vezes ir atrás delas. As piadas ruins e eternas de quando éramos criança. Escutar alguém que transmite entusiasmo. A cumplicidade. A *tortilla de patatas* de sempre. O amor, ainda que me torne idiota...".

E também: "o desnível das maiúsculas. Os latidos de um cachorro na chuva. Uma viagem que conduz você aonde nasceu a música. Alguém que se deixe cair, de costas, ao seu lado, só porque sabia que a pegasse. O abraço de uma criança que vem correndo. Abrir a janela para que uma abelha voe. O olhar suplicante e triste de um gorila. Enterrar os pés na

TAREFA PARA PENSAR A DEMOCRACIA EM CASA IX (A ÚLTIMA)

areia quente da praia. Uma mensagem no espelho, de quem que foi embora antes do tempo. Ler um bom livro na varanda de um bar em companhia de uma taça de vinho. Um discurso que trouxe de volta a vontade de regressar à luta. Diferenciar quem não é inferno no meio do inferno e dar um espaço no nosso canto".

E não se desgastam e continuam enchendo os bolsos: "chegar a um bar e que lhe cumprimentem pelo nome. Assobiar na rua e que um desconhecido assobie junto. Cuidar das plantas, não as deixar morrer, e que nasçam flores pequeninas e alegres. Brincar de fazer bolhas de sabão com uma criança que nunca viu as tenha feito. Ficar grudada na porta do forno vendo crescer o bolo que você fez conforme a receita da sua mãe. Um beijo de boa noite quando você sabe que já não é uma criança. Compreender por que, ao contrário do Sul, alguém do centro da Europa não usar tantos diminutivos e não esquecer que há coisas que a pele sabe e as enciclopédias não. Dormir ouvindo a chuva. Ler com alguém em silêncio e compartilhar, de vez em quando algumas frases. Viajar com um desconhecido e descobrir que você passaria todo o tempo do mundo com ele. Perder as chaves, a carteira, o telefone ou tudo de uma vez, e que diferentes loucos e loucas devolvam. Comprovar, ao lado do mar, que os *cronópios* de Cortázar...".

Fazer política como se fosse questão de vida ou morte. Emergências de uma maneira diferente de recuperar a política roubada pelos mercadores da democracia; ou ainda pior: que nunca tivemos. E, com o mesmo sentimento, compartilhar o emprego para que todos possam trabalhar, e recuperar esse trabalho criativo que faz da vida uma aventura surpreendente; inventar um cofrinho enorme de onde saia tudo o que for necessário para que todas e todos tenham cobertas suas necessidades básicas; viver, na medida do possível, daquilo que tivermos mais perto, cientes de que aquilo que vem de longe maltrata à Terra e a Terra já não suporta ser tão maltratada; recuperar a simplicidade e a sobriedade porque são amáveis com o planeta, com os que têm menos e com os que virão depois; compreender que temos que fazer por nós mesmos coisas que tínhamos delegado e que, para poder fazê-las, vamos precisar deixar de trabalhar tanto e recuperar parte de nosso tempo; lembrar que doar nos faz sorrir, e que fazê-lo mais constantemente nos fará sorrir mais constantemente;

pensar na sociedade como uma grande família na qual não se compete para sobreviver, e obrigar aos profissionais da política a fazer exercícios de humildade retornando a seus primeiros trabalhos. Protestos que deem voz à tristeza e escrever na lista de despejo o nome dos que causam danos à cidade para expulsá-los para bem longe. Pagar as dívidas pendentes pelas lágrimas daqueles que choraram tanto e por tanto tempo sem merecer. As dívidas das que choraram maltratadas por serem mulheres, dos que choraram por serem escravizados, negros, imigrantes e estrangeiros, dos que choraram tanto pelo maltrato recebido quanto por serem pobres e pelas inexistentes possibilidades que lhes foram dadas para sair da pobreza. Entender a Frei Betto e sujar nossos sapatos onde vive a gente decente e preferir correr o risco de "se equivocar com os pobres do que ter a pretensão de acertar sem eles". Fazer parte dessa "solidariedade moral da multidão" que freia as quedas com esse sábio "hoje por ti, amanhã por mim", e lembrar com Leonardo que a morte é para a vida aquilo que o sono é para um dia bem aproveitado. Viver, de mão dada com Isidoro de Sevilla, como se fossemos morrer amanhã, mas estudar como se fossemos viver eternamente. Olhar para trás na nossa história, com astúcia, para não desperdiçar a experiência nem permitir que a indolência nos vença. Ter claro que negociar com a fome dos outros, com suas necessidades de moradia, de água, de conhecimento, de tranquilidade ou de saúde é, simplesmente, indecente. Impedir que o dinheiro – uma mera convenção –, se converta na mais produtiva das mercadorias e no fetiche mais desejado. Chamar em voz alta de desonestos os desonestos. Desconfiar dos poderosos que sempre estão por trás das guerras e invasões, e negar-lhes o direito de falar em nome da democracia. Ganhar tempo para pensarmos, para entendermos, para compadecermos e celebrarmos. Não esquecer que participar é trabalhar muito. Ser tão sensíveis a todo ser humano que percebamos cada agressão, em qualquer pessoa como uma agressão a si mesmo. Perguntarmos o que significa ser decente e começar a aplicar isso como se esse mundo que desejamos já tivesse chegado. Porque aí, nesse pequeno instante, começa a esculpir-se na pedra a alternativa.

Decretar, enfim, como Thiago de Mello, novos estatutos da mulher e do homem, que reinventem a política, que afastem qualquer impunidade e que tornem certo "que todos os dias da semana, inclusive as terças-feiras

TAREFA PARA PENSAR A DEMOCRACIA EM CASA IX (A ÚLTIMA)

cinzentas, têm direito a se tornar manhãs de domingo", que liberte os homens e as mulheres do "jugo da mentira", para que nunca mais seja necessário "usar a couraça do silêncio nem a armadura das palavras". Porque assim, passadas todas as emergências, reconhecidas pela nossa decência, cada ser humano "se sentará à mesa com seu olhar limpo porque a verdade passará a ser servida antes da sobremesa".

NOTÍCIAS ESPERANÇOSAS DE P.
GENTE DECENTE QUE SE COLOCOU EM MOVIMENTO

Recebo uma mensagem de P. Fico com os olhos cheios de ecos e de risadas. P de novo. Na sua voz. Na sua vida. Na sua cidade. Com o barulho do sangue e o oxigênio circulando pelas suas estradas internas. Seguindo, com passos mais lentos, a escrita da sua biografia. Deve-se tratar cada pessoa como um herói.

Me convoca para o *Congreso de los Diputados*. Onde a democracia está dormindo ou foi sequestrada ou não está e nem se espera. Somos náufragos, mas já não estamos à deriva. Esperamos que as peças se unam. Já não escutamos aqueles que nos repreendem, aqueles que suspeitam de nós, aqueles que nos culpam por tudo. Sabemos que não vivemos por cima das nossas possibilidades. E aprendemos, contra todos os prognósticos, que vivemos por cima das nossas necessidades. Menos chumbo nas asas. Mais livres. Mais conscientes.

Vejo a P lá longe, entre as pessoas. Move-se devagar. Um livro, como sempre, na sua mão cheia de anéis. Agora, uma bengala na outra. De longe me vê. Indignado. Rodeado de indignados. Olha-me. Sorri. Encolhe os ombros e inclina a cabeça. Olho ele. P na rua. Sobre seus pés, com a sua cidade interior reconstruída. Na tarefa de continuar com a reconstrução da cidade exterior. Encolho os ombros e inclino a cabeça. Trocamos olhares com a cumplicidade da esperança. Rimos juntos.

AGRADECIMENTOS, ALGUMAS FONTES E UM ESPELHO

Este livro, nascido noturno, bebe de tudo o que aprendi no meu debate com a cidade. Incorpora boa parte das reflexões que venho sustentando na discussão politológica e também no calor da política (mal cozinheiro aquele não se atreve a experimentar seus pratos; mal padeiro aquele que só faz pão para outros padeiros). Duas décadas de academia, temo eu, já me prenderam a um discurso, incluídas aí algumas piadas repetidas. Daí que este antimanual se banhe necessariamente de todos os meus trabalhos anteriores. Aparecem aqui revisitados, reinventados, realocados e, principalmente, ressentidos em forma de um fechamento: *Disfraces del Leviatán: el papel del Estado en la globalización neoliberal* (Madrid: Akal, 2009); *El gobierno de las palabras: política para tiempos de confusión* (Madrid: Fondo de Cultura Económica, 2011); *Dormíamos y despertamos: el 15-M y la reinvención de la política* (Madrid: Nueva Utopía, 2012); *A la izquierda de lo posible* (Barcelona: Icaria, 2013; conversa com Julio Anguita); *¡Que no nos representan!* (Madrid: Editorial Popular, 2011; em colaboração com Pablo Iglesias), assim como capítulos de livros, colunas na imprensa (principalmente no jornal *Público*) e palestras por toda a geografia do Reino da Espanha, boa parte da Europa e insistentemente na América Latina, onde aprendi, entre outras coisas, que um socialismo triste é um triste socialismo.

Também deve muito aos debates nas redes sociais e às discussões mantidas nos últimos anos em *La Tuerka*, um debate político que quebrou a rotina complacente da discussão política na televisão. Este curso não seria igual sem a experiência latino-americana nem a experiência anterior na Alemanha. Se você não se afasta, não consegue ver. Mas são necessárias ferramentas para separar o joio do trigo. O ensinamento de Boaventura de Sousa Santos, sempre presente, lembrando-me sem descanso que quando se entende algo pode-se explicar de uma maneira clara. E o que você melhor entende é aquilo com o que você se envolve. Por isso, a experiência da Universidade Popular dos Movimentos Sociais, um encontro entre os diferentes movimentos sociais do mundo organizado por Santos como parte de sua metodologia de tradução e da sua sociologia das ausências e as emergências, transpassa todo esse curso. Do mesmo modo, sobrevoa toda a experiência acumulada no 15-M e seu entorno. O 15-M foi o laboratório mais refrescante, original e democrático que ocorreu na política espanhola desde o fim da ditadura.

A urgência do curso foi exigência de P, que decidiu procurar as virtudes republicanas atirando-se sobre o asfalto. Assim como pelo esgotamento do regime de 1978 que, talvez pela primeira vez desde 1929, acompassou a sua crise com as do resto da Europa. E, evidentemente, Elena Ramírez, que me propôs desde a *Seix Barral* um dos desafios mais complicados para quem está cada vez mais convencido de que articular bem é um caminho compartilhado com o fazer bem feito. Mateus 13:12, diz, enigmaticamente: "porque àquele que tem, se dará, e terá em abundância; mas àquele que não tem, até aquilo que tem lhe será tirado". Teresa Bailach foi uma editora de verdade e entre firmes sugestões, sorrisos e discussões, entrelaçamos a cumplicidade que Max Estrella nunca teve com seu editor Zaratustra.

Não há nada nesse livro que já não esteja aí fora. Tem razão Antonio Lafuente, quando afirma que "isso de ser autor de alguma coisa é superestimado". É de alguém a cultura? Quando um livro deve retornar ao fluxo do qual saiu? Como deve fazê-lo? Se você sai deste livro com pelo menos uma ideia, me darei por satisfeito pelo tempo que roubei de você. E se fui capaz de me explicar bem, com certeza nos veremos nas ruas.

Notas

Notas

Notas

Notas

Notas

A Editora Contracorrente se preocupa com todos os detalhes de suas obras! Aos curiosos, informamos que esse livro foi impresso no mês de Novembro de 2018, em papel Vintage 70, pela Gráfica Grafilar.